재론 문재인 정부 비판

공감개론신서 20

재론 문재인 정부 비판

윤소영 외 지음

공감

공감개론신서 20
재론 문재인 정부 비판
윤소영 외 지음

인쇄일 2021년 10월 22일
발행일 2021년 10월 29일

도서출판 공감
발행인 이범수
출판등록 22-1006 (1996. 5. 14.)
서울시 마포구 성산로2길 21-8 B1호
전화 323-8124 / 팩스 323-8126
전자우편 alba21@naver.com

ISBN 978-89-86939-97-2 03300
값 15,000원

서문

> 그러나 결국 독일국민이 스스로 운명을 선택했다.
> 아무도 강요한 적이 없다. 독일국민이 그 자신의
> 자유의지로 우리를 임명한 것이다.

　이 제사(題詞)는 히틀러의 '졸개들' 중 유일하게 벙커에서 운명을 같이 한 괴벨스가 자살하기 직전 최후의 참모회의에서 한 발언이다. 물론 독일국민은 동의하지 않았는데, 그들은 파시즘의 책임을 히틀러와 그 졸개들에게 전가함으로써 '죄의식'(guilt)이나 '수치심'(shame)에서 자유로울 수 있었다. 내년 3·9대선이 반년도 남지 않은 시점에 이 제사가 생각난 것은 민주당 유력 후보인 이재명 지사의 망언 때문이었다. 그는 국민의힘을 '도둑의힘'이라고 비난하면서 이준석 당대표는 '봉고파직'하겠고 김기현 원내대표는 그에 더해 '위리안치'하겠다고 협박했다. 페론의 인민정 아래 아르헨티나는 '도망 나치의 천국'(Eldorado of Nazis on the run)이었다는데, 만일 이 지사가 당선된다면 인민정이 파시즘으로 한 걸음 더 퇴보할 것은 자명하다. 그 역시 한국국민의 자발적 선택일 것이나, 다만 전후 '경제기적' 속의 독일국민처럼 그 책임을 전가할 수는 없을 것이다.

2021년 10월
윤 소 영

차례

『문재인 정부 비판』의 개요 / 김태훈 ················· 9
  서론 ··· 9
  4년차 문재인 정부 비판 ··································· 10
    K방역의 무지와 망상 · 11 / 4·15총선과 선거정치의 결함 · 14 / K경제·K평화와 친북·연중·비미·반일노선 · 17 / K정치의 본색 · 21
  남한 노동자운동의 쇠망 ··································· 23
    프랑스혁명과 문화혁명 비판 · 24 / 민주노총의 노동자주의 · 28 / 친북 내지 민족공조 노선의 문제 · 30 / 정의당의 타락과 대안좌파의 부재 · 32

4·7보선 전후 문재인 정부 비판 / 박상현·송인주·이태훈·유주형 ·· 35
  서론 ··· 35
  코로나19의 대유행과 바이든 정부의 출범 ········ 37
    코로나19의 대유행과 경제위기의 지속 · 37 / 바이든 정부의 '최초의 100일' · 41 / 미·중의 '전략적 경쟁' · 43 / '대만 문제'의 부상 · 49
  5년차 문재인 정부 비판 ··································· 51
    백신 부족과 'K방역'의 허상 · 51 / 경제활동의 위축과 회복의 지연 · 55 / '사법개혁'·'LH사태'·4·7보궐선거 · 57 / 외교 및 남북관계 · 61
  문재인 정부 5년차의 노동자운동 ······················ 65
    민주노총에서 '폭력과 지대의 교환'이라는 노선의 정착 · 65 / 민족해방파의 친북·친중·반미·반일 노선 · 69 / 정의당의 세대교체, 그리고 정권교체의 포기 · 74 / 보론: 민변·참여연대 등의 검찰개혁론 · 79

부록: 4·7보선 전후 / 윤소영 ·· 87
  4·7보선까지 ·· 87
    바이든 정부의 정책기조·87 / 미일동맹에 관한 『아미티지-나이 5차 보고서』·90 / 『한미동맹을 위한 권고』·93 / 윤석열 검찰총장의 '별의 순간'·98 / 'LH 사태'·102 / 이른바 '동학개미'에 대하여·106 / 'K방역의 피로감'과 감염위험의 감수·110 / 4·7보선·115 / 윤석열론·118 / 김종인론·121
  4·7보선 그 후 ·· 125
    5·21한미정상회담·125 / 이른바 '이준석 현상'·128 / 윤석열 총장에 대한 정치공작의 재개·131 / 윤석열 총장의 대권 도전 선언·134 / 대만이라는 벤치마크·137 / 이른바 '이준석 리스크'·141 / 윤석열 후보의 전격 입당·144 / 윤석열 후보에 대한 정치공작의 새로운 단계·147 / 그 밖의 다양한 사건·사고·152 / 문재인 정부 '5년동란'·158
  러시아혁명과 중국혁명 ·· 160
    베틀렘의 『소련에서 계급투쟁』·160 / '양은 적더라도 질이 좋은 것이 차라리 더 좋다'·166 / 체카와 '혁명적 테러'·173 / 메드베제프의 『역사가 판단하게 하라』·176 / 파스테르나크의 『닥터 지바고』·183 / 파이지스의 『속삭이는 사회』와 유르착의 『모든 것은 영원했다』·186 / 마이스너의 『모택동』과 와일리의 『모택동 사상의 출현』·190 / '군사' 모택동과 '수재' 진백달·193 / 문화혁명 '10년동란'·202 / '바보배'와 '바라크 공산주의'·208
  질의와 응답 ·· 213
    푸틴 시대의 러시아·213 / 시진핑 시대의 중국·222 / 클렙토크라시란 무엇인가: 필리핀의 사례·224 / '이병주 역사소설의 3부작': 『관부연락선』·231 / 『산하』·235 / 『그해 5월』·238 / 이호철 작가의 『서울은 만원이다』·246 / 손장순 작가의 『한국인』과 『세화의 성』·252 / 츠바이크의 『조제프 푸셰』·257 / 위틀린의 『베리아 일대기』와 생스터의 『베리야』·262

'과천연구실 세미나'·269

『문재인 정부 비판』의 개요

김 태 훈

서론

　이 글은 문재인 정부 5년차 정세분석에 앞서 『문재인 정부 비판』(2020)에서 제시된 4년차 정세를 개관한다. 『문재인 정부 비판』에서는 문재인 정부의 1-4년차를 대표하는 주요 정책으로서 소득주도성장, 북한비핵화, 검찰개혁, 코로나19 정책대응 등을 비판했다. 이 중 1-3년 차 주요 정책에 대한 비판은 『문재인 정부 비판』의 첫 번째 글인 「문재인 정부 비판의 개요」를 참고할 수 있는데, 이 글에서는 별도로 요약하지 않는다.

　문재인 정부 4년차에 대해서는 세 가지 논의가 추가되었다. 먼저 「코로나19 이후 문재인 정부 비판」에서 코로나19의 대유행과 코로나19발 경제위기에 대한 문재인 정부의 정책대응을 분석·평가했다. 다음으로 「남한 노동자운동의 쇠망」에서 문재인 정부 1-4년차를 대표하는 정책에 대한 남한 사회운동의 대응을 평가했다. 마지막으로 「부록: 4·15총선 전후」에서 4·15총선 전후의 정세를 전반적으로 분석하면서 특히 프랑스혁명과 문화혁명의 '혁명적 폭력'을 비판했다.

여기서는 문재인 정부 4년차 정세를 객관적 조건과 주체적 요인으로 나누어 요약한다. 우선 한국사회의 객관적 성격에 대한 분석(「문재인 정부 비판의 개요」의 '남한 망국사')의 연장선에서 코로나19의 대유행 이후 4·15총선을 전후로 한 문재인 정부 4년차에 대한 정세적 비판을 개괄한다. 이어서 한국사회의 주체적 성격이라 할 수 있는 한국현대지식인의 결함(「문재인 정부 비판의 개요」의 '한국의 불행')에 후속한 작업으로서 프랑스혁명과 문화혁명의 '혁명적 폭력' 비판에 대해 설명한다. 이는 문재인 정부와 386세대 운동권의 인민주의적 혁명관에 대한 비판이기도 하므로 이어서 문재인 정부 4년간 쇠망을 재촉한 남한 노동자운동의 문제를 개괄한다.

4년차 문재인 정부 비판

『문재인 정부 비판』은 코로나19의 대유행과 4·15총선 전후의 정세를 분석하면서 전쟁·기근·질병이라는 세 가지 환난이 '우리 문 앞에, 아주 가까이에'(à la porte, et à deux doigts de nous, 알튀세르)와 있다고 평가했다. 물론 이런 세 가지 환난이란 문재인 정부의 'K방역·K경제·K평화'라는 무지와 망상이 초래할 파국적 결과에 대한 경고였던 것이다.

문재인 대통령은 'K방역'에 이어 'K경제'와 'K평화' 프레임을 통해 '베이징 컨센서스'를 보충할 '서울 컨센서스'를 제시했는데, 이는 친북·연중·비미·반일노선이었다. 그러나 문재인 정부의 방역정책은 혼선과 실패를 거듭했고 정작 백신의 확보는 방기했다. 게다가 코로나19발 경제위기로 인해 실물경제는 위축했고 국가부채와 민간부채도 급격히 증가했다. 나아가 하노이 노딜 이후 문재인 대통령에 대한 김정은 위원장의 반신반의가 불신으로 심화되면서 남북공동연락사무소가 폭발되는 등 K평화도 완전히 붕괴했다.

K경제와 K평화의 실패를 부인할 수 없게 되자, 'K정치'의 본색이

드러났다. 총선 이후 입법부와 사법부를 장악한 문재인 정부의 행태는 가히 '문민독재'라 할 수 있는 지경에 이르렀다. 인민주의적 검찰개혁론은 오히려 검찰개혁이 목표로 했던 검찰의 독립성과 중립성을 파괴했다. 제왕적 대통령제와 정치의 사법화를 심화시킨 문재인 정부가 인민주의를 인민정(ochlocracy/mobocracy)으로 완성하는 동시에 법조정(法曹政, juristocracy)을 완성한 사례라는 점은 논란의 여지가 없게 되었다.

K방역의 무지와 망상

코로나19의 대유행에서 문재인 정부는 친중 편향인 세계보건기구(WHO)의 홍보에 힘입어 K방역 선전으로 일관했는데, 그러나 한국의 방역이 글로벌 스탠더드가 아니라는 사실은 이내 명백해졌다. 문재인 정부는 중국에 대한 입국통제, 마스크의 생산·수출 통제 등 코로나19 초기대응에 실패했다. 무엇보다 K방역의 망상에 사로잡혀 정작 백신의 확보를 방기했다. 그 결과 방역 성과에서 한국과 대만의 격차는 아주 분명해졌다.

감염성 질병에 대한 정책대응의 핵심은 감염병의 '창궐'(outbreak)을 '봉쇄'(containment)하고 그 '확산'(spread)을 '완화'(mitigation)함으로써 예방약(백신)과 치료약(항생제/항바이러스제)을 개발할 시간을 확보하는 데 있다. 특히 신규확진자 수의 정점이 보건의료체계의 '수용능력'(carrying capacity)을 초과하지 않도록 관리하는 것이 핵심이다. 그런데 문제는 방역정책의 강도에 비례해서 경기침체가 심화되고, 경제에 대한 장기적 악영향도 커진다는 데 있다. 게다가 방역정책으로 인한 갑작스러운 경기침체가 일종의 '기저질환'이라 할 수 있는 실물경제의 구조적 문제를 노출시킬 수도 있다. 결국 백신과 치료약이 보급되고 바이러스가 완전히 통제될 때까지 어떤 경기회복도 완전하지 않으므로, 경제정책의 완화만으로 코로나19발 경제위기를 해결할 수 없는 것이다.

따라서 보건의료위기와 경제위기 사이의 '교환'(trade-off)을 고려하면서 코로나19의 역학적 진행상황에 따라 양자의 최적조합을 실행하는 것이 중요했다. 이를 위해서는 정책당국이 역학적 전문가집단과 경제학적 전문가집단의 진단과 분석을 종합할 수 있어야 했다. 문제는 정책당국이 경제활동의 위축을 우려해 적절한 방역을 회피할 가능성이 있으며, 심지어 방역을 정치적으로 활용할 수도 있다는 것이었다.

문재인 정부의 이른바 K방역이 바로 그러한 '방역의 정치화' 사례였다. 문재인 대통령은 4월 총선을 위해 보건의료위기를 사실상 방치했다. 이 때문에 의료계와의 이견이 종종 노출됐다. 코로나19 대유행의 초기에 문재인 대통령은 시진핑 주석의 방한에 대한 기대 속에서 전문가들의 우려에도 불구하고 중국에 대한 입국통제를 회피했다. 마스크의 생산과 수출을 통제하지도 않았다. 또한 코로나19가 머지않아 종식될 것이라 공언하기도 했다.

이 와중에 검사(test), 접촉자 추적(trace), 감염자 치료(treatment)라는 '3T'를 중심으로 한 K방역이 출현했다. 대구·경북이라는 특정지역에서 신천지신도라는 특정집단을 중심으로 집중적 검사·추적·치료를 실행했던 것이다. 세계보건기구는 중국 우한에서 발생한 코로나19의 대유행을 뒤늦게 선포해 친중 편향이라는 비판을 받았었는데, 방역모델에서도 중국을 고려해 대만이 아니라 한국을 홍보한다는 비판을 받았다.

의료인력의 노동집약적 활용에 기초한 K방역에는 의료인력의 소진으로 인한 보건의료체계의 붕괴 위험이 상존했다. 문재인 정부의 정책대응 실패에도 불구하고 보건의료체계가 붕괴하지 않은 것은 사회적 거리두기의 효과말고도 민간보건의료의 발전으로 수용능력이 제고된 덕분이었다. 나아가 코로나19가 인구 절반이 밀집한 서울·경기가 아니라 대구·경북에서 신천지 신도라는 특정집단을 중심으로 창궐·확산한 덕분이기도 했다.

총선 이후 문재인 정부의 방역정책은 혼선과 실패를 반복했다. 사회적 거리두기를 이른바 '생활 속 거리두기'로 완화하였으나, 의료계의 우려대로 이태원발 집단감염이 쿠방발 집단감염으로 확산되었다. 또한 총선 과정에서 확인된 '인민주의적 합의'에 따라 전국민에게 재난지원금을 지급하면서 사회적 거리두기와 모순되는 소비캠페인도 벌였다. 게다가 의대정원 확대 및 지방공공의대 설립을 시도하면서 코로나19 재확산에 대비하기는커녕 오히려 의료계와의 대립을 자초하기도 했다.

K방역의 결함은 무엇보다도 문재인 정부가 백신의 확보를 방기했다는 점에서 명백하게 드러났다. 정부는 주요국이 백신을 선구매하는 상황에서도 줄곧 관망하는 자세를 취했다. 국산 백신이나 중국산 백신에 대한 희망, 혹은 방만한 재난지원금으로 인한 예산부족, 혹은 백신 개발에 실패할 경우 발생할 책임에 대한 회피가 문제였을 수 있다. 어떤 이유에서든 K방역의 효과에 대한 망상이 전염병의 최종적 해결책은 기본적으로 백신이고, 부차적으로는 치료약이라는 기본적인 과학적 사실에 대한 무지를 조장한 것은 분명했다.

세계보건기구가 유포한 프레임에도 불구하고 K방역을 글로벌 스탠더드로 설정할 수 없다는 사실은 대만과 비교해보면 쉽게 알 수 있었다. 한국보다 중국과 지리적으로 근접했고 경제적 연계도 컸지만 대만은 우한발 입국자에 대한 선별적 검사 결과를 바탕으로 초기에 중국인 입국을 전면 통제했다. 동시에 마스크 등 방역물품을 확보·배급하는 범정부적 긴급조치를 실행했다. 특히 2003년 사스 경험을 반성하면서 제정된 감염병통제법에 따라 민관 협력을 효과적으로 실행했다.

물론 대만은 한국에 비해 경제의 '체질'이 우량하기에 입국통제와 사회적 거리두기로 인해 발생할 수 있는 경제위기에 대한 부담이 적었을 수 있다. 이러한 차이는 『한국사회성격 논쟁 세미나』에서 설명했던 대만과 한국의 성장경로의 차이와 무관하지 않았다. 양국 모두 일본의 식민지에서 해방된 다음 미국의 '역개방정책'에 힘입은 수출지향공업화를 추진했다. 그러나 1970년대부터 한국이 중후장대한 중화학공업화를 통해 재벌을 강화한 반면 대만은 중소기업 중심의 경박단소한 중화학공업화를 추진했다. 재벌이 없는 대만경제는 한국의 1979-80년 경제위기, 1997-98년 경제위기에 비견될 만한 구조적 위기가 없었고, 그 결과 경제주권을 상실하고 노동자민족으로 전락하지도 않았다.

4·15총선과 선거정치의 결함

2020년 4·15총선의 결과는 뜻밖에도 민주당의 압승이었다. 범여권의 의석수는 국회선진화법을 무력화할 수 있는 180석을 초과했다. 2019년 '하노이 노딜'과 '조국 사태' 이후 40%대를 유지하던 문재인 대통령 지지율이 2020년 3월 중순에 50%에 접근하고 4월 중순에는 60%에 접근했는데, 이런 대통령 지지율의 상승세가 민주당의 의석수에 반영된 셈이었다. 그러나 이런 여론은 국내외 정세와 무관했다. 소득주도성장과 북한비핵화에 대한 몰인식이 코로나19의 대유행과 코로나19발 경제위기에 대한 몰인식으로 재생산된 것이었다.

4·15 총선의 결과는 이성적 시비(是非, 옳고 그름)가 아닌 감정적 호오(好惡, 좋고 싫음)를 반영하는 선거정치의 결함을 방증했다. 야당의 수권능력에 대한 회의도 작용했지만, 보수주의자가 옹립한 황교안 대표에 대한 대중적 비호감이 더 큰 문제였기 때문이다. 『문재인 정부 비판』은 『한국사회성격 논쟁 세미나』에서 제기한 선거정치와 제왕적 대통령제에 대한 비판을 한층 심화했다. 특히 선거제가 민주주의의 충분조건은 물론이고 필요조건도 아니라는 사실을 다시 한번 강조했다.

논의의 출발을 위해 'democracy'는 정치이념으로서 민주주의가 아니라 정치체제(정체)로서 민주정으로 번역하는 것이 적합하다는 사실에 주목할 필요가 있다. 군주정, 귀족정, 민주정이라는 정체는 현대에 국한되는 것이 아니라 고대로 소급한다. 이런 정체가 현대적 정치이념과 결합할 수 있는데 자유민주정(liberal democracy)이 자유주의와 민주정의 결합이라면 인민민주정(people's democracy)은 사회주의·공산주의와 민주정의 결합을 의미한다. 마르크스는 현대적 정치이념을 대표하는 자유주의에 반대하는 다양한 정치이념을 사회주의라 불렀고, 그 중에서 자유주의를 지양하는 공산주의를 지지했다. 반면 보수주의와 인민주의는 오히려 자유주의에 미달하는 것으로 기각했다.

선거제는 민주정의 충분조건은 물론 필요조건조차 아니고 오히려 민주정을 인민정으로 타락시키는 수단이었다. 선거제(psephocracy)는 군주권이 취약한 로마에서 군주를 선출하는 것에서 기원했다. 반면 아테나이의 민주정은 추첨제(stochocracy)를 통해 관리를 선발했는데, 본질적으로 호오에 따른 추천제인 선거제로 인한 민주정의 인민정으로의 타락을 예방하려는 목적이었다. 물론 추첨제는 아테나이 시민이 동질적이었다는 조건 때문에 실행가능했다. 보통선거권을 제도화한 현대적 선거제도는 영국에서 출현했다. 1830-40년대 차티즘이 성인 남성의 보통선거권을 주장했고, 1867년에 보수당의 디즈레일리 내각이 선거법 개정을 수용했다. 이것은 노동자운동이 공산주의화되는 것을 예방한 '신의 한 수'였다.

보통선거권과 달리 '1인 1표'(one man, one vote)로 상징되는 평등투표(equal vote)는 자코뱅의 인민주의 내지 벤섬의 공리주의를 특징짓는 것이었다. 반면 공리주의에서 자유주의로 전향한 존 스튜어트 밀은 '대중의 폭정/다수의 횡포'(tyranny of the masses/the majority)에 대한 토크빌의 비판을 수용하면서 보통선거의 결함을 보완하기 위한 차등투표(weighted vote)를 지지했다. 밀에게 있어서 차등의 기준은 재산 내지 소득이 아니라 능력 내지 지식이었다. 즉 금권주의가 아닌 능력주의를 지향했던 것이다. 물론 마르크스주의적 대안도 평등투표가 아니라 차등투표일 것인데, 다만 능력이나 지식에 대한 평가에서 자유주의와 차이가 있을 것이다.

『한국사회성격 논쟁 세미나』에서는 한국 정치사에서 선거정치와 제왕적 대통령제의 결합을 비판했다. 입법부의 무능은 박정희 정부로 소급하고, 행정부의 무능은 김대중-노무현 정부로 소급하는데, 그 원인은 제왕적 대통령제였다. 박정희 정부는 10월 유신을 통해 정당을 기생화하고 의회를 식물화했다. 또한 김대중-노무현 정부에 와서는 제왕적 대통령의 인사권이 확대·강화되면서 능력제(merit system)가 엽관제(獵官制, spoils system)로 대체되었다. 그 결과 문재인 정부에서는 386세대의 벼락출세가 나타나 고시 출신의 '늘공'(늘 공무원)과 구별되는 엽관제 출신의 '어공'(어쩌다 공무원)이라는 말이 일반화되었다. 이렇게 정당정치와 의회정치가 오작동하거나 부재하는 상황에서 입법가로서 경세가가 재생산될 수는 없었다.

세계적으로 보면 아시아, 아프리카, 라틴아메리카의 권위주의 국가에서 대통령제를 선호한다. 반면 미국을 제외한 서양의 부르주아 민주주의 국가는 의원내각제를 선호하는데, 동양에서는 예외적으로 일본과 인도가 의원내각제를 채택한다. 미국처럼 연방제를 채택하지 않는 한, 부르주아 민주주의에서는 선거정치와 의원내각제의 결합이 부르주아 민주주의의 표준인 것이다.

『문재인 정부 비판』은 4·15총선을 1948년 5·10총선에 유비했다. 『한국사회성격 논쟁 세미나』에서는 1986-88년 이후 현재까지의 상황이 마치 1945-53년의 해방정국을 슬로우 모션으로 반복하는 것 같다고 평가한 바 있다. 해방정국의 인민주의가 단선·단정을 거쳐 한국전쟁으로 귀결되었듯이 1987년 개헌정국의 인민주의가 김대중-노무현 정부와 문재인 정부로 귀결되었다면, 2차 한국전쟁 같은 파국도 멀지 않았다고 경고한 셈이었다.

1945-53년 해방정국에서 한국전쟁의 발발을 비가역적으로 만든 전환점은 1948년 남한에서 실시된 단독선거를 통한 단독정부의 수립이었다. 당시 투표권을 행사한 인민은 자신의 행동의 역사적 의미를 인식하지 못했다. 이호철 작가는 자전소설 『소시민』에서 휴전협상부터 이른바 '부산정치파동'까지 1951-52년의 부산을 배경으로 국내외 정세에 무관심한 채 사익(私益)만 추구하는 천민부르주아적 속물성을 풍자한 바 있다.

같은 맥락에서 『문재인 정부 비판』의 제사에서 인용된 영국의 (런던) 『타임즈』의 1951년 사설에 주목할 수도 있다. "한국의 폐허에서 건전한 민주주의가 건설되느니 차라리 쓰레기 더미에서 장미꽃이 피어나기를 바라는 것이 더 양식 있는 일일 것"이라는 비판은 이듬해 부산정치파동과 이른바 '발췌개헌'으로 여실히 증명되었다. 이후에도 이런 비판은 유신이나 5공을 비판할 때마다 인용되었는데, 4·15총선 전후의 한국의 정세에도 여전히 유효할 것이다.

K경제·K평화와 친북·연중·비미·반일노선

『문재인 정부 비판』은 코로나19의 대유행 이후 미국 의회의 초당적 지지를 바탕으로 미중 간 '전략적 경쟁'이 공식화되었음을 주목하면서 문재인 정부의 친북·연중·비미·반일노선을 비판했다. 문재인 정부가 친북·연중·비미·반일노선을 실행할 능력이 있는지는 논외로 하더라도, 이런 노선의 배경에 문재인 정부의 인민주의라는 문제가 있기 때문이었다.

문재인 정부의 친북·연중·비미·반일노선은 K방역에 후속하는 K경제와 K평화에서 한층 분명해졌다. 코로나19의 대유행 와중에 문재인 정부는 시진핑 주석의 방한 기대 속에서 중국에 대해서는 선제적인 대응을 실행하지 못한 반면 일본에 대해서는 입국제한을 실행했다. 총선 승리 이후 문재인 대통령은 급기야 K경제와 K평화라는 프레임을 통해 '베이징 컨센서스'를 보충하는 '서울 컨센서스'를 제시하기에 이르렀다. 중국·한국이 미국·유럽·일본의 (신)자유주의를 대체하려는 구상, 즉 '중국의 아픔이 한국의 아픔'이듯 '중국의 즐거움이 한국의 즐거움'이라는 구상인 셈이었다.

이것은 K방역에 이은 문재인 정부의 또 다른 무지와 망상이었다. 『한국사회성격 논쟁 세미나』에서 설명했듯이, 신자유주의적 정책개혁을 제시했던 '워싱턴 컨센서스'의 대안으로 베이징 컨센서스를 제안하는 것은 중국 국가자본주의의 후진성에 대한 경제학적 무지를 스스로 고백하는 셈이었다. 나아가 문재인 대통령이 서울 컨센서스로서 새로운 글로벌 스탠더드가 되어야 한다고 역설한 K경제와 K평화가 완전히 실패했다는 사실은 곧 확인되었다.

코로나19발 경제위기는 노동자민족으로 전락한 한국경제의 현실을 그대로 보여주었다. 사회적 거리두기로 인한 국내 경제활동의 직접적 위축뿐만 아니라 세계적 경제활동의 위축으로 인한 수출의 감소로 인해 실물경제가 위축되었다. 또 금융시장은 높은 변동성을 보이며 한국증시가 세계경제의 '자동현금인출기'(ATM)라는 사실을 다시 한번 확인해주었다.

게다가 2020년 하반기부터 부동산 정책의 실패가 부각되면서 대통령 국정운영에 대한 반대가 지지를 추월했다. 한국은행의 국민대차대조표 상 국민소득에 대한 토지자산의 배율은 이명박 정부에서 감소하고 박근혜 정부에서 안정을 유지하다가 문재인 정부에서 또다시 급등했다. 게다가 토지자산의 수도권 집중도 문재인 정부에 와서 하락에서 상승으로 역전되었다.

한편 하노이 노딜 이후 문재인 대통령에 대한 김정은 위원장의 반신반의가 불신으로 심화되며 K평화도 붕괴했다. 코로나19의 대유행 이후 '당중앙'(후계자)으로 급부상한 김여정은 2020년 6월 초에 문재인 대통령을 '배신자'로 규탄했고 대남 사업을 '대적(對敵) 사업'으로 전환했다. 나아가 김여정 당중앙은 6·15 공동선언 20주년에 맞춘 문재인 대통령의 기념연설을 '오그랑수'(표리부동한 속임수)라고 비난하면서 '혐오감을 금할 수 없다'고 극언한 데 이어 이튿날 남북연락사무소를 폭파했다.

동시에 미국에서도 문재인 정부에 대한 비판이 제기되었다. 백악관 국가안보보좌관을 역임한 볼턴은 회고록을 통해 북미정상회담이 북·미 양국의 '외교전략'보다는 문재인 정부의 '통일 일정표'와 더 많이 관련된 문 정부의 '창작품'(creation)이었다고 지적했다. 이런 판단은 미국 외교전문가 집단의 일반적 인식을 반영한 것인데, 북미 간 비핵화에 대한 이견이 협상 결렬의 핵심 이유임을 확인시켜주었다. '중재자'(arbiter, 심판자)를 자처한 문재인 정부는 사실 '중개자'(middleman, 중매자)였을 따름이다.

9·19공동선언에서 문재인 정부는 북한의 핵무장을 기정사실화하고 핵동결 내지 핵감축을 위한 협상을 역설했다. 『한국사회성격 논쟁 세미나』에서 설명한 것처럼, 비핵화의 핵심적인 쟁점은 미국이 주장해온 'CVID'(완전하고 검증가능하며 복구불가능한 [핵]폐기)에 북한은 동의하지 않는다는 것이었다. 북한은 핵무장이 체제의 안전을 보장하기 위함이라고 강변하나 실상 그 체제는 '백두혈통'과 동일시되는 것이었다. 김정은 위원장으로 3대세습이 강행되면서 북한 사회주의가 절대군주정으로 타락했기 때문이다.

탈냉전을 위한 게임의 규칙이자 행동의 규범은 체제전환인데, 소련과 중국의 체제전환을 사회주의의 배신으로 무고하던 북한은 결국 핵무장을 선택했다. 미국은 북한을 '악의 축'(axis of evil) 내지 불량국가(rogue state)라 규정한 바 있는데, 불량배(rogue)란 '행동규범'이 부재하는 방랑자 내지 부랑자, 나아가 깡패와 사기꾼을 포함한다. 또한 바이든 대통령처럼 북한을 '클렙토크라시'(kleptocracy), 즉 '클렙테스'(kleptes, 도적)가 지배하는 국가라 부를 수도 있다.

K방역과 마찬가지로 문재인 정부의 K경제와 K평화도 대만과 비교할 수 있다. 대만은 2020년 코로나19 누적확진자 수가 세계에서 가장 적었던 만큼 경제성장률도 세계에서 가장 높았다. 이러한 성장은 TSMC 같이 중소기업을 중심으로 소재·부품산업을 성장시킨 대만경제가 대체불가능한 첨단기술을 보유하고 있기 때문이기도 했다. 또한 2020년 초 시진핑 주석의 일국양제론의 대안으로 평화공존론을 주장한 차이잉원 총통이 재선에 성공하면서 한국과 대만의 외교노선의 차이도 명확해졌다. 대만과 비교했을 때 문재인 정부의 친북·연중·비미·반일노선에 대한 비판에서 미국·일본의 자유민주정과 민간자본주의인가 아니면 중국·북한의 권위독재정과 국가자본주의인가라는 쟁점이 제기될 필요가 있다.

한편 4.·15총선 최대의 스캔들이었던 이른바 '윤미향 사태'를 통해 반일운동과 친북노선이 상충한다는 역설이 재확인되었다. 『한국사회성격 논쟁 세미나』에서 설명했듯이, 2015년 한일위안부합의에 대한 정대협(한국정신대문제대책협의회)의 거부는 실상 북일국교정상화를 통해 경제위기를 탈출하려는 북한의 구상과 충돌하는 것이었다. 북한 김정일 위원장과 고이즈미 총리가 북일 국교정상화를 추진하던 당시에도 식민배상금/독립축하금은 1965년에 남한에 지불된 5억달러에 해당하는 100억달러로 합의되었고 위안부 문제는 거론되지 않았다.

와다 하루키 교수의 증언에 따르면, 정대협 상임대표였던 민주당 윤미향 의원은 2015년 한일위안부합의에 적극 참여해 배상금 지불을 요구했다. 그런데 일본이 그 반대급부로 소녀상 이전을 요구하자 갑자기 합의에 반대했다. 반일운동이 실상 북한의 구상과 상충한다는 역설은 정대협 내부의 모순, 즉 배상금이 중요한 주사민족해방론과 소녀상이 중요한 급진페미니즘의 모순을 반영하는 것이었다.

불행 중 다행으로 2020년 11월 미국 대선에서 오바마 대통령의 자유주의를 계승하는 바이든 대통령이 승리하면서 트럼프 정부의 인민주의를 패퇴시켰다. 코로나19의 대유행을 계기로 트럼프 대통령의 지지율이 하락하는 상황에서 오바마 대통령은 '상대를 적으로 간주하는' '이기주의, 부족주의, 분열주의'로서 인민주의를 퇴치하자고 역설했다. 바이든 후보의 지지를 독려하는 취지였다. 투표 결과는 비록 신승이었지만, 애리조나와 조지아에서의 승리는 오바마 대통령이 호소한 '정치를 초월하는 원칙'과 '정파를 초월하는 가치'에 대해 공화당 지지자들이 호응했음을 의미했다.

『문재인 정부 비판』은 바이든 정부가 다자주의적 동맹질서의 복원에 노력하는 동시에 미국 의회의 초당적 지지를 받고 있는 중국과의 전략적 경쟁을 심화시킬 것이라 전망했다. 바이든 당선인은 국내적으로 코로나19의 통제를 약속하는 동시에 국제적으로 '힘의 본때(example of power)가 아닌 본보기의 힘(power of example)으로 이끄는' '세계의 등대'(a beacon of the globe)가 되겠다고 약속했다. 트럼프 대통령과 시진핑 주석이 파괴했던 글로벌 스탠더드를 재건하겠다는 의미였다. 문재인 정부는 바이든의 당선을 예상하지도 못했고 희망하지도 않았다. 바이든 대통령은 북미 정상회담에 대해 트럼프 대통령이 '악당'(thug, 살인강도)과 무모한 협상을 진행했다고 비판했기 때문이다.

K정치의 본색

4년차의 문재인 정부가 삼권분립을 형해화하여 사법부·입법부를 지배하는 제왕적 대통령제의 사례라는 사실에는 의문의 여지가 사라졌다. 총선 압승 이후 윤미향·박원순 사태가 발생하고 K경제, K평화의 실패를 부인할 수 없게 되자 K정치의 본색을 드러냈던 것이다. 『문재인 정부 비판』에서는 프로토파시즘으로서 인민주의의 행태를 '문민독재'라고 비판했다.

단적인 사례는 김대중-노무현 정부 이래 대개 야당이던 소수당에게 법제사법위원장을 양보해온 관습을 4·15총선에서 승리한 문재인 정부가 부정한 것이었다. 법사위의 법제는 단원제 국회에서 다수당 내지 여당의 '폭정/횡포'를 견제하는 기능과 관련되고 사법은 법원·검찰의 '정치적 독립과 중립'을 감시하는 기능과 관련된다. 따라서 여당인 민주당이 법사위원장도 장악하면 법원에 이어 검찰마저 정치적으로 편향되고, 심지어 종속되는 제왕적 대통령제가 강화되는 것이었다.

문재인 정부의 인민주의적 검찰개혁론은 추미애 장관의 취임 이후 검찰의 독립성과 중립성에 대한 침해와 정치검찰의 부활로 심화되었다. 정부가 2020년 1월 중순 대검참모진과 서울중앙지검장을 포함한 검사장 인사를 강행한 것은 인사권 행사를 통한 '사법방해'라고 할 수밖에 없었다. 2019년 유재수·송철호 사건에 이어 2020년 상반기 신라젠·라임·옵티머스 등 권력형 비리사건이 속출하는 상황에서 추미애 법무부장관은 헌정사상 유례없는 연이은 수사지휘권 발동을 통해 윤석열 검찰총장체제의 해체를 도모했다.

나아가 중국과 유사한 '공안국가'의 수립에 대한 우려까지 제기되었다. 민주당은 공수처장 후보에 대한 '야당의 비토권'마저 무력화하면서 공수처가 대통령의 '보이지 않는 손'이 될 것이라는 우려를 현실화했다. 또 대공수사를 포함한 국가정보원의 국내업무를 경찰에 이관·통합하는 법안을 통과시켜 경찰사법의 부활이라는 우려를 현실화하기도 했다.

인민주의가 사상의 자유, 즉 양심과 표현의 자유를 부정한다는 사실도 분명히 드러났다. 민주당은 이른바 '5·18왜곡처벌특별법'을 강행처리하기도 했다. 문재인 정부의 지역적 지지기반인 호남의 의견과 다른 의견은 범죄로 처단하겠다는 것이고, 심지어 학문·예술·언론도 예외일 수 없다는 것이었다. 프로토파시즘으로서 인민주의는 자유주의는커녕 보수주의에도 미달하는 것이다.

이 대목에서 문재인 정부의 인민정과 법조정이 윤석열 검찰총장이 주장하는 법치주의와 상반된다는 사실을 지적할 수 있다. 『한국사회성격 논쟁 세미나』에서 설명했듯이, 문재인 정부는 '법의 지배'(rule of law)라는 자유주의적 의미의 법치를 파괴하고 이를 '법에 의한 지배'(rule by law)로 대체했다. 조국 사태에서 회자된 '조로남불'은 '만인은 법 앞에서 평등'한 것이 아니라 '만 명만 법 앞에서 더 평등하다'는 인민주의적 법치에 대한 풍자였다.

'정치의 사법화'(judicialization of politics)의 귀결인 법조정은 판검사와 변호사로 구성되는 법조(法曹, 법률가 집단), 특히 판사로 구성되는 법원이 정치인과 관료로 구성되는 입법부와 행정부를 대체한다는 의미이다. 법조정의 원인은 제왕적 대통령제의 귀결인 입법부와 행정부의 무능이다. 따라서 타락한 민주정으로서 인민정은 곧 법조정이다.

법조정의 또 다른 원인은 헌법재판소, 특히 헌법소원제도의 도입이었다. 남한의 현행 헌법의 핵심은 5년 단임의 대통령직선제였고, 기본권이나 헌법재판소는 큰 고민 없이 '우연히' 채택한 '모조장식'

(sema/token)이었다. 그런데 인민주의를 표방한 김대중-노무현 정부 이후 헌재에 기본권의 침해를 호소하면서 그 배상을 원망(願望)하는 개인들이 급증했다. 386세대의 법문화는 '사익을 실현하는 수단으로서 법'으로 특징지을 수 있는데, 법을 불신하면서도 법을 회피하지 않고 활용하려는 경향이 출현했기 때문이다. 그 결과로 몰락기의 아테나이처럼 '소송과잉사회', 즉 '송사를 좋아하는'(好訟/與訟) 사회가 출현했던 것이다.

『한국사회성격 논쟁 세미나』와 『문재인 정부 비판』은 윤석열 검찰총장을 정치검찰이 아니라 '사람에 충성하지 않는' 법치주의자로 평가했다. 조국 교수 일가에 대한 윤 총장의 수사는 법치의 준수와 수호일 따름이었다. 오히려 문재인 정부의 검찰개혁론자가 정치를 사법화하기 위해 정치판사에 이어 인민주의적 복수 내지 원한의 집행자로서 정치검찰을 육성하고 있는 셈이었다.

2020년 10월 국정감사에서 윤 총장은 법원과 함께 사법부를 구성하는 검찰의 독립과 중립을 옹호하면서 자유민주주의를 수호하려는 결의를 표명했다. '검찰총장은 법무부장관의 부하가 아니다', '추미애 장관의 수사지휘권 발동은 위법·부당하다', '추미애 장관의 인사권 행사는 전례 없는 일이다' 같은 사실확인성 발언을 했고, '정치와 사법[의 관계]이라고 하는 것은 크게 바뀌는 게 없구나'라는 회한 내지 개탄도 했다. 추 장관의 폭거에 맞섰던 윤석열 검찰총장은 총장직을 사퇴하고 결국 야당의 대선후보로 부상했다. 이 또한 '자유민주주의와 국민'을 지키는 데 검찰총장으로서는 한계가 있다고 판단했기 때문일 것이다.

남한 노동자운동의 쇠망

『문재인 정부 비판』은 현재의 남한에 수라도(修羅道, 분노와 복수의 세계), 축생도(畜生道, 무지와 수욕(獸慾)의 세계), 아귀도(餓鬼道,

시기와 질투의 세계)가 혼재하고 있다면, 그 미래는 지옥도(地獄道, 아비규환(阿鼻叫喚, 간단없는 고통으로 크게 울부짖음)의 세계)가 될 것이라고 경고했다. 수라도·축생도·아귀도가 인민주의만 건재한 남한의 풍속과 세태에 대한 유비라면, 지옥도는 남한에서 노자가 공멸하는 동시에 남북한에서 민족의 집단자살이 예고되는 현정세에 대한 유비였던 것이다.

인민주의화의 귀결이 촛불혁명과 문재인 정부였으므로, 촛불혁명에 동참했던 남한 운동권이 문재인 대통령을 제대로 비판할 수는 없었다. 인민주의의 변종으로서 '사익의 최대화'를 추구한 민주노총의 노동자주의는 역설적으로 '인민 내부의 모순'을 심화시켰다. 문재인 정부가 프로토파시즘으로서 인민주의의 본색을 드러내고 남한이 '실존적 위기'에 처해 있는데도 보편적 이익으로서 '공익'에 무관심했던 남한의 노동자운동은 국망(國亡, 나라의 쇠망)과 함께 자신의 쇠망도 재촉할 따름이었다.

촛불혁명의 적폐청산이 보여준 잔혹성(cruelty)은 '혁명적 폭력'이 지배한 프랑스혁명과 중국의 문화혁명이라는 지옥도를 떠올리게 했다. 『한국사회성격 논쟁 세미나』에서는 히틀러와 스탈린, 나아가 자코뱅의 혁명관이 공통적으로 배제의 정치 내지 잔혹의 정치를 정당화하는 '진영의 논리'라는 점에 주목했었다. 사이비 지식인과 폭민(暴民)의 결합이라는 점에서 촛불혁명은 프랑스혁명 내지 동학농민혁명을 계승한 셈이었다.

프랑스혁명과 문화혁명 비판

부르주아 혁명의 모델로서 프랑스혁명이라는 주장은 마르크스에게서 비롯했다. 레닌은 1905년혁명을 '프롤레타리아와 농민의 혁명민주주의(RD)적 독재'라는 특수한 형태의 부르주아 혁명으로 인식했는데, 그 혁명도식은 프랑스혁명을 모델로 한 것이었다. 그러나 레닌은 1917년혁명에서 이 모델을 폐기했다. 제헌의회 소집과 민주공화정 수립을 더 이상 목표로 설정하지 않았던 것이다. 이 혁명을 사회주의 혁명의 특수한 형태로서 '프롤레타리아와 농민의 인민민주주의(PD)적 독재'라고 부를 수 있다. 이후 전개된 러시아사회성격 논쟁과 중국사회성격 논쟁은 국가독점자본주의경향론과 인민민주주의혁명론을 발전시켰다.

  이런 맥락에서 프랑스혁명에 대한 마르크스주의적 해석의 정정은 불가피했다. 프랑스혁명에 대한 수정주의적 비판의 핵심은 영국과 비교할 때 프랑스에서는 산업자본주의와 부르주아 헌정질서가 안정적으로 착근하지 못했다는 데 있었다. 19세기 프랑스 사회는 군주정이 타락한 참주정과 민주정이 타락한 인민정의 악순환에 빠졌다. 프랑스혁명이 급진화되었다가 반동을 초래했기 때문인데, 바로 그것이 발자크가 언급한 천민부르주아지의 성장과 하층민의 '질투의 권리선언'(déclaration des droits de l'Envie)이었다. 말년의 알튀세르는 자서전 『미래는 오래 지속된다』에서 마르크스주의자는 '거짓말을 하지'(raconter d'histoires) 말아야 한다고 주장하면서 프랑스혁명에 대한 수정주의적 비판을 지지했다. 알튀세르의 제자인 발리바르도 마르크스주의와 자코뱅주의의 혼동에 대해 지적했다.

  로베스피에르는 부자가 아닌 인민의 개별이익(intérêt particulier)이 곧 전체이익(intérêt générale)이라고 주장했다. 루소의 전체의지(volonté générale, 일반의지)를 응용한 이런 주장은 경제학적 근거가 없는 인민주의였다. 반면 부르주아 소유권에 대한 마르크스의 경제학 비판은 '개인적 소유권으로서 자기소유권', 즉 노동권을 대안으로 했다. 노동권은 개인의 능력 차이를 인정하는 능력주의('능력에 따른 노동과 노동에 따른 분배')인 반면 로베스피에르의 생존권은 개인의 능력차이를 부정하는 평등주의('능력-노동과 무관한 분배')였다.

  자코뱅주의는 전체의지와 전체이익을 위해 공포정치도 불사했다. 공포정치의 수단은 혁명재판과 기요틴에 의한 공개처형이다. 혁명재판의 법치는 자유주의적 법치(rule of law)가 아니라 인민주의적 법치(rule by law)였다. 루소-로베스피에르의 '철학적 계몽주의'와 결합하는 베카리아-벤섬의 '사법적 계몽주의'에서 형벌은 범죄의 억지(抑止, deterrence)를 의미했다. 나아가 형벌은 사회를 방어하고 변혁하는 수단으로도 인식되었다. 기요틴에 의한 공개처형은 사법적 계몽주의에 의해 정당화되었고, 나치 독일은 물론 소련·중국·북한에서 자행되는 국가테러의 기원이 되었다.

문화혁명에 대한 비판은 『역사학 비판』에 이어 『한국사회성격 논쟁 세미나』에서도 여러 차례 시도되었다. 특히 대약진운동의 '부단혁명론'과 문화혁명의 '계속혁명론'을 구별하면서 문화혁명에는 이론이 부재했음을 주목했다. 모택동은 '대과도기론'을 근거로 스탈린의 이른바 '사회주의적 생산양식론'을 비판하고 부단혁명론을 근거로 대약진운동을 추진했다. 반면 문화혁명기에는 부단혁명론을 급진화한 계속혁명론을 제외하면 '조반유리'(造反有理, 반역은 정당하다)라는 구호밖에 없었다. '인민 내부의 [비적대적] 모순'에 주목한 부단혁명론과 달리 계속혁명론은 '자본주의적 길과 공산주의적 길의 [적대적] 투쟁'에 주목했다.

문혁을 지배한 것은 반(反)지식인주의, 즉 청년과 무지자에 대한 미신이었다. '청년이 노인을 이기고, 무지자가 지식인을 이긴다' 또는 '빈곤하고 무지한 계층일수록 혁명적이다'라는 것이었다. 홍위병은 지식인을 '구린내 나고 늙은 아홉 번째 반혁명분자'(臭老九)라고 불렀다. 『한국사회성격 논쟁 세미나』에서는 중국현대지식인을 설명하면서 문혁의 '10년동란'이 중국에서 마르크스주의자를 멸종시켰다고 평가하기도 했다.

문혁의 문제는 러시아와 달리 인민주의를 지양하지 못한 중국 마르크스주의에 대한 비판으로 소급할 수 있다. 군사적·봉건적 제국주의였던 러시아에서는 인민주의자가 논파된 다음 마르크스주의자 내부에서 '사회민주주의자'와 '합법마르크스주의자'가 수정주의와 개량주의를 둘러싸고 논쟁을 전개했다. 반면 매판적·봉건적 국가독점자본주의였던 중국에서는 그런 논쟁이 없었고 나아가 인민주의도 논파되지 못했던 것이다.

　마르크스의 노동권을 핵심으로 하는 발리바르의 '인권의 정치'는 폭력 비판으로 발전했다. 공포정치로서 '잔혹(cruelty, 잔인과 가혹)의 정치', 즉 유가에서 말하는 가정(苛政, 가혹하고 잔학한 정치)의 대안은 '시빌리티(civility)의 정치', 즉 인애(仁愛)에 기반한 예치(禮治)였다. 과천연구실이 추구해온 이데올로기 비판의 핵심이 바로 인권의 정치와 시빌리티의 정치였다. 해방과 변혁을 결합하는 인권의 정치가 아니었고 폭력을 비판하는 시빌리티의 정치도 아니었던 문화혁명은 마르크스주의적 의미의 혁명이 아니었다.

　『문재인 정부 비판』은 매천 황현이 동학농민전쟁을 동학도라는 사이비 지식인과 난민(亂民)의 결합으로 규정한 것처럼, 프랑스혁명을 자코뱅이라는 사이비 지식인과 상퀼로트라는 폭민의 결합으로 규정했다. 명황조 말기에「천하의 위기를 걱정하는 상소」때문에 사직하고 낙향한 여곤은 '난리가 나기를 바라는 백성'(幸亂之民)으로 사교도, 모반가라는 사이비지식인과 빈민, 불량배라는 난민을 지적했다. 그 특징은 행동 규범의 부재라고 할 수 있었다.

　촛불혁명도 전향한 386세대라는 사이비 지식인과 '깨시민'의 결합이라는 점에서 동학농민혁명과 프랑스혁명을 계승했다고 할 수 있다. 문재인 정부에서 주류가 된 친노-친문의 인민주의자는 프랑스혁명기 공포정치를 연상시키는 정적 제거에 몰두했다. '적폐청산'이라는 '분노와 복수의 외침'은 보편적 진리와 아무런 관련이 없는 인민주의적 데마고기일 따름이었다. '조국 사태'에서 드러났듯이 적폐청산은 문화혁명 당시 존숭받았던 노신의 당동벌이(黨同伐異, 옳고 그름을 떠나서 같은 패거리는 돕고 다른 패거리는 친다)를 원칙으로 삼았다. '페어플레이'를 부정하는 386세대 사이비 지식인은 행동 규범이 부재할 뿐만 아니라 나아가 타인에게 손해를 끼치면서 자기는 이익을 얻는다는 점에서 사기꾼과 깡패를 포함하는 불량배(rogue)라고 할 수 있다.

민주노총의 노동자주의

민주노총의 문재인 정부 비판은 단지 수적으로 소수파인 자본가의 사익에 수적으로 다수파인 노동자의 사익을 대립시키는 노동자주의에 불과했다. 인민주의의 일종인 노동자주의는 '사익의 최대화'를 추구하는데, 이 점에서 사익의 '평화공존'을 모색하는 인민주의적 코퍼러티즘에도 미달하는 것이다. 민주노총은 고액임금에 대한 비판을 모면하기 위해 문재인 정부에게 비정규직의 정규직화와 '최저임금 1만원'을 요구했는데, '노동자 내부의 모순'을 노동자 전체의 고액임금화로 해결하려고 한 셈이었다. 그 결과 노동자와 잠재적 실업자라고 할 수 있는 자영업자·소상공인 간의 모순, 즉 '인민 내부의 모순'이 심화되었다.

자영업자와의 갈등을 초래한 최저임금인상부터 고용세습·매판노조 논란을 불사한 공공노조·자동차노조의 지대추구적 행위, 그리고 코로나19발 경제위기에 대응하는 노사정협상을 둘러싼 논란까지 민주노총의 태도는 '사익의 최대화'로 특징지을 수 있었다. 민주노총을 비롯한 노동자운동은 소득주도성장의 이론적 결함이나 그 실행가능성을 도외시했다. 오히려 문재인 정부의 '노동존중사회' 공약에 주목하면서 정치적 호기의 도래로 간주했다.

최저임금인상과 소득주도성장의 갈등이 확인되고 정부가 최저임금의 인상속도를 조절하자 민주노총은 오히려 소득주도성장의 폐기를 비판했다. 이는 노동자민족으로 전락한 한국경제의 현실과 세계경제의 '2차 대불황' 가능성, 나아가 '2차 반도체호황'의 종료로 인한 경기침체 등으로 소득주도성장이 실행가능하지 않다는 점을 무시한 것이었다. 경제학적 문맹이 민족경제의 현실에 대한 맹목과 기회주의적 태도로 확대재생산되었다.

문재인 정부의 공공부문의 일자리 창출 및 비정규직의 정규직화에 대한 민주노총의 비판 또한 문제가 있었다. 정규직 전환자를 기존 정규직과 동일한 임금체계에 편입하자는 주장은 실행가능성이나 정당성에서 모두 문제가 있었다. 실행가능성의 측면에서는 기존의 상이한 임금체계로 인해 전환과정에서 직무간·기관간·부문간 임금 격차라는 3중의 난제를 동시에 해결해야 했다. 정당성 측면에서도 취업준비생들이 치열하게 경쟁하는 상황에서 정부 정책을 통한 고용형태 전환이 공정하지 않다는 사회적 비판에 직면했다.

또한 민주노총은 외국계 자동차회사에 대한 구제금융·구조조정 과정에서 '정리해고 반대'로 일관하면서 과거 쌍용차투쟁의 한계를 반복했다. 민족경제 차원에서 산업구조의 문제나 지배구조개혁과 같은 보편적 쟁점은 부차화했다. 『한국사회성격 논쟁 세미나』에서는 노조가 임금·고용과 같은 경제투쟁의 직접적 성과에 매몰된 채 외국자본과 결탁하여 정부에게 구제금융을 겁박한다면 매판자본을 대체하는 '매판노조'가 출현하는 셈이라고 경고한 바 있다.

조국 사태와 검찰개혁에 대한 민주노총의 침묵 또한 노동자주의의 방증이었다. 민주노총은 논쟁이 폭발하던 2019년 가을에 공식 성명이나 논평 등 그 어떤 형태로도 입장을 발표하지 않았다. 노동자의 특수한 이익으로서 '사익'이 아닌 민족 전체의 보편적 이익으로서 '공익'에는 무관심했기 때문이다.

코로나19발 경제위기 대응에서도 한계를 드러냈다. 해고금지라는 민주노총의 요구는 고용위기의 현실을 충분히 반영하지 못했을 뿐더러 취업자와 실업자를 포괄하는 전체 노동자계급의 요구로서도 부적합했다. 제왕적 대통령의 권위에 호소하는 긴급재정·경제명령을 요구한 것도 정부의 시장개입을 만능으로 간주하는 반(反)경제학의 발로이며 정부·국가에 대한 종속성을 심화하고 노동자운동의 자율성을 침식하는 결과를 초래할 위험이 있었다.

김명환 집행부는 이런 요구를 바탕으로 '코로나19 위기 극복 원포인트 사회적 대화'를 제안했지만, 소모적이고 파국적인 내부 논쟁 끝에 합의안이 부결되면서 사퇴하고 말았다. 이러한 소동은 노동자의 보편적 이익을 대표하기는커녕 조직 내부의 갈등조차 민주적으로 조정하지 못하는 민주노총의 무능력을 표상했다. 반면 집행부 반대파도 코퍼러티즘을 지양하는 대안을 능동적으로 제출하기보다 노동자의 특수한 이익을 수동적으로 방어하는 데 몰두하면서 노사정협상 자체에 대한 반대와 거부로 일관할 따름이었다.

친북 내지 민족공조 노선의 문제

문재인 정부 2년 차에 민주노총은 소득주도성장의 폐기로 인한 실망에도 불구하고 북한비핵화라는 '외세공조'가 아니라 남북관계 개선이라는 '민족공조'를 주장하면서 문재인 정부의 통일·외교정책에 대한 비판적 지지를 고수했다. 이러한 친북 내지 민족공조 노선이 민주노총의 주류를 형성한 가운데 남한노동자운동은 북한사회주의의 타락과 핵무장, 남한인민정과 북한절대군주정의 연방제통일이라는 쟁점에 대해 적합한 비판과 대안을 제시하지 못했다. 북한비핵화인가, 한반도비핵화인가, 아니면 전세계비핵화인가라는 공리공담이 있었을 뿐, 완전한 비핵화인가, 불완전한 비핵화인가라는 핵심적 쟁점은 토론조차 되지 않았다.

민주노총은 북한의 핵무력 완성이 '미국본토에 대한 선제공격·보복공격을 과시함으로써 미국과 사실상 세력균형을 이루어 낸 것'으로 해석했다. 또한 남북정상회담이 외세공조에 입각한 '한반도비핵화'의 장이 아니라 민족공조에 입각한 '남북관계 개선'의 장이 되어야 한다고 주장했다. 이것은 사태를 완전히 오판한 것이었다. 김정은 위원장의 태도가 급변한 것은 핵무장에 따른 경제제재와 그로 인한 경제위기를 더 이상 무시할 수 없었기 때문이었다. 그래서 김 위원장은 정상회담의 대가로 경제제재 해제와 경제원조 제공을 요구했던 것이다.

민주노총은 북한의 핵무장이 체제의 안전을 보장하기 위한 불가피한 선택이라고 부당전제했다. 그러나 핵무장을 통해 보장하려는 것은 체제의 안전이 아니라 이른바 '백두혈통'의 안전이었다. 이라크의 후세인과 리비아의 가다피를 반면교사로 삼는 김정일-김정은 부자에게 핵무장은 반체제운동에 대한 외국의 군사지원을 억지할 수 있는 유일한 수단이었다. 한편 구좌파는 북한의 핵무장을 비판했지만 그 원인으로 미·일 제국주의에 초점을 맞출 따름이었다. 그러나 제국주의라는 적의 적은 사회주의의 친구라는 주장은 마르크스주의와 아무런 관련도 없는 궤변이었다.

3대세습을 통해 절대군주정으로 타락한 북한에 의한 흡수통일을 지향하는 민족해방파의 선통일후변혁론은 물론 통일을 추진하기 전에 남한의 사회주의적 변혁을 먼저 수행한다는 민중민주파의 선변혁후통일론 모두 현정세에서 적합하지 않다. 전자의 경우 남한의 인민이 김정은 위원장을 절대군주로 받아들여야 하고, 후자의 경우 사회주의와 절대군주정이 양립가능할 리 없기 때문이다.

민주노총은 '하노이 노딜' 이후의 정세를 반일 평화세력과 친일 적폐세력의 대립으로 판단했다. 일본의 경제제재와 한일 갈등 국면이 미·일 제국주의의 생존전략 차원에서 조성되었고 이것이 아베 정부의 '군국주의 부활' 기도로 인해 심화되었다고 평가했던 것이다. 그러나 『한국사회성격 논쟁 세미나』에서 설명했듯이, 오바마의 자유주의를 계승한 아베 정부의 보통국가화를 군국주의 부활로 규정하는 것은 오류였다. 게다가 민주노총은 한일위안부합의 파기와 징용피해자 배상 문제에 관여하기도 했는데, 앞서 설명했듯이 북한의 의도와 상충하는 반일투쟁은 진정한 친북노선이라 할 수도 없었다.

사회운동 전반은 미·일 제국주의를 비판하면서도 시진핑 주석의 '중국몽', 특히 '강군몽'에 대해서는 함구했다. 그러면서 문재인 정부의 소위 '3불 정책'(사드 추가배치 거부, 미사일 방어체계 불참, 한미일 군사동맹 반대)을 지지했던 것은 연중 노선을 취하는 방증이라고 할 수 있었다. 중국 주도의 아르셉(RCEP)에 대한 노동자운동의 무대응 역시 과거 한미자유무역협정이나 범태평양파트너십(TPP) 참여를 반대했던 태도와는 확연히 대비되는 것이었다.

미중 간 전략적 경쟁은 미국과 일본의 민간자본주의·자유민주정에 대한 중국의 국가자본주의·권위독재정의 도전을 쟁점으로 하고 있다. 게다가 중국 경제의 전망도 낙관적이지 않다. 개혁·개방 이후 국가자본주의로 이행한 중국경제는 자본축적에 의한 경제성장이 조만간 한계에 도달할 가능성과 함께 경착륙(마이너스 경제성장) 내지 장기침체의 위험성을 지적받고 있다. 게다가 개혁·개방 이후 불평등의 지표인 지니계수도 지속적으로 악화했다.

정의당의 타락과 대안좌파의 부재

『문재인 정부 비판』은 민주노총의 카운터파트였던 민주노동당을 계승한 정의당이 우여곡절 끝에 '민주당 2중대'로 타락했다고 비판했다. 정의당은 민주당의 정치이념을 자유주의라 주장했는데, 그래야만 자신이 진보주의를 표방할 수 있기 때문이었다. 그러나 정의당의 진보주의는 인민주의가 현대적 자유주의로 대체되는 과정에서 과도적 역할을 한 미국의 진보주의에 가까웠다. 자유주의보다 인민주의에 더 친화적인 진보주의는 자유주의에 미달하는 것이다.

정의당은 민변·참여연대와 함께 조국 사태와 검찰개혁 논쟁에서 정부·여당을 무비판적으로 지지했다. 또한 민주당과 결탁하여 검경 수사권 조정 및 공수처 설치와 선거법 개정을 교환했다. '민주당의 비례전문위성정당'이라는 지위를 고수하려고 정당정치와 의회정치를 부정하는 폭거에 동참한 셈이었다. 그러나 코로나19의 대유행 와중에 치러진 총선에서 '선거제 개혁을 통한 교섭단체 구성'을 목표로 한 정의당의 선거전략은 완전히 실패했다.

코로나19발 경제위기에 대한 정책대응에서도 정의당은 정부의 재난지원금 10조원의 다섯 배가 넘는 51조원을 이른바 '재난기본소득'으로 책정하자는 등 신중하지 못한 재정정책을 요구했다. 백신과 치료약이 개발되지 않은 상황에서 경제정책의 완화만으로 코로나19발 경제위기를 해결할 수 없다는 사실에 대해 무지했기 때문이다. 또한 보건의료체계의 붕괴 등이 발생할 경우 더 큰 규모의 경제위기가 올 가능성도 무시한 것이었다. 정의당의 부동산 정책 또한 문제의 원인을 투기로 환원하면서 소유권 제한에 초점을 맞췄는데, 정부·여당의 인민주의적 정책과 본질적인 차이가 없었다.

현실사회주의 붕괴 이후 마르크스주의의 쇄신을 통한 공산주의의 재건과 대안좌파의 건설을 동반하지 않는 한 진보주의는 일종의 알리바이에 불과하다. 경제학 비판과 자유주의 비판에 무능한 '진보'는 존재 이유가 없다.『문재인 정부 비판』은 경제학과 자유주의에 대한 거부나 반대에 머무는 인민주의는 자유주의는 물론 보수주의에게도 미달할 수 있다고 경고했다.

정의당 외부의 좌파도 전망이 어둡기는 마찬가지다. 과천연구실은『금융위기와 사회운동노조』(2008)에서 공산주의의 재건과 대안좌파의 건설이 곤란한 역설적 정세 속에서 사회운동노조의 건설을 제안한 바 있다. 그러나 세계적 차원에서 인민주의가 부상하고 사회운동, 특히 노동자운동은 쇠망의 길을 걸을 수밖에 없었다. 관련해서『일반화된 마르크스주의 세미나』(2014)에서는 이탈리아의 공산주의재건당(PRC), 프랑스의 혁명적공산주의자동맹(LCR)-새로운반자본주의정당(NPA), 영국의 사회주의노동자당(SWP)의 위기에 주목했고,『한국자본주의의 역사』(2015)에서는 남한의 노동자의힘 그룹, 다함께 그룹, 사회진보연대의 위기에 주목한 바 있었다.

노동자의힘이나 다함께 같은 구좌파는 코로나19발 경제위기에서도 전위당 건설과 국유화라는 구태의연한 대안에 머물렀다. 그러나 전위정당이 주도하는 국유화나 계획경제는 마르크스적 의미의 사회화, 즉 노동자연합에 의한 소유의 사회화와 양립할 수 없다. 또한 신좌파를 대표하는 사회진보연대의 경우『한국사회성격 논쟁 세미나』에서 여러 차례 그 난맥상을 지적했듯이 정의당 내지 구좌파와 구별 정립하여 독립적으로 존재하는 근거가 무엇인지 심각하게 질문하지 않을 수 없는 상황이다.

4·7보선 전후
문재인 정부 비판

박상현·송인주·이태훈·유주형

서론

이 글은 『문재인 정부 비판』에 실린 「코로나19 이후 문재인 정부 비판」과 「남한 노동자운동의 쇠망」에 후속하는 작업으로서 코로나19의 대유행이 지속되는 상황에서 바이든 정부의 출범과 문재인 정부 5년차의 정세에 대한 분석을 추가한다. 코로나19의 대유행과 관련해서는 분석의 초점이 방역에서 백신으로 이동한다. 또 바이든 정부 출범 이후 미·중의 '전략적 경쟁'에 대응하는 미국의 다자주의적 전략이 분석되고, 이 같은 국제정세의 중대한 변화에 대응하는 데 실패한 문재인 정부 5년차의 위기상황이 검토된다. 남한 노동자운동의 쇠망과 관련해서는 문재인 정부 5년차 정세에 대한 노동자운동의 대응에 대한 비판적 검토가 추가된다.

2020년 3월 세계보건기구(WHO)가 코로나19의 대유행을 선언한 이후 세계 각지에서 질병이 주기적으로 확산되었고 이에 대응해서 반복적으로 이동제한정책이 실시되었다. 2020년 12월에 백신이 개발되어 일부 국가들에서는 백신접종이 신속하게 진행되지만 세계적으로 누적 확진자와 사망자는 꾸준히 증가했다. 2021년 상반기 사망자가 2020년 전체 사망자를 넘어서면서 보건의료위기가 지속되었다. 또 세계 주요국들에서 경제위기가 지속되면서 2020년에는 마이너스 성장이 발생했다.

2020년 11월 미국 대통령 선거에서 민주당의 바이든 후보는 방역 실패로 인기가 급락한 현직 대통령 트럼프 후보를 누르고 대통령에 당선되었다. 바이든 대통령은 트럼프의 인민주의와 단절하고 적극적 방역정책과 신속한 백신접종을 추진하는 동시에 경제재건을 위해 2차 세계전쟁 이후 최대 규모의 적자재정정책을 추진했다. 또 그는 '미국이 돌아왔다'고 선언하면서 트럼프의 '미국 우선주의'를 폐기하고 다자주의와 미국의 세계적 지도력의 복원을 표방했다.

바이든 정부의 출범은 미·중의 전략적 경쟁을 중심으로 하는 국제정세와 지역질서에 중대한 변화를 낳고 있다. 바이든 대통령은 당선 직후에 권위주의에 대항하는 '민주주의 정상회의'의 개최를 희망한다고 밝히면서 안보와 경제, 나아가 코로나19에 대한 대응 등에서 미국이 주도하는 다자적 협력질서를 구축할 의사를 표명했다. 특히 바이든 정부는 인권과 민주주의라는 가치에 기반해서 쿼드(Quad)를 중심으로 '자유롭고 개방적인 인도·태평양'의 구축을 추진하고 있다.

그러나 문재인 정부 말기 한국의 정세는 급변하는 국제정세와 괴리되었다는 특징을 갖는다. 집권 2년차에 '한반도 운전자'를 자처하면서 북미정상회담을 주선했던 문재인 정부는 2019년 3월 하노이 회담 결렬 이후 '검찰개혁'을 내걸고 국내문제로 쟁점을 전환하지만 이른바 '조국 사태'와 윤석열 검찰총장의 반격에 직면했다. 그런 상황에서 코로나19의 대유행이 전개되는데, 정부와 여당은 이른바 'K방역'을 홍보하면서 2020년 총선에서 압도적 승리를 거둔 후 'K경제', 'K평화'를 내세우며 국제정세의 압력을 외면했다.

그런데 불과 1년이 지나기도 전에 K방역의 허상이 깨지고 정부가 백신확보에 실패했다는 사실이 드러났다. 코로나19의 '4차 파동'이 진정되지 않는 상황에서도 법치파괴가 지속되는 가운데 'LH사태'와 일련의 부동산 비리사건이 터지면서 정부에 대한 불만이 폭발했다. 민주당은 4·7 보궐선거에서 참패했고 대통령 국정수행에 대한 지지율도 최초로 30% 수준까지 하락했다. 반면 정부·여당의 검찰 수사권 박탈 시도에 반발하며 검찰총장직을 사퇴한 윤석열 총장은 대선 후보 지지율 1위를 기록하며 야권의 대선주자로 급부상했다.

이 같은 정권 말기의 상황에서도 정부와 여당은 강성 지지층을 배경으로 검찰개혁과 부동산정책 등에서 기존의 정책기조를 유지했다. 뿐만 아니라 문재인 정부는 미·중 경쟁에 대해 '전략적 모호성'을 유지하면서 친북·연중·비미·반일의 대외전략을 지속했다. 5월 말에 진행된 한미정상회담은 양국의 '가치와 이익의 공유'가 아니라 '타협'을 보여줄 뿐이었다. 정권 말기의 국내정치는 국제정세 변화와 괴리된 채 2022년 3월에 실시될 대통령 선거를 둘러싼 인민주의적 정치공학 내지 정치공작에 의해 지배되었다.

코로나19의 대유행과 바이든 정부의 출범

코로나19의 대유행과 경제위기의 지속

2020년 1월에 선언된 코로나19의 대유행은 도시봉쇄와 직장·학교 폐쇄 등의 조치에도 불구하고 해를 넘겨 2021년까지 지속되었다. 세계적으로 1·2차 파동이 전개되면서 각국에서는 질병의 확산·감소에 대응해서 봉쇄·폐쇄와 거리두기 등 방역조치의 강화와 완화를 반복했다. 미국과 유럽에서 2021년 5월 15일 현재 1.6억명 이상의 확진자가 발생했고 335만 명 이상의 사망자를 낳았다. 또 브라질, 남아공, 영국 등에서 전파율이 더 높은 변이가 발생해서 세계 각지로 확산되었고 새로운 변이가 추가적으로 발생할 위험도 지속되었다.

한편 2020년 겨울에 인류 역사상 최단기간 내에 백신이 개발되어 유럽연합과 미국에서 승인되었다. 개발부터 임상3상까지 1년도 채 걸리지 않은 코로나19 백신의 효능은 전문가들이 예상한 55% 전후를 훨씬 넘어섰다. 특히 가장 우수한 연구인력과 기반시설을 보유한 미국의 민간제약업체는 세계적으로 유통되는 5대 백신 중 4개를 개발했다.[1] 백신접종은 바이러스의 확산 속도에 직접적으로 개입할 수 있는 무기이기 때문에 백신접종과 함께 코로나 대유행에 대한 대응의 양상은 급변했고, 백신의 생산과 보급·조달을 둘러싼 국제적 경쟁과 협력이 전면화되었다.

2020년 12월 4일 미국과 12월 19일 이스라엘을 필두로 세계 주요국에서 백신접종이 시작되었다. 미국과 유럽의 몇몇 국가들에서 초기에는 백신의 공급이 원활치 않거나 백신의 전달체계가 확립되지 않아서 대중적 접종에 어려움을 겪기도 했고 백신의 부작용에 대한 우려로 인해 백신접종을 기피하는 현상도 있었지만, 백신의 선구매에 성공한 미국과 유럽에서는 백신접종이 꾸준히 진행되었다. 이들 국가에서는 2021년 여름까지 인구의 70% 이상이 1회 이상 백신을 접종할 것으로 예상되며, 심지어 연말까지는 이른바 '부스터샷', 즉 3차 접종이 진행될 수 있다는 예상도 나왔다.

그러나 백신확보에 실패한 나라들에서는 백신접종이 계속 지연되었다.[2] 특히 방역과 백신접종 모두에서 실패한 나라들에서는 신규 확진자와 사망자가 급증했다. 세계적으로 백신접종이 전개되고 있는 상황에서도 인도와 브라질에서는 변이 바이러스의 폭발적 확산으로 인해 보건의료체계가 붕괴하고 대규모 사망자가 발생했다. 뿐만 아니라 성인 인구의 60% 이상이 1회 이상 백신을 접종한 영국에

---

[1] 2021년 4월 현재 14개의 백신이 최소한 1개 국가 이상에서 사용 허가를 받은 상태이며 앞으로 그 숫자는 더 늘어날 것으로 예상된다.
[2] 대표적 방역모범국인 대만도 한국처럼 백신확보를 방치하면서 결국 방어선이 무너졌다. 1월부터 산발적으로 발생하던 집단감염이 5월부터 급증하며 1일 200명대의 신규발생이 연일 이어졌다.

서도 변이 바이러스의 확산으로 인해 다시 신규확진자가 폭발적으로 증가했다.

바이러스의 변이는 기존에 사용되던 백신의 효과를 약화시킬 위험이 있기 때문에, 새로운 변이가 발생할 때마다 기존 백신의 효능을 매번 점검하고 백신을 계속 갱신할 필요가 있다. 게다가 어떤 백신도 100%의 예방효과를 보이지는 않으며, 이른바 '돌파감염'의 가능성이 상존한다. 또 코로나19가 질병을 일으키는 의학적 메커니즘에 대한 정확한 지식이 확보되지 않았기 때문에 신종플루를 치료하는 타미플루 같은 치료약의 개발은 요원하다. 그 결과 코로나19가 수년간 사라지지 않고 주기적으로 창궐할 수도 있다는 우려가 제기되기도 했다. 이런 측면에서 향후 대유행의 전개양상이나 지속기간에 대해서는 여전히 불확실성이 크며, 경제활동의 수준과 양상에 대한 코로나19의 영향력도 상당기간 지속될 것이다.

미국에서는 2020년에 시작된 대유행이 대략 3번에 걸친 파동을 보였다. 2020년 10월에 발생한 3차 파동은 1일 신규확진자가 30만 명을 넘어선 2021년 1월 2일에 정점에 도달했다. 이후 확진자 숫자는 급속히 감소해서 2021년 6월에는 1만명대로 하락했다. 대유행과 함께 사망자도 꾸준히 증가했는데, 2021년 6월까지 60만 명 이상이 코로나19로 인해 사망했다.

또한 코로나19의 대유행은 미국 내에서 대략 1000만 개에 가까운 일자리를 소멸시키면서 경제활동을 급속하게 위축시켰다. 2020년 미국은 −3.5%의 경제성장률을 기록했는데, 이는 금융위기가 발생했던 2009년의 −2.5%보다 더 큰 수치로서 2차 세계전쟁 이후 최악의 경제성장률로 기록되었다.[3] 한편 바이든 정부의 출범 이후 백신접종에 속도가 붙고 점차 경제활동이 재개되면서 2021년 2분기부터 회복이 시작되었다. 경제협력개발기구는 2021년 3월 세계경

---

[3] 유럽의 상황은 더 심각해서 2020년에 유로지역(Eurozone)은 평균 −7.2%의 성장률을 기록했다. 경제협력개발기구(OECD) 자료에 따르면, 2020년에 독일, 프랑스, 이탈리아, 영국은 각각 −9.0%, −10.5%, −11.0%, −7.9%의 성장률을 기록했다.

제전망 중간보고서에서 2021년 미국의 경제성장률을 6.5%로 추정하면서 미국이 2021년 세계경제 회복을 선도할 것이라고 예상했다. 그러나 경제협력개발기구의 낙관적인 시나리오에서도 2022년이 되어야 대유행 이전의 실물경제 성장추세에 근접할 것으로 예상되고 있는 실정이다. 2021년 5월 현재 고용률은 완만하게 회복되고 있지만 코로나19발 경제위기 이전의 성장추세에는 못 미치는 수준이다.

다른 한편 2007-09년 금융위기와 달리 연준의 수량완화정책이 회사채 구매로까지 확대되고 은행이 기업과 가계에 다양한 지불유예조치를 제공하면서 민간의 부채가 꾸준히 확대된 결과, 2021년에는 다수의 기업과 가계가 건전성 위기에 직면할 수 있다는 우려가 등장했다.[4] 향후 경제성장에 기초한 점진적 부채축소가 가능할 것인가에 대한 의문이 제기되고 이른바 '좀비기업'이 누적되어 경제 전체의 생산성을 하락시키고 있다는 진단도 등장했다. '리먼 사태' 같은 극적인 사건을 수반하지 않는 '조용한 금융위기'의 가능성도 제기되었다.

역설적으로 민간부채의 지속적 증가와 쌍을 이루면서 증권시장의 과열현상이 출현했다. 연준 보고서에 따르면, 2020년 한 해 동안 미국 주식시장의 가치는 22% 증가했고, 2021년에 들어서만 다우지수가 사상 최고치를 23번이나 갱신했다. 기관투자자뿐만 아니라 '로빈후드 개미'로 불리는 개인투자자들이 이 같은 주가상승에 중요한 영향을 미쳤다. 이와 함께 비트코인 가격도 2021년에 2배 가까이 상승했다. 2008-09년 금융위기를 예상한 바 있는 루비니 교수는 2021년 주식시장의 주가수익비율(PER)이 과거 버블붕괴가 발생했던 1929년과 2000년 수준에 이르렀다는 점을 지적하면서 이

---

[4] 국제통화기금(IMF)이 2021년 4월에 발표한 '2021 재정모니터' 보고서에 따르면 세계 각국이 코로나19 대응을 위해 지출한 재정은 16조달러에 달하며 그 결과 선진국의 재정적자는 2019년 국내총생산(GDP)의 2.9%에서 11.7%로 상승했다. 2021년 4월 현재 공공 및 민간 부채는 선진경제에서 대략 국내총생산의 424%을 넘어섰고 세계적으로는 356%를 넘어섰다.

른바 '코로나 버블'(COVID Bubble)의 가능성을 지적했다.

　결국 연준은 5월 6일에 발간한 금융안정 보고서에서 '일부 자산의 가치가 역사적인 기준과 비교해도 높은 상태'이며 '향후 자산가격이 상당히 떨어져' '미국 금융체계 전반으로 위험이 확대될 가능성도 있다'고 경고했다. 이런 입장은 경기과열을 막기 위한 금리인상이 필요할지도 모른다는 옐런 재무장관의 발언과 쌍을 이루는 것이었다. 그리고 2021년 4월 소비자물가가 전년동기대비 4.2% 상승을 기록한 이후 연준은 테이퍼링(tapering), 즉 자산매입의 규모 축소를 시사하는 연방공개시장위원회 회의록을 공개했다. 6월 들어 연준은 2020년에 매입한 138억 달러의 회사채를 연내에 매각할 것이라고 발표했고, 옐런은 연준이 연내에 금리를 인상할 수도 있다고 예고했다. 또 7월 말의 연방공개시장위원회에서는 테이퍼링의 구체적인 시기와 방식이 논의되었다.

바이든 정부의 '최초의 100일'

　트럼프 대통령은 미국 역사상 최초로 하원에서 두 번씩이나 탄핵을 당한 대통령으로 기록되었다. 게다가 그는 대통령 선거 결과에 승복하지 않으면서 자신의 지지자들이 의사당에 난입하도록 선동하기도 했다. 정치적·사회적으로 분열된 미국에서 정권 이양은 어려움을 겪었고 트럼프가 대통령 임기를 완전히 마친 이후에야 바이든 대통령이 백악관에 입성할 수 있었다. 또 트럼프 대통령은 관례를 깨고 차기 대통령의 취임식에도 불참했다.

　바이든 대통령은 취임사에서 남북전쟁, 대불황, 2차 세계전쟁 등의 역사적 사건을 언급하면서 미국이 위기와 도전의 '역사적 순간'(historic moment)에 서 있다고 지적했다. 그의 역사적 임무는 정치적·사회적·경제적으로 분할된 미국의 재건에 성공했던 링컨이나 1930년대 대불황과 2차 세계전쟁이라는 도전을 극복했던 루즈벨트에 유비되었다. 또 이 같은 유례없는 비상위급상황에 효과적으로 대처하기 위해 옐런처럼 경륜 있고 능력이 검증된 인사들로 내각을 구성한 것으로 평가되었다. '최초의 100일' 동안 바이든 정부는 코로나19가 야기한 보건의료위기와 경제위기라는 국내 문제의 신속한 해결을 목표로 하는 동시에 일련의 정책검토를 통해 대외정책의 기조도 전환했다.

바이든 정부는 출범 직후부터 코로나19의 확산 방지를 위한 총력전에 나섰다. 질병통제예방센터(CDC)의 권고를 적극적으로 수용하고 트럼프가 방치했던 방역정책을 재개했다. 공공장소 마스크 착용의 의무화와 함께 미국 입국자에 대한 검사를 강화하는 내용의 행정명령에 서명했다. 그리고 백신의 배포 속도를 높이고 접종시설을 확대하는 등 신속한 백신접종을 위한 조치를 적극적으로 실행했다. 바이든 정부는 취임 100일이 되는 4월 30일까지 전체 인구의 1/3인 1억 명의 백신접종을 목표로 했는데, 그 목표는 50일 만에 달성되었다. 취임 100일이 되는 시점에는 백신 2.2억회분 접종이라는 기록적 성과를 낳았다. 미국 성인의 절반 이상이 백신을 1회 이상 접종했다. 5월 4일에 바이든 정부는 독립기념일인 7월 4일 이전까지 미국 성인의 70%에게 적어도 1회 이상 백신을 접종한다는 목표를 제시했다. 백신의 광범위한 접종 결과 신규확진자와 사망자가 급감하고 경제활동도 급속하게 재개되었다.

한편 재무부증권 구매 등 연준의 수량완화정책이 지속되는 가운데 수차례에 걸쳐 대규모 적자재정정책이 추진되었다. 바이든 대통령은 취임 두 달 만인 3월에 1.9조 달러 규모의 '미국구조계획'(American Rescue Plan)에 서명했다. 또 바이든 대통령은 인프라 투자 확충을 위한 2.2조 달러 규모의 '미국일자리계획'(American Jobs Plan)과 교육·복지 강화를 위한 1.8조 달러 규모의 '미국가족계획'(American Family Plan)을 발표했다. 그 결과 코로나19의 대유행 이후 실행된 재정지출은 2007-09년 금융위기 시기의 재정지출 규모를 넘어서게 되었다.

바이든 대통령은 이 같은 재정지출 계획의 추가적 재원조달 방안으로 세율의 인상을 통한 조세의 확대를 제시했다. 미국일자리계획의 재원조달 방안으로 법인세율 인상이, 또 미국가족계획의 재원조달 방안으로는 자본이득세 최고세율과 개인소득세 최고세율의 인상이 제안되었다. 한편 옐런 재무부장관은 4월 5일 시카고 국제문제협의회(CCGA) 연설에서 '법인세 바닥 경쟁을 멈추어야 한다'고 주장하며 각국 법인세에 하한선을 두자고 제안했다. 8일에는 다국적기업에 대한 매출연동 법인세, 즉 매출이 발생한 국가에 납세하는 방안도 제안했다. 미국 정부는 경제협력개발기구 조세관련 회의에서 다국적기업의 법인세 증세방안을 담은 문서를 139개국에 전달했고 6월에 개최된 주요7개국(G-7) 재무장관회의는 15%의 법인세 하한선에 합의했다.

미국구조계획을 전후로 경제학자들 사이에서 인플레이션 논쟁이 발생했다. 재무부장관을 역임했던 서머스를 필두로 몇몇 경제학자들이 이른바 '초인플레이션'의 가능성을 제기했다. 그러나 옐런 재무장관과 파월 연준의장은 2021년 연말까지 인플레이션이 지속될 것이라고 예상하면서도 그것이 일시적인 현상에 불과하다는 입장을 밝혔다. 게다가 인플레이션은 사실상 국가부채의 부담을 감축시키는 효과가 있기 때문에 연준이 일정한 한도 내에서 인플레이션을 용인할 수도 있을 것이다.

미·중의 '전략적 경쟁'

바이든 대통령은 취임사에서 '미국이 돌아왔다'고 선언하면서 '힘의 본때(example of power)가 아니라 본보기의 힘(power of example)으로 이끄는' '세계의 등대'(a beacon of the globe)가 될 것이라고 약속했다. 또 그는 민주주의 국가의 지도자들이 부패와 권위주의적 관행을 척결하고 인권을 확대할 수 있는 방안을 논의할 국제적 정상회의를 희망하고 있다고 밝혔다. 이후 최초의 100일 동안 바이든 정부는 트럼프 정부의 미국 우선주의를 폐기하고 규칙에 기반하는 다자적 질서로의 복귀를 표방하면서 대외정책의 전환을 시도했다.

미국의 대외정책 전반에 관한 일련의 정책검토가 진행되는 가운데 백악관은 2021년 3월 초에 국가안보전략잠정지침『미국의 우위/장점을 쇄신하자』(Renewing America's Advantages)를 발표했다. 잠정지침은 세계적 안보상황을 자유주의와 권위주의, 민주정과 독재정(autocracy)의 대결로 특징짓고, 민주주의와 인권의 가치를 중심으로 동지적인(like-minded) 동맹국·제휴국과의 협력을 강화할 것이라고 선언했다. 특히 잠정지침은 코로나19의 대유행과 같은 세계적인 의제의 등장으로 인해 대내정책과 대외정책, 그리고 국가안보(national security)·경제안보(economic security)·보건안보(health security)·환경안보(environmental security) 등의 전통적 구별이 무의미해지고 있기 때문에 이 모든 것들을 통합적으로 조정하는 전략이 추진될 필요가 있다고 강조했다. 이 같은 인식은 코로나19에 대한 국제적 공동대응에서부터 '한층 더 독단적이고 권위주의적인' 중국에 대한 세계적·지역적 대응에 이르는 다양한 정책의 배경이 되었다.

취임 직후 세계보건기구 재가입과 코백스(COVAX) 가입 의사를 표명했던 바이든 대통령은 취임 100일 의회연설에서 미국이 '세계 백신의 무기고'가 될 것이라고 선언했다. 이후 바이든 정부는 코로나 백신의 지식재산권 보호의 유예를 지지한다는 입장을 밝혔다. 그러나 유럽연합 주요국들은 특허는 우선순위가 아니며 미국에 대해 백신 및 원료의 수출금지를 중단할 것으로 요구했다. 백신난의 원인은 특허가 아니라 원료부족과 공급망 병목현상 등에 있으며 특허보호가 중단되더라도 다른 나라가 고품질 백신을 생산할 수 있는 설비·기술·노하우·원료공급망 등을 확보하기가 쉽지 않은 것이 현실이다. 게다가 세계무역기구 지적재산권 보호의 유예를 결정하기 위해서는 164개 회원국이 만장일치로 동의해야 한다. 이런 측면에서 볼 때, 지식재산권 보호의 유예라는 바이든 대통령의 선언은 현실적인 계획이라기보다는 국가안보와 보건안보를 결합하는 외교적 고려의 산물로 해석될 수 있다. 즉 이미 중국과 러시아가 각각 90여개국과 70여개국에 자국 백신을 공급하고 있는 상황에서 백신외교의 주도권을 확보하기 위한 전략인 것이다.

한편 트럼프의 미국 우선주의가 폐기되었음에도 불구하고 중국에 대한 전략적 경쟁은 심화되었다. 2021년 3월 18-19일 알래스카에서 진행된 미·중 고위급회담은 첫날부터 양국 대표들이 설전을 벌이면서 시작되었고 공동발표문도 내놓지 못한 상태로 종결되었다. 미국은 '중국제조2025' 같은 국가자본주의적 산업정책이 자유주의적인 국제경제질서를 위협하는 불법적 무역관행이라는 입장을 고수했다.5) 트럼프 정부가 부과한 중국산 제품에 대한 고율관세는 철회되지 않았고 중국의 군사적 현대화를 위해 미국산 부품을 조달했던 투자제한기업의 목록은 오히려 31개에서 59개로 늘어났다. 또 화웨이에 대한 제재로 시작된 기술경쟁은 중국 최대의 반도체 위탁생산업체인 SMIC에 대한 추가 제재로 확대·심화되었다.

의회의 초당적인 지지 속에서 바이든 정부에 의해서 재차 확인된 전략적 경쟁은 단순히 양자간 무역을 둘러싼 경쟁이 아니라 국제적 표준을 둘러싼 국가자본주의와 민간자본주의의 경쟁인 동시에 자유민주정과 권위독재정의 경쟁을 의미한다.6) 바이든 정부는 중국이 아니라 미국이 국제적 의제와 규범을 확립해야 한다는 점을 강조하면서 국제적인 차원에서 민주주의와 인권보호를 위해 동

---

5) '중국 제조2025' 계획은 인공지능, 반도체, 배터리, 전기차 같은 부문을 강조하고 핵심 부품의 국내산 비중을 2020년과 2025년에 각각 40%와 70%로 상승시키는 것을 목표로 한다. 중국은 세계경제로의 통합을 통해 중간재 구매를 확대한다는 입장을 밝히면서도 광범위한 국유기업과 산업정책을 통해 자국의 핵심적 기술역량을 강화하는 모순적 태도를 보이고 있다.
6) 나이(J. Nye)를 비롯한 몇몇 자유주의 국제정치학자들은 중국 경제가 이미 세계경제에 깊이 통합되어 있다는 점을 강조하면서 미·중 경쟁을 체제경쟁으로 표현하는 것을 경계하고 대신 '협력적 경쟁'과 '경쟁적 공존'을 제안하고 있다. 즉 중국은 제거되어야 할 적이 아니라 제어되어야 할 강력한 경쟁자라는 것이다.

맹과 협력을 강화하는 전략을 취하고 있다. 이는 특히 중국의 지정학적·경제적 영향력이 확대되고 있는 인도-태평양 지역에 대한 미국의 거대전략(grand strategy)를 내포한다.7)

미국 의회는 「2021년 국방수권법」에 동아시아에서 중국을 견제하기 위해 '태평양억지구상'(Pacific Deterrence Initiative) 항목을 신설해서 22억 달러를 배정했다. 그 법에는 국방부 장관이 태평양억지구상을 수립해서 '인도-태평양 지역에서 미국의 억지력과 방위 태세를 강화하고 동맹국과 제휴국을 확신시키기 위한 활동을 해야 한다'는 내용이 포함되었다. 또 중국 견제를 위해서 동맹국·제휴국과의 연합훈련과 정보공유를 강화하라는 구체적인 요구도 적시되었다. 나아가 2021년 6월에 미국 상원을 통과한 「미국혁신경쟁법」(USICA)은 「전략적 경쟁법」뿐만 아니라 「중국도전대응법」(Meeting the China Challenge Act) 같은 세부법안을 포함하면서 민간자본주의적 자유민주주의와 국가자본주의적 권위독재정의 대결을 구체화했다.

취임 100일 연설에서 바이든은 북대서양조약기구(NATO)의 예를 들며 인도-태평양에서도 강력한 군사력을 유지할 것이라고 밝혔다.8) 이런 맥락에서 미국·일본·호주·인도 4개국이 참여하고 있는 쿼드에 주목할 수 있다. 쿼드는 아직까지 북대서양조약기구와 같은 군사동맹은 아니지만 민주주의와 인권 같은 '가치를 공유'하는 '동지적' 국가들이 공통의 과제에 대응하기 위한 협력을 지향한다. 미국은 공식적으로 쿼드에서 안보전략뿐만 아니라 코로나19에 대한 공동대응과 백신 문제를 다룰 것이라고 밝힌 바 있다. 쿼드 참여국들은 미국의 바이오기술, 일본의 자금, 인도의 생산, 그리고

---

7) 9.11테러 20주기가 되는 올해에 바이든 행정부는 아프가니스탄으로부터의 철군을 완료했는데, 이는 서아시아에서 동아시아로 무게중심을 이동시키려 했던 오바마 정부의 '태평양으로의 선회'(pivot toward/to the Pacific)라는 거대전략이 바이든 정부에 의해 계승되고 있다는 징후로 이해될 수 있다.
8) 하와이에 주둔한 미군이 '인도-태평양 사령부'로 개명된 것에서 드러나는 것처럼 인도-태평양은 미국의 지역인식의 표준이 되었다.

호주의 물류 등에 기초해서 동남아시아에 1억 회분의 백신을 제공할 의사를 표명했다. 또한 그들은 동남아시아 개발도상국에게 차관을 제공한 후 자국 자본이 진출하여 '일대일로' 기반시설을 구축하는 '중국특색의 개발협력'에 대응할 수 있는 대안적인 기반시설 구축계획을 밝히기도 했다.

2019년 이후 세 차례에 걸쳐 외교장관회담의 형태를 취했던 쿼드는 2021년 3월 12일에 정상회의를 개최하고 「쿼드의 정신」이라는 제목의 성명을 발표했다. 인도-태평양지역의 안보, 코로나 백신의 공정한 배포, 신기술협력, 기후변화 등 다양한 문제를 쿼드의 틀 내에서 다루겠다는 내용을 담고 있었다. 또 이 성명은 '법치와 민주적 가치의 수호'를 표방하는 동시에 북한의 '완전하고 검증가능하며 복구불가능한 [핵]폐기'(CVID)에 전념하겠다는 의지도 표명했다. 또 기존 4개 회원국 이외에 다른 국가를 참가시켜 '쿼드 플러스'로 확장하겠다는 입장을 밝혔는데, 아시아에서는 한국·베트남·필리핀, 유럽과 미주에서는 영국·캐나다·프랑스 등이 후보로 거론되었다.[9]

미국은 쿼드를 중심으로 동아시아 지역질서를 확립하면서 범태평양파트너십(TPP)을 이끌어 온 일본을 중심에 두고 있다. 이 같은 맥락에서 2020년 12월에 발간된 『아미티지-나이 5차 보고서』는 미·일 동맹을 '세계적 의제를 다루는 평등한 동맹'으로 규정하면서 일본을 중심으로 하는 동아시아 동맹질서의 강화를 제안했다. 미국·일본·대만의 연계를 통해 중국에 대응하고 미국·일본·남한의 연계를 통해 북한에 대응할 필요가 있다는 것이다. 이 같은 제안은 지역적 전략을 수립하기 위한 미국 정부의 정책검토와 같은 맥락인 것으로 보인다.

바이든 대통령은 미국의 대외정책과 관련된 일련의 정책검토를 마치고 나서 제일 먼저 일본의 스가 총리와 양자회담을 진행했다.

---

[9] 2021년 4월 3-5일에는 쿼드 4개국과 프랑스가 인도 동부의 벵골만에서 합동 해상훈련을 진행했다.

4월 16일 백악관에서 열린 미·일 정상회의의 결과는 '새로운 시대를 위한 미·일의 세계적 협력(global partnership)'이라는 부제를 단 공동선언으로 표현되었다. 양국의 동맹이 자유롭고 개방된 인도-태평양에 대한 전망을 공유하고 있다는 진술로 시작하는 공동선언에서는 '규범에 기반하는 국제질서에 부합하지 않는 중국의 행동에 대한 우려를 공유한다'는 입장이 공식적으로 표명되었다. 또 양국은 홍콩과 신장위구르의 인권상황에 대한 우려를 공유했고, 나아가 자유롭고 개방적인 인도-태평양을 건설하기 위해 그 어느 때보다 강력해진 쿼드를 통해 동맹국 및 제휴국과 계속 협력한다고 선언했다. 그 구체적인 사례로 대만해협의 안정과 평화가 명시되었고 북한의 '완전한 비핵화'도 재확인되었다. 그리고 양국 정상회담 이후 일본은 화이자 백신 1억 회분을 추가적으로 확보했는데, 이것은 국가안보·경제안보·보건안보가 결합되어 있음을 방증하는 실례이다.

반면 중국은 쿼드에 참여한 호주에 대해 무역제재를 실시했을 뿐만 아니라 자국의 인권 문제에 대한 국제사회의 우려에 대해 공격적으로 대응했다. 2021년 3월에 유럽연합이 미국·영국·캐나다에 이어 신장위구르의 인권침해에 연루된 중국 관료에 대해 제재를 부과했을 때, 중국은 유럽의 입법자와 외교관 등을 제재하는 조치를 채택했다. 또 2021년 4월에 미국이 상무부 제재 명단에 7개 기업을 추가했을 때 중국은 '필요한 상응조치'를 취할 것이라고 발표했다. 결국 중국은 2021년 6월 10일 중국인에게 '부당하게 적용된' 외국의 제재 효과를 무효화하는 것을 목표로 하는「반(反)외국제재법」을 통과시켰다. 이 법은 중국이 자국의 정책을 공격하는 나라들에게 반격할 것이라는 점을 가시화한 조치로 평가되었다. 그 결과 초민족적 기업들이 미국시장과 중국시장 중 어디에 진입할 것인가를 선택해야 하는 상황이 초래될 수도 있다.

'대만 문제'의 부상

'자유롭고 개방적인 인도-태평양'과 관련하여 '대만 문제'가 핵심적인 쟁점으로 떠올랐다. 그 발단은 시진핑 체제의 출범 이후 중국이 대만에 대해 현상유지를 넘어서는 정책을 취한 데 있다. 시진핑 주석은 '중화민족의 위대한 부흥'을 실현하는 중국몽의 일부로 '민족통일'을 제시하면서 과거 홍콩에 제시했던 것과 동일한 '일국양제'의 통일방안을 강조했다. 특히 2016년 선거에서 '탈중국화'를 추진하는 차이잉원이 총통에 당선된 이후 중국의 공세는 더욱 강화되었다. 중국은 대만을 국제적으로 고립시키는 동시에 대만의 독립 시도를 비판하면서 무력을 통한 대만 문제의 '최종적 해결'을 시사하기도 했다. 이와 함께 대만해협에서 중국의 무력시위도 한층 증가했다.

반면 2020년 1월 선거에서 일국양제 통일에 대해 명시적으로 반대한 차이잉원 총통은 2019년 홍콩보안법 반대 시위에 대한 폭력적 진압 이후 위기의식을 느낀 대만인의 지지를 받아 재선에 성공했다. 차이잉원 총통은 '탈중국화'를 추진하는 동시에 미국과 대만의 강력하고 안정적인 관계를 확립하려는 시도를 지속했다.[10] 또 중국의 위협이 고조되는 상황에서 대만 의회는 2020년 10월에 미국과의 외교관계 회복을 촉구하는 결의안을 만장일치로 채택했다. 나아가 대만 정부는 트럼프 정부에서 중단되었던 미국과의 무역투자기본협정(TIFA) 회담도 재개할 계획을 밝혔다. 트럼프 정부 시기에 화웨이와의 거래 중단을 선언하고 미국 애리조나에 공장 건설계획을 발표한 바 있는 세계 1위의 파운드리(시스템반도체 위탁생산기업) TSMC는 바이든 대통령이 소집한 '글로벌 화상 반도체 대책회의'에 초청되어 미국 내 공장을 6개로 증설하는 계획

---

10) 2016년 12월 초에 그녀는 대통령 당선자였던 트럼프와 12분에 걸쳐 통화를 했는데, 이는 1979년 이후 대만 총통과 미국 대통령이 대화한 최초의 사례였다.

을 제시했다.

나아가 대만 정부는 중국에 대한 경제적 의존을 완화하기 위해 미국뿐만 아니라 동남아시아를 비롯해서 인도-태평양의 다른 국가들로 무역과 투자의 다변화를 추구하면서 범태평양파트너십에 참여하려는 의사를 밝혔다. 또 대만 정부는 중국의 정치적·군사적 위협에 대응하기 위해 미국뿐만 아니라 '민주적 가치'를 추구하는 다른 국가들과의 연계도 강화할 계획을 밝혔다. 중국의 압력으로 인한 국제적 고립을 극복하는 방안으로 국제연합(UN) 재가입을 추진하는 방안도 논의되었다.

차이잉원 총통이 이끄는 대만에 대한 중국의 압력이 증대함에 따라 미국은 대만 문제에 대한 전략적 모호성을 사실상 폐기하고 '지도적 민주주의 국가'이자 미국의 '결정적인 경제·안보제휴국'으로서 대만을 지원했다. 미국 의회는 대만여행법(2019), 대만보증법(2020), 타이베이법(2020) 등을 통해 대만을 지원할 수 있는 법적 근거를 마련했다.11) 이 법들은 미국이 대만을 국제사회에서 고립시키려는 중국의 시도에 적극적으로 대응하면서 미국과 대만의 경제·안보협력을 강화하려는 목적을 가졌다.

미국은 코로나19의 대유행을 계기로 중국 국경을 선제적으로 봉쇄한 대만을 방역우수국가로 주목하면서 대만의 세계보건기구 총회 참여를 적극 지원했다. 그리고 2020년에는 국무차관이나 보건복지부장관 같은 고위급 관료들이 대만을 방문했다. 바이든 정부는 1979년 대만과 단교한 이후 42년 만에 처음으로 미국 대통령 취임식에 주미 대만 대표를 초청했다. 2021년 3월에는 1979년 이후 처음으로 미국의 대사가 대만을 방문했다. 바이든 대통령은 일본, 한국, 주요7개국 등과의 정상회담에서 일관되게 대만 문제를 공동성명에 포함시켰다. 또 대만의 백신구매에 대한 중국의 방해

---

11) 타이베이법, 즉 '타이완동맹국제보호강화법'(Taiwan Allies International Protection and Enhancement Initiative Act)은 대만이 국제기구에 회원 또는 옵저버로 참여할 수 있도록 미국 정부가 지원할 것을 명시했다.

가 우려되는 상황에서 미국은 대만에 250만 회분의 백신을 제공할 것이라고 발표했는데, 이에 상응해서 일본도 대만에 백신을 제공할 의사를 밝혔다.

대만 문제에 대한 미국과 일본의 일련의 대응에 대해 중국은 이른바 '내정 간섭'이라고 강력하게 반발했다. 중국은 미국의 고위급 관료가 대만을 방문할 때마다 계속해서 전투기를 비행시켜 경고의 의사를 표명했다. 특히 대만해협의 긴장을 배경으로 2020년 11월에 시진핑 주석은 중국공산당 중앙군사위원회 훈련회의에 참석해서 '안보환경의 변화'를 언급하면서 전쟁능력을 강화해야 한다고 발언하기도 했다. 최근에 와서는 중국의 무력시위 강도가 점증하면서 군사적 충돌에 대한 우려도 증가하고 있는 중이다.

5년차 문재인 정부 비판

백신 부족과 'K방역'의 허상

2020년 12월 25일에 1,200명으로 3차 파동의 정점에 도달했던 일일 확진자 수는 이후 완만하게 감소하면서도 1월까지 500명대를 유지했다. 2021년 2월 중순 이후 하루 확진자가 400명대로 하락했지만 4월에 들어 500명대를 거쳐 결국 700명대에 도달하면서 '4차 파동'에 대한 우려가 현실화되었다. 4차 파동의 가장 큰 특징은 감염저변의 확대에 있다. 특정 지역이 아니라 전국적인 차원에서 신규 확진자가 발생하고 식당·주점·직장모임 등 일상생활 공간을 매개로 동시다발적인 확산이 전개되었던 것이다. 또 국내에서도 영국·남아공·브라질 등지에서 유래한 변이가 발견되었다. 그리고 영국발 알파 변이보다 전파력이 70%나 높은 인도발 델타 변이의 확산으로 7월에 하루 확진자가 1,500명을 넘어섰고 8월 이후 반복적으로 2,000명을 넘어서며 9월까지도 4차 파동이 지속되었다.

방역 당국은 계속해서 새로운 방역지침을 고안하고 방역단계를 미세조정했지만 4월 이후 2달 이상 일일 신규확진자가 500-700명을 오르내리는 양상을 보였다. 게다가 여론에 따라 방역의 세부지침이 계속 바뀌고 내용이 점점 복잡해지면서 방역에 대한 민간의 피로감은 더욱 커졌다. '5인 이상 사적 모임 금지' 조치가 5개월 이상 지속되고 사회적 거리두기 지침이 계속 연장되면서 방역수칙 위반의 사례도 늘어났다. 7월에는 수도권을 중심으로 이른바 '6시 통금'을 포함하는 4단계 방역조치가 취해졌지만 일일 신규확진자가 1,000명을 넘어서는 날들이 3개월 이상 계속되면서 기존 방역 패러다임에 대한 의문이 제기되었다.

한국 정부는 보건의료·행정인력의 집약적 노동에 의존하는 K방역의 성과를 홍보하면서 2020년 6월까지도 백신수급에 대해 전혀 언급하지 않았다. 오히려 백신접종을 서두를 필요가 없고 외국의 백신부작용을 보고 결정해도 늦지 않다는 것이 정부의 입장이었다. 정부는 K방역의 연장선에서 K치료약을 개발하고 이어서 K백신을 개발해서 '백신주권'을 실현한다는 미망을 고집했다. 국산 치료약 개발이 아직 성과를 거두지 못하고 백신에 대한 요구가 높아지는 상황에서도 정부는 국내 백신개발을 통한 백신주권 확보라는 희망을 고수했다.

그러나 'K바이오'에 대한 희망과 달리 한국은 백신을 자체적으로 개발해서 국내에서 양산할 수 있는 인력·경험·지식·기술을 갖고 있지 않다.[12] 세계 각지에 분산되어 있는 100가지 이상의 구성성분을 조합해야 하는 mRNA 백신의 경우 백신주권이란 시대착

---

[12] 백신은 기술적 진화 정도에 따라 1-4세대로 구분되는데, 중후장대한 장치산업 성격의 의약품 위탁생산(CM)에 특화된 K바이오 산업은 4세대 백신인 mRNA 백신의 생산과 관련된 원천기술을 갖고 있지 않다. 5월말 현재 mRNA 백신과 관련하여 한국이 위탁받은 것은 모더나의 병입 및 포장공정뿐이었다. 참고로, 국내에서 개발 중이라는 8종의 백신은 모두 2세대형 백신에 속하는 낙후된 것이다.

오적인 발상에 불과하며, 국가안보와 보건안보가 결합되어 있는 상황에서는 백신의 국제적 조정·분배 과정에 참여하는 것이 관건이라고 할 수밖에 없다. 게다가 국내 백신개발을 '끝까지 지원한다'는 발표에도 불구하고 정부는 개발업체를 위한 선구매는커녕 지원예산도 거의 할당하지 않았다.

백신에 대한 정부의 무지와 맹목에 대한 우려와 불만이 표출되는 와중에 정부는 8월이 되어서야 관련 실무팀을 구성했다. 그러나 백신구입의 적기였던 7-8월 동안 실무팀의 활동은 유명무실했다. 정부는 11월까지도 구매대상 백신과 예산을 확정하지 못하다가 12월이 되어서야 백신계약을 체결했다. 심지어 이 시점에서도 정부는 여전히 백신 확보에 소극적인 태도를 보였다. 결국 한국은 2021년 2월 26일에 세계 104번째로 백신접종을 시작했다. 정부는 백신계약 상황이나 도입 일정은 고려하지 않고 일단 2021년 11월을 전국민 70%의 접종 시점으로 설정했다. 그러나 미국과 유럽의 주요국과 비교하면 4-5개월은 뒤늦은 시점이었다.

그러면서 정부는 '11월 집단면역'이 가능할 것이라는 말을 반복했는데, 이 같은 목표가 달성될 수 있을지는 사실 불투명했다. 4월부터 들어올 것으로 기대되었던 백신들은 5월로 공급 일정이 지연되었다. 게다가 대통령이 상반기에 2000만명분 도입계약을 맺었다고 호언했던 모더나의 도입도 결국 하반기로 미루어졌다. 결국 4월 들어 4차 파동이 전개되는 가운데 백신 문제가 전면화되었다. 백신조달의 반복된 실패에도 불구하고 정부는 그에 대해 별다른 설명을 제공하지 않은 채 거짓말을 반복하면서 신뢰를 상실했다. 백신접종이 차질 없이 진행되고 있다는 정부의 발표에도 불구하고 4월까지 백신접종 횟수에서 한국은 세계 100위권 밖의 수준에 머물렀던 것이다.

게다가 백신접종률이 7%대에 머무르고 있던 5월 초에 백신 이상반응 신고가 2만 건을 넘어서고 아스트라제네카 백신과 혈전 부작용의 연관성에 대한 의혹이 제기되면서 백신접종 기피현상도 발생했다. 방역당국은 아스트라제네카 백신접종을 보류했고 청와대는 러시아의 스푸트니크V 도입을 추진하는 등 혼란스런 행보를 보였다. 그러나 마땅한 대안을 찾지 못한 상황에서 당국은 20대를 접종 대상에서 제외하고 아스트라제네카 백신의 접종을 재개했다. 백신물량이 부족한 상황에서 당국은 1차 접종을 확대할 것인지, 2차 접종을 완료할 것인지에 대해서도 분명한 입장을 정하지 못했다. 결국 4월 말에 보건복지부가 화이자 2000만명분 추가 도입을 발표하면서 백신 수급에 대한 우려는 일단 수그러들었다.

이 와중에도 문재인 정부는 질병관리청에 전권을 주겠다는 약속이 무색하게 청와대에 별도의 방역기획관을 신설했으며 백신구매를 서두를 필요가 없다고 주장했던 수리역학 전문가 기모란 교수를 그 자리에 임명했다. 또 질병관리청이 아니라 청와대나 총리가 백신확보 소식을 알리는 '정치방역'도 지속되었다. 그러나 백신을 확보했다는 발표가 있었을 뿐이며 실제로 계약된 내용과 구체적 도입 일정에 대한 설명은 제시되지 않았고 백신 도입일정은 계속해서 지연되었다.

한편 5월에 국립중앙의료원은 백신접종률 70% 자체가 달성하기 어려우며 설사 그 목표가 달성되더라도 집단면역은 어렵고 결국 코로나19는 계절성 인플루엔자 같은 풍토병(endemic)으로 토착화될 것이라고 발표했다. 이 같은 발표는 백신과 정치방역을 둘러싼 논란의 과열을 냉각시키는 동시에 백신 조달의 실패를 무마하려는 의도를 가졌던 것으로 보이지만 정부의 공식적인 입장과는 상충되는 것이었다.

백신접종은 단순히 보건의료위기에 대한 대응만의 문제로 간주될 수 없다. 왜냐하면 백신접종을 통해 감염병 위협이 충분히 통제되기 전까지는 경제활동의 위축이 불가피하기 때문이다. 2021년 6월 현재 미국과 유럽에서 일정한 수준 이상 백신접종이 진행된 이후 경제활동이 재개되어 경기회복이 급속히 진행되고 있는 것은 백신접종의 경제적 효과에 대한 유력한 증거라고 할 수 있을 것이다. 반면 백신확보에 실패한 한국은 3개월 이상 지속된 고강도의 사회적 거리두기로 인해 방역에 대한 피로가 누적되는 동시에 경제활동의 위축도 지속되었다.

경제활동의 위축과 회복의 지연

한국은 미국과 유럽 같은 심각한 보건의료위기를 겪지 않았고 직장폐쇄나 도시봉쇄 같은 강력한 방역정책도 실시하지 않았기 때문에 코로나19가 야기한 경제적 충격은 상대적으로 크지 않았다. 그러나 한국은 2020년에 -1%대의 경제성장률로 1980년과 1998년에 이어 역사상 세 번째로 마이너스 경제성장을 기록했다. 또 경제활동의 위축으로 일자리 22만개가 사라지면서 1997-98년 외환위기 이후 22년 만에 최악의 고용충격도 발생했다.

경제성장률은 2020년 2분기를 저점으로 완만하게 회복되는 추세다. 그러나 백신접종 이후 경제활동이 신속하게 재개되고 있는 미국이나 유럽과 대조적으로 한국의 회복은 지연되고 있으며 산업부문별로 편차도 크다. 특히 2021년 5월 전년동기 대비 45.6%로 32년 만에 최대로 증가한 수출이 이 같은 회복세를 주도하고 있는 반면 계속되는 사회적 거리두기로 타격을 입은 자영업자와 소상공인은 생존의 위기를 맞고 있다. 고용상황도 위기 이전의 수준에 크게 못 미치면서 '고용 없는 성장'에 대한 우려가 등장했다.

한편 재정건전성에 대한 기획재정부의 우려에도 불구하고 2020년에 4차례에 걸쳐 66.8조의 추가경정예산을 편성한 결과 100조원이 넘는 재정적자가 발생했다. 그러나 그런 상황에서도 정부와 여당은 2021년 4월 보선을 앞둔 3월에 코로나19 피해구제의 명목으로 14.9조의 추가경정예산을 편성했다. 그 결과 국가부채의 누적에 대한 우려가 확산되었다.[13]

---

[13] 국가부채는 국채발행에 따른 확정부채와 공무원·군인연금 등 비확정부채의 합으로 정부의 재정적 부담을 총괄하는 광의의 국가부채를 의미한다.

그런데 미국이 적자재정에 대한 대응으로 증세 계획을 발표한 것과 대조적으로 한국은 국가부채 비율을 낮출 계획은 고려조차 하지 않고 있다. 오히려 문재인 대통령은 5월 말에 국가재정전략회의를 주관하면서 재정건전성 확보 요구를 기각하고 확장재정기조를 확정했다. 이후 국회에서 30조원 규모의 2차 추가경정예산을 둘러싼 논의가 진행되면서 5차 재난지원금의 지급대상을 둘러싸고 지지부진한 논쟁이 전개되었다.

미국과 마찬가지로 한국에서도 부채의 누적과 동시에 증권시장이 과열되는 양상이 나타났다. 외국인이 자금을 인출하는 상황에서도 '빚투' 등으로 국내 자금이 유입된 결과, 주가는 2021년 초에 3,100선을 넘어섰다. 이른바 '동학개미'로 대표되는 개인투자자들은 계속해서 국내 증시를 떠받쳤다. 20-30대 청년층이 동학개미에 동참하면서 2021년 2월 기준으로 국내 주식거래 계좌가 4,000만 개에 육박했고 2021년 1분기에 주식거래세는 4.8조원으로 사상 최고액을 기록했다. 이런 상황에서 정부는 부동산을 '투기'로 규정하는 동시에 주식을 '투자'로 장려하는 기이한 행태를 보였다. 심지어 정부는 동학개미를 의식해서 공매도 금지를 유지하고 국민연금의 국내 주식 보유비율 목표를 재조정하기도 했다. 금융시장도 '정치화'되었던 것이다.

한편 2021년 1/4분기에 4대 코인거래소 신규가입자는 250만명에 근접했는데, 신규가입자 10명 중 6명은 20-30대였다. 국내 코인 하루 거래대금은 25조원 수준으로 주식 거래 규모를 넘어섰다. 그런데 한국에서 거래되는 코인은 6%가 비트코인이고 나머지는 알트코인이다. 알트코인이란 그나마 가격이 안정된 비트코인과 달리 변동성이 클 뿐만 아니라 실체가 없는 경우도 적지 않다. 다른 국가와 달리 코인의 유통에 대한 규제가 없는 한국에서는 코인의 상장이 급증했다. 이런 상황에서 2021년 4월에 국회에서 코인 규제의 필요성을 언급한 은성수 의원은 20-30대 코인 투자자들에게 불만을 샀고 자진 사퇴를 촉구하는 청와대 국민청원이 17만 명을 돌파하기도 했다.

결국 2021년 1월에 기획재정부 장관과 한국은행 총재가 모두 실물과 금융의 괴리를 우려한다는 입장을 발표했다. 5월 말에는 한국은행 총재가 기준금리 인상 시점을 반드시 미국 연준의 인상 시점과 일치시킬 필요는 없다고 말하면서 연내 기준금리 인상을 시사했다. 이후 한국은행은 8월에 금리인상을 발표하면서 추가인상의 가능성도 시사했다. 또 미국과 중국 등에서 코인에 대한 규제가 강화되면서 한국에서도 2021년 9월에 코인에 대한 규제강화를 담은 특정금융정보법 개정이 예정되었다. 주택가격의 상승 억제가 정부의 최우선 과제로 부각하면서 가계대출에 대한 규제도 강화했다. 그러나 대출규제를 통해 주택가격 상승을 막을 수 있을지는 의문이며 향후 한국의 금융정책이 정치의 영향으로부터 얼마나 자유로울지도 역시 의문이다.

'사법개혁'·'LH사태'·4·7보궐선거

문재인 정부가 집권 3년차에 추진했던 검찰개혁은 조국 사태를 거친 이후 법치주의를 옹호한 윤석열 총장에 대한 공격으로 변질되었다. 그러나 윤석열 총장을 해임·구속하기 위한 추미애 장관의 직무정지·징계청구가 실패하자 2021년 1월 말에 문재인 대통령은 추미애 장관을 경질하고 박범계 의원을 장관으로 임명하면서 '검찰개혁의 속도조절'을 당부했다.

그러나 추미애 장관은 퇴임사에서 검찰의 '계속개혁'을 외치고 이를 위해 검찰로부터 6대 범죄(부패·경제·공직자·선거 등)에 대한 수사권을 완전히 박탈하여 중대범죄수사청(중수청)을 신설하자고 주장했다. 그리고 이른바 '조국 수호'를 주장했던 민주당과 열린 민주당의 강경파 의원들이 여기에 동조하면서 2월 초에 중수청법을 발의했다. 신임 박범계 장관은 검찰 출신의 신임 신현수 민정수석을 '패싱'하고 이성윤 서울지검장 등 추미애 라인의 검찰인사들을 유임시켰고, 결국 신현수 민정수석은 임명 두 달 만에 사의를 표명했다.

윤석열 검찰총장은 여당의 중수청 추진을 저지하기 위해 여론전에 나섰다. 그는 수사청과 공소청의 분리를 통한 '검수완박'이 '법치 말살', '민주주의 퇴보', '헌법정신 파괴'를 의미한다고 주장했다. 급기야 중수청 설치에 대한 논의가 진전되자 윤석열 총장은 '오랜 세월 쌓아올린 상식과 정의가 무너지는' 상황에서 '검찰총장으로서의 역할'은 더 이상 어렵다고 판단하고 사퇴를 선언했다. 사퇴 선언 직후 윤석열 대통령 후보에 대한 지지율은 이재명 지사를 누르고 급상승했다. 동시에 김종인 국민의힘 비대위원장은 윤석열 총장이 '별의 순간'을 잡은 것 같다고 평가하기도 했다.

윤석열 총장의 사임 이후 후임 검찰총장 인선이 관심사로 떠올랐는데, 결국 검찰총장후보추천회 투표에서 간신히 4위에 올랐던 김오수 법무부 차관이 검찰총장으로 임명되었다. 김오수 검찰총장 취임 이후 박범계 법무부 장관은 검찰인사의 주도권을 행사하고 6대 범죄 수사에 대해 장관의 승인을 받게 하는 검찰청 조직개편안을 제시해서 일선 검사들의 반발을 샀다. 검찰에 대한 '정치적 간섭'이 계속되는 상황에서 문재인 정부의 '시폐'(時弊)로서 권력형 비리에 대한 수사와 재판은 지지부진한 상태에 머물렀다. 또 이성윤 서울지검장에 대한 '특혜수사'로 물의를 빚은 바 있는 공수처(고위공직자범죄수사처)는 윤석열 검찰총장의 직권남용 사건에 대한 수사를 시작했다.

한편 집권 3년차부터 20차례가 넘는 대책에도 불구하고 부동산 가격이 계속 상승하면서 정책실패에 대한 논란도 지속되었다. 논란의 대상이 되었던 이른바 '부동산 임대차 3법'의 통과 이후에도 서울과 수도권 아파트를 중심으로 주택가격은 계속 상승했다.[14]

---

[14] 임대차법이 시행되고 9개월 만에 서울의 전세 거래가 9만건 감소했고 '전세의 월세화'로 이른바 '전세 난민'이 발생했으며 결국 아파트 가격도 상승했다. 집값 폭등에 공시지가 현실화까지 맞물려 재산세 부담도 폭증했다.

결국 2021년 2월에 홍남기 기획재정부 장관과 변창흠 국토교통부 장관은 2·4 부동산대책을 발표했는데, 그 핵심은 한국토지주택공사(LH)가 중심이 되는 공공주도 주택공급이었다.

물론 이 같은 대책이 부동산 가격의 상승을 막지는 못했다.[15] 게다가 서울·부산 시장 선거를 앞둔 3월에 주택공급을 담당할 한국토지주택공사(LH)에서 대규모 부패 사건이 발생했다. 한국토지주택공사의 전현직 직원이 내부정보를 이용해서 경기도 광명·시흥 지구 등 문재인 정부가 추진한 '3기 신도시' 예정 지역의 토지를 미리 매입했다는 사실이 밝혀진 것이다. 게다가 'LH사태'라는 부패사건에 대해 감사원이 아니라 청와대와 총리실이 조사를 담당하면서 시간을 벌고 검찰이 아니라 경찰에 수사를 맡기면서 사건의 은폐에 급급한 행태를 보였다. 그런 와중에 '부동산 임대차 3법', 특히 '전월세상한제'와 관련된 청와대 김상조 정책실장과 박주민 의원의 비리도 폭로되었다.

이 같은 일련의 사건은 '위선 정권'이라는 비판을 자초하면서 4·7보선에 결정적인 영향을 미쳤다. 보궐선거 역사상 최초로 투표율이 50%를 넘었던 4·7보선에서 국민의힘이 압승했다. 2020년 4·15 총선에서 180석을 얻어 압승했던 민주당은 불과 1년 만에 서울 25개 자치구 전체와 부산 16개 자치구 전체에서 패배했다. 애초에 현직 민주당 시장들의 성폭력 사건으로 인해 치러진 선거에 민주당은 당헌·당규를 개정하면서까지 후보를 출마시켰지만 서울과 부산에서 각각 18%포인트와 28%포인트 이상의 표차로 크게 패배했던 것이다.

국민의힘의 승리는 '부동층'(swing voter)의 표심 역전에 따른 '정권심판'의 성격이 강했다. '조국 사태', '윤미향 사태', 'LH사태' 등 문재인 정부에서 누적된 시폐가 드러나면서 부동층의 표심이 정권심판으로 돌아선 것이다. 또 4월 말 한국갤럽조사에서는 대통

---

[15] 2021년 6월 한국은행이 발표한 보고서에 따르면 수도권 집값은 연평균 가계소득의 10배를 넘어섰는데, 이는 통계작성 8년 동안의 최고치였다.

령의 국정수행에 대한 긍정적 평가가 취임 후 최초로 30%선을 깨고 29%를 기록했다. 특히 20-30대 남성이 정권심판과 국정수행에 대한 부정적 태도의 확산에 결정적인 것으로 보였다. 그러나 이러한 심판의 이념적·정책적 내용이 무엇인지는 분명치 않았다. 또 4·7보선의 정치적 효과도 단순하지 않았다.

문재인 대통령은 취임 4주년 특별연설을 통해 여론 무마를 시도했다. 특별연설은 코로나19의 극복에 초점을 맞추면서 한국이 경제협력개발기구 회원국 중 코로나19 이전 수준의 경제를 가장 빠르게 회복하는 나라가 될 것이라고 현실을 호도했다. 또 질의·응답 과정에서 대통령은 정권심판의 원인을 부동산 정책실패로 축소 해석하면서 공공주도 부동산공급정책의 기조는 유지할 것이라는 입장을 밝혔다. 전반적으로 'K방역·K경제·K평화' 등의 망상에 기초해서 정부의 성과를 과장하는 자화자찬의 특별연설이었음에도 불구하고 이후 국정 지지율은 30%대를 회복했다.

한편 4·7보선의 결과를 수용하면서 민주당의 반성을 촉구한 초선의원들은 '초선 5적'으로 몰려 강성 지지자들의 문자폭탄을 받았다. 또 새로운 당대표가 선출되어 '조국 사태'에 대한 반성의 의사를 밝혔지만 조국 교수는 자신을 '검찰 쿠데타'의 희생자로 묘사하는 『조국의 시간』을 출판했다. 40-50대 중심의 조국 지지자들이 구매운동을 펼치면서 『조국의 시간』은 30만부가 넘게 팔렸다. 민주당 내 대권경쟁에서 이재명 지사는 압도적인 1위를 유지했고 다른 대권주자들은 당내 경선에 몰두하면서 국정지지율 30%대의 현 정부와 강성 지지자들을 추수했다. 그 결과 민주당의 당내 경선은 이른바 '문재인 시즌2'를 둘러싼 경쟁이 되고 말았다.

한편 4·7보선 결과에 고무된 국민의힘에서는 대통령 선거와 관련하여 이른바 '자강론'이 등장했다. 이념적·정책적 대안을 제시하기보다는 정치공학적 관점에서 핵심 부동층으로 떠오른 20-30대의 표심을 획득하는 것이 이른바 '승리의 공식'으로 인식되었다. 결국 국민의힘 당대표선거에서 이른바 '세대교체'를 내세운 30대 0

선의 이준석 후보가 50대 4선의 나경원 후보와 60대 5선의 주호영 후보를 누르고 당대표로 선출되었다.

경쟁자를 악마화하는 인격적 공격에 기반을 둔 인민주의적 정치공학을 '여의도 정치'로 찬양하는 이준석 당대표는 변화하는 국제정세에 부합하는 이념적·정책적 대안을 제시할 능력과 의사가 없는 것으로 보인다. 오히려 대선 국면이 전개되면서 당대표의 역할을 망각한 채 '자기정치'에 몰두하는 '이준석 리스크'가 부각되면서 과연 국민의힘이 정권교체의 의지와 능력이 있는가라는 의문이 제기되기도 했다.

외교 및 남북관계

미국 국무부·국방부 장관의 방한을 앞둔 2021년 3월에 전략국제문제연구소(CSIS)는 『한미동맹을 위한 권고』(*Recommendations for the U.S.-Korea Alliance*)라는 보고서를 발간했다. 이 보고서는 한미관계가 최근 미·중 경쟁과 트럼프 정부의 동맹에 대한 '거래적 접근'으로 인해 북한 및 중국과 관련된 주요한 안보적 도전에 대해 '공통의 접근'에 합의하지 못하는 거대한 역풍에 직면하고 있다고 지적했다. 보고서는 이런 상황을 타개하기 위해 미국이 확장억지력을 복원·강화하고 안전한 공급연쇄, 청정한 네트워크, 강건한 민주주의, 항행의 자유, 공적개발원조, 인권 등의 영역에서 '복원력 있는 아시아'(resilient Asia)를 위한 동맹을 건설할 것을 제안했다. 북한 비핵화와 관련해서는 단기적으로 북한 핵프로그램의 중단에 초점을 맞출 수 있지만 동맹의 목적은 'CVID'로 유지될 필요가 있다는 입장이 재확인되었다.

바이든 정부는 보고서의 제안처럼 동맹에 대한 트럼프의 거래적 접근을 폐기할 것이라는 입장을 일찍부터 밝혔고, 한미 양국은 3월에 11차 한미 방위비분담특별협정(SMA)에 원칙적으로 합의했다. 이후 바이든 대통령은 100일 의회연설에서 북한에 대한 정책검토를 완료했다고 밝혔다. 바이든 정부는 클린턴 시기의 교류정책(engagement policy)이나 오바마 시기의 전략적 인내와 구별되는 실용적 접근을 취하면서도 '외교와 단호한 억지'를 통해 북한 핵 위협에 대처할 것이라는 입장을 제시했다.

트럼프 정부에서 북한의 핵과 미사일 역량은 양적·질적으로 강화되었다. 2021년에 들어 김정은 위원장은 또다시 '핵무력건설과 경제건설의 병진노선'을 공언하고 전술핵 개발까지 언급했다. 또 북한은 바이든 정부 출범 이후 단거리 탄도미사일을 발사하는 등 미국의 새로운 행정부가 출범했을 때 통상적으로 실행했던 도발순환을 재개했다. 동맹국과의 협력을 통해 북한의 핵위협을 해결하겠다고 언급한 바이든의 100일 의회연설에 대해서도 북한은 '대단히 큰 실수'이며 '심각한 상황에 직면하게 될 것'이라는 논평을 냈다. 또 북한은 미국의 경제제재가 지속되는 상황에서 중국과의 관계개선에 집착했다.

국가안보와 경제안보를 결합시키는 바이든 정부의 대외정책으로 인해 안보와 경제를 분리시키는 이른바 '안미경중'(安美經中)이 사실상 불가능해진 상황에서도 한국 정부는 '전략적 모호성'을 고집하며 미국의 인도-태평양 전략에 소극적인 입장을 취했다. 2020년 9월에 강경화 외교부 장관은 미국이 주요한 지역적 협력의 틀로 제시한 쿼드에 대해 '좋은 아이디어가 아니다'라는 입장을 밝혔다. 이후 여러 통로를 통해 한국의 쿼드 동참을 희망한다는 미국의 의사가 확인되었지만 한국 정부는 '미국의 공식 요청이 없었다'는 입장을 고수했다. 또 한국 정부는 홍콩 사태나 대만해협 위기에 대해 침묵했고 북한인권 문제에 대해서는 미국 의회의 우려를 사기도 했다.[16] 게다가 중국이 백신외교를 전개하는 상황에서 문재인 대통령은 4월 20일 중국이 주도하는 보아오 포럼에 참석해서

---

[16] 미국 의회에서 한국의 대북전단금지법과 북한인권 문제에 대한 청문회가 개최되었는데, 거기서 표현의 자유를 포함해 특정한 시민적·정치적 권리를 제한하는 조치에 대한 우려가 표명되었다.

개도국에 대한 중국의 백신지원을 높이 평가하기도 했다.

전략국제문제연구소(CSIS)의 『한미동맹을 위한 권고』는 남한 정부의 전략적 모호성이 핵심 동맹국가들을 자극하는 동시에 중국에 대한 취약성을 증가시키고 있다고 지적했다. 남한이 미국의 핵심 동맹 대상에서 소외되고 지역적 동맹에서도 '패싱'될 위험에 직면하고 있다는 우려가 등장하는 것은 이 때문이다. 관련해서 한미정상회담을 앞두고 전략국제문제연구소와 최종현학술원이 공동으로 발간한 『동북아의 미래와 한미동맹』도 한국의 전략적 모호성이 지속될 수 없다고 강조했다. 또 보고서는 북한비핵화에 대한 한미의 포괄적 합의를 요청하며 그런 합의의 최종상태가 'CVID'라는 것을 북한 측에 명확히 할 것을 제안했다.

의제 조율과정에서 양국의 이견이 표출되면서 일정이 연기되기도 했던 한미정상회담은 결국 5월 21일에 실현되었다. 바이든 대통령은 스가 총리에 이어 두 번째로 문재인 대통령과 양자 정상회담을 실행했는데, 문재인 대통령으로서는 미국 대통령과의 10번째 정상회담이었다. 정상회담의 공동선언은 미일정상회담 공동선언과 달리 특별한 부제를 달고 있지 않았으며 양국 동맹의 성격도 '자유롭고 개방적인 인도-태평양' 같은 세계적·지역적 차원이 아니라 한미상호방위협정 같은 양자적 차원에서 규정되었다.

공동선언은 '한반도의 완전한 비핵화'에 대한 공유된 지향을 강조하고 2018년 판문점 선언과 싱가포르 공동성명에 기반을 둔 외교와 대화에 대한 공통의 믿음을 재확인했다. 전략국제문제연구소의 빅터 차 교수에 따르면, 미국은 대북제재 완화, 종전선언, 미북정상회담 등 북한에 대한 구체적인 유인책을 서술하는 것에 대해서는 부정적인 입장을 표명했다고 한다. 그러나 한국은 'CVID'가 아니라 '한반도의 완전한 비핵화'라는 표현이 채택되고 판문점 선언과 싱가포르 공동성명에 대한 언급을 포함시키는 데 성공한 것에 만족했던 것으로 보인다.

대신 미국은 인도-태평양 전략에 대한 한국의 지지를 얻어냈다.

공동성명은 한미관계의 의미가 한반도를 넘어서 공유된 가치에 기반을 두고 있다는 입장을 밝혔다. 그리고 인도-태평양 지역에 대한 양국의 접근법, 즉 한국의 신남방정책과 미국의 자유롭고 개방적인 인도-태평양정책을 조율하기 위해 노력할 것이라고 진술했다. 중국에 대한 직접적 언급 없이 자유롭고 개방적인 인도-태평양에 대한 위협에 반대한다는 입장과 대만해협의 평화와 안정의 유지를 강조한다는 언급이 포함되었다. 또 쿼드에 대해서는 소극적인 방식으로, 즉 '쿼드를 포함한' 지역적 다자주의의 중요성을 인정한다는 형태로 서술되었다. 이른바 '백신 스왑'은 무산되었고 대신 미군과 함께 훈련을 진행할 55만명의 한국군에 백신이 제공될 것이라는 발표가 있었을 뿐이다. 이는 쿼드에 참여한 일본이 5천만명분의 백신을 제공받은 것과는 대조되는 성과였다.[17]

문재인 대통령은 귀국 이후 '최고의 회담'이었다고 자화자찬하면서 5당 대표 초청 간담회를 개최했는데, 여기서 공동성명에 적시된 쿼드, 대만, 북한인권 등에 대해서는 언급하지 않고 싱가포르 합의 계승과 북미대화 재개의 가능성만 언급했다. 공동성명의 서술방식이나 공동성명 발표 이후의 행보를 볼 때 문재인 정부는 여전히 지역질서에 대해 전략적 모호성을 견지하고 있는 것처럼 보인다. 또 문재인 정부는 미군과 함께 훈련할 한국군을 위한 백신을 제공받았음에도 불구하고 한·미 합동군사훈련에 대해서도 여전히 소극적인 자세를 취했다.

이런 상황에서 북한의 김여정은 8월 1일 한·미 합동군사훈련의 중단을 요구하는 담화를 발표했다. 이에 호응해서 민주당 내에서 70명 이상의 국회의원이 한·미 합동군사훈련의 연기를 주장하는 성명서를 발표하고 박지원 국정원장도 훈련연기를 제안하면서 이른바 '김여정 하명 논란'이 일었다. 일각에서는 문재인 정부가 여전히 남북정상회담에 대한 기대를 버리지 못하고 있다는 의문이

---

[17] 또 한국이 미국으로부터 시효 만료를 앞둔 얀센 백신을 제공받은 것과 대조적으로 대만은 모더나 백신을 제공받았다.

제기되기도 했다. 그런 상황에서 문재인 정부는 코로나19 방역을 명분으로 삼아 한·미 합동군사훈련을 애초의 계획보다 대폭 축소해서 진행했다. 그럼에도 불구하고 북한은 강한 유감을 표명하며 7월 말에 연결했던 남북통신연락선을 또다시 차단했다.

문재인 정부 5년차의 노동자운동

『문재인 정부 비판』에 실린 「남한 노동자운동의 쇠망」에서는 '폭력과 지대의 교환'이 민주노총의 노선으로 정착될 것이라고 우려하는 동시에 '민주당 2중대'로 타락한 정의당의 진보주의가 인민주의와 친화적이라고 평가한 바 있다. 노동자운동의 난맥상은 문재인 정부 말기에 국내외 정세에 대한 몰인식으로 인해 한층 심화되었다.

국제정세에 대한 노동자운동의 몰인식은 민주노총 선거의 결과로 민족해방파와 친화적인 집행부가 선출되었다는 사실에서 확인되었다. 그 결과 친북·친중·반미·반일이라는 몰정세적 관점에서 민주노총의 통일사업이 대폭 강화되었다. 국내정세에 대한 몰인식은 민주노총의 총노선에서 과거 한상균 집행부가 추진했던 총파업·총궐기 노선이 핵심 사업으로 다시 채택된 것으로 나타났다. 그 결과 민주노총은 '사익(私益)의 최대화'를 위해 시의적절하지 못한 경제투쟁을 불사했다. 국내외 정세의 괴리나 몰인식이라는 점에서 정의당의 상황은 더욱 처참했다. 386세대의 인민주의에 포획된 신세대의 포스트모더니즘이 정권교체가 아니라 세대교체에 몰두했기 때문이다.

민주노총에서 '폭력과 지대의 교환'이라는 노선의 정착

바이든 정부가 출범하는 시점에 민주노총은 민족해방파와 친화적인 새 집행부를 선출했다. 신임 양경수 집행부는 전임 김명환 집행부의 '사회적 대화' 노선을 비판하고 그 대신 총파업 노선을 공약하여 당선되었다.18) 양 위원장 본인은 비정규직 출신이자 가장 젊은 후보라는 점을 앞세워 세대교체를 주장하기도 했다. 또 민주노총 경기도본부장 시절 이재명 경기도지사와 정책협약을 체결한 사실이 주목되기도 했다.19)

양경수 집행부는 문재인 정부 5년차 핵심사업으로 총파업을 확정했다. 2022년 대선을 앞두고 문재인 정부에서 제1노총으로 부상한 민주노총의 힘을 대내외에 과시하겠다는 것이다. 이로써 새 집행부가 과거 한상균 집행부의 총파업·총궐기 노선을 답습함으로써 '폭력과 지대의 교환'이 민주노총의 노선으로 정착될지 모른다는 우려가 현실화되었다. 이것은 현장파와 민족해방파가 노동조합에 대한 도구주의적 사고와 함께 해방과 변혁보다는 '동란'(動亂, upheaval)에 가까운 투쟁관을 공유한다는 방증이기도 했다.20)

민주노총의 노선은 문재인 정부에 대한 '규정적 비판', 즉 국내외 정세에 대한 과학적 인식과 실행가능한 정책을 동반하는 비판과는 거리가 멀었다. 그 대표적 증거는 민주노총이 문 정부의 인민주의를 변명하는 사이비 경제이론으로서 소득주도성장을 여전히 지지한다는 것이다. 민주노총은 문 정부 집권 4년에 대한 총괄 평가서에서 '소득주도성장 전략의 후퇴'가 문재인 정부의 결정적 실책이라고 주장했다.21) 따라서 민주노총 총파업·총궐기 노선의 목표도 문재인

---

18) 「남한 노동자운동의 쇠망」에서는 민족해방파의 노사정협상 거부가 노동자주의의 발로라고 평가한 바 있는데, 실제로 이들은 현장파와의 공조를 통해 반(反)국민파 구도를 형성함으로써 승리한 것으로 평가된다.
19) 『금융위기와 사회운동노조』(공감, 2008)에서 지적한 '직선제 선거'의 난점도 재차 확인되었다. 직선제 전환 이후 고질적인 문제점으로 지적되던 부정선거 시비가 이번에도 다수 발생했던 것이다. 「민주노총 직선제 임원선거, 3번 후보조 '조직적 부정선거' 논란」, 『레디앙』, 2020. 12. 15.
20) 민주노총 창립 이후 민족해방파는 국민파 집행부를 보조하는 역할에 만족하다가 2021년에 처음으로 집행부를 책임지게 되었다. 따라서 그들의 노동조합노선은 분명히 정의하기 쉽지 않은데, 다만 경향적으로 볼 때 노동조합에 대한 전위당 방침의 전달과 민족해방전선의 일부로서 인적·물적 자원의 동원이라는 전통적 관념에 충실한 것으로 보인다.

정부를 규정적으로 비판하는 것이 아니라 현 정부와 차기 정부에게 최대한의 압력을 행사해서 자신의 실리를 확보하는 데 있었다.

민주노총이 사익의 최대화에 집중한다는 사실은 문재인 정부의 '노동존중사회의 실종과 중단'을 강력히 비판하면서도 '법치의 실종과 중단'은 철저히 무시한다는 점에서 잘 드러났다. 『문재인 정부 비판』에서 지적했듯이 민주노총은 이른바 '조국 사태'와 '검찰개혁'에 대해 침묵으로 일관했는데, 자신이 '민주진보단일후보'로서 전폭 지지했던 조희연 서울시교육감이 공수처 1호사건으로 지목되자 부랴부랴 규탄 성명을 발표했다. 요컨대 공수처 자체는 문제가 아니지만 수사대상 선정이 문제라는 것이었다. 법치의 파괴는 용인가능하지만 사익의 침해는 용납불가능하다는 식이었다.

자신의 조직된 힘을 사회·정치적 운동으로의 성장·전화가 아니라 사익의 최대화를 위한 지렛대로 활용하는 민주노총의 타락상은 공공운수노조의 공정성·능력주의 비판과 자동차노조의 정년연장 요구에서도 재확인되었다. 공공운수노조는 '인국공(인천국제공항) 사태를 기점으로 확산한 공정성 담론과 능력주의 이데올로기'가 '비정규직에 대한 차별을 정당화하고 정규직 전환을 가로막고 있다'고 주장했다. 청년세대가 신자유주의적 경쟁의 원리, 즉 약육강식과 각자도생의 논리에 포섭되었다고 비판한 것이다.

그러나 페어플레이로서 공정을 '약육강식의 경쟁'으로 환원해서 비판하는 것은 오류다. 오히려 '기회의 평등' 내지 '공정한 경쟁'의 원리를 거부하는 것이 '질투' 내지 '원한'의 발로는 아닌지 자문해야 할 것이다. 아리스토텔레스와 애덤 스미스가 갈파했듯이 '목적이 수단을 정당화'하는 질투는 불공정하고 파괴적인 반면 '페어플레이'를 지향하는 경쟁은 공정하고 건설적인 것이다. 현실 국제관계의 차원에서 볼 때, 질투는 전쟁을 의미하는 반면 경쟁은 평화를 통한 경제성장을 의미하기 때문이다.

---

21) 박용석 외, 『문재인 정부 4년, 경제·노동·사회 정책 평가』, 민주노총 민주노동연구원, 2021.

또한 공공운수노조는 능력주의(meritocracy)에 대한 대안으로 평등과 연대를 제기했다. 이는 곧 자본주의 사회에서 '평등한 권리'를 주장한 것이었다. 그러나 마르크스는 『고타강령 비판』에서 자본주의는 물론이고 사회주의에서도 '불평등의 권리'가 분배정의라고 주장한 바 있다. 개인별로 노동능력과 기여가 불평등하므로 그에 '비례하는' 보수도 불평등하기 때문이다. 『문재인 정부 비판』에서 설명한 것처럼, '능력 내지 기여에 따른 분배'의 원리로서 능력주의를 기각하고 '능력 내지 기여와 무관한 분배'를 주장하는 것은 자유주의 내지 마르크스주의가 아니라 인민주의 내지 공리주의와 친화적인 것이다. 요컨대 마르크스주의는 '무능력주의'(mediocracy)가 아니라 '개인의 [능력의] 자유로운 발전'을 지향한다.

금속노조 소속 자동차노조(현대차지부·기아차지부·한국지엠지부)는 정년을 국민연금 수급 개시 연령인 만 65세로 연장할 것을 주장했다. 『문재인 정부 비판』에서는 연봉 1억원에 육박하는 자동차기업의 고임금이 '지대공유제'의 결과라고 비판한 바 있다. 여기에 추가된 정년연장 요구는 취업자와 실업자 또는 정규직과 비정규직의 단결이 아니라 고임금과 고용보장 같은 기득권을 방어하기 위한 것일 따름이다. 이른바 '고용세습'과 마찬가지로 지대공유제의 극단화된 형태로서 '신분의 지대'(rent of position)를 추구하는 것이다. 자동차노조는 결국 노동자운동의 목적을 상실했다고 할 수밖에 없다.[22]

서비스연맹 소속 택배노조와 대립하던 자영업자가 조합원들의 '집단괴롭힘·태업'으로 인해 자살하는 사건이 벌어지기도 했다. 『문

---

[22] 『한국사회성격 논쟁 세미나』에 실린 『종합토론』에서는 자동차회사의 '고용세습'이 고임금과 고용안정이 역전가능한 상황(situation)이 아니라 고정불변의 신분(position)에 의해 결정된다는 의미에서 '상황의 지대'(rent of situation)보다는 오히려 '신분의 지대'(rent of position)라고 비판한 바 있다. 한편 쌍용자동차는 한상균 위원장 등 46명의 해고자가 복직한 지 1년여 만인 2021년 4월 15일부로 또다시 기업회생절차(법정관리)에 돌입했다. 쌍용차노조는 총파업으로 대응했던 2009년과 달리 임금삭감·무급순환휴직 등 자구안을 수용했다. 쌍용차노조의 투쟁에 대한 자세한 평가는 『문재인 정부 비판』을 참고할 수 있다.

재인 정부 비판』에서는 소득주도성장에 대한 민주노총의 비규정적 비판이 자영업자와의 갈등을 초래한다는 사실을 지적한 바 있다. 객관적 근거 없는 최저임금인상 주장이 취업자로서 비정규직과 '잠재적 실업자'로서 자영업자 사이의 경쟁을 격화시켜 인민 내부의 모순을 심화시켰기 때문이다. 그러나 이번 사태는 단순한 소득분배 갈등을 초과하여 급기야 노동자들이 조직된 힘을 활용하여 폭력을 행사한 것으로, 『재론 위기와 비판』(공감, 2018) 등에서 소개한 바 있는 한국전쟁기 바닥빨갱이의 '완장질'을 연상케 하는 것이었다.

한편 민주노총은 부동산 정책과 관련하여 보유세 강화와 공공주택 확대를 대안으로 제시했다. 불로소득 환수와 부동산투기 근절을 위해 부동산 보유세를 획기적으로 강화하고, 이를 통해 확보된 세원을 활용해서 모든 무주택가구에게 공공주택을 제공하자는 것이다. 그러나 민주노총의 공공주택 주장은 이른바 'LH 사태'에서 보듯이 공공주도 신도시 개발이 이른바 '부패완판'으로 귀결되었다는 사실을 무시한 것이다. 게다가 민주노총은 '부자 증세'의 경제적 원칙이 재산세나 상속세 같은 이른바 부유세(wealth tax)의 인상이 아니라 소득세(income tax)의 인상이라는 사실에 대해서도 무지했다.

민족해방파의 친북·친중·반미·반일 노선

문재인 정부와 마찬가지로 노동자운동 내부의 민족해방파도 바이든 후보의 당선을 기대하지도 예상하지도 못했던 것 같다.23) 민족해방파가 바이든 후보의 당선을 기피한 것은 당연한 일이었는데, 바이

---

23) 가령 미국 대선 직후 개최된 민주노총 주최 토론회에서 민족해방파 인사들은 '부정선거 의혹이 해결되기 전까지 바이든 당선을 수용하는 태도를 유보해야 한다'거나, '과도적인 이중권력 상태'라는 표현을 통해 예상치 못한 트럼프 패배의 충격을 드러냈다. 손정목, 「미 대선결과와 한반도 정세전망」; 김장호, 「미 대선결과와 한반도」, 『미 대선결과와 한반도 정세 진단 토론회』(민주노총통일위원회·정책연구원, 4·27시대연구원, 소통과혁신연구소 공동주최토론회 자료집), 2020. 11. 16.

든이 김정은 위원장을 '살인·강도짓도 서슴치 않는 도적'(thug)으로 지칭한데다 김 위원장이 무효화를 시도한 'CVID'(완전하고 검증가능하며 복구불가능한 [핵]폐기)를 부활시킬 것이기 때문이었다.

민족해방파는 바이든 정부가 선언한 미중 '전략적 경쟁' 시대의 개막에 따라 '안미경중(안보는 미국, 경제는 중국)의 줄타기는 끝났다'는 것을 인정했다. 그러나 이들은 더욱 선명한 '자주노선', 즉 친북·친중·반미·반일 노선을 주장했다. 그리고 문재인 정부에게 '진짜 중재자', 즉 '평화의 당사자'로서 능동적 역할을 주문하기도 했다. 즉, '북미관계를 중심축으로 북한 문제를 푸는 것이 아니라 남북관계를 중심축으로 미국 문제를 푸는 것'이 문재인 정부의 역할이라는 주장이었다.

민족해방파를 정치적으로 대표하는 진보당(구(舊) 통합진보당·민중당)은 2021년 초에 개최된 조선노동당 제8차 당대회에서 김정은 위원장이 '핵무력건설과 경제건설의 병진노선이 위대한 승리를 이룩했다'고 평가한 데 주목했다. 또 '공식적 핵보유국'으로서 북한이 '강대강·선대선의 자주 원칙'을 바탕으로 '조국통일과 대미관계 개선'을 천명했다는 점에도 주목했다.[24] 그러나 김정은 위원장이 병진노선을 공언하면서 남한과 일본을 대상으로 하는 전술핵 개발과 선제적 사용까지 언급한 사실은 인용하지 않았다. 또한 북한이 대남 사업을 대적 사업으로 전환하여 '자위적 전쟁억지력 강화'를 '강력한 국방력에 의거한 조국통일'로 수정했다는 사실도 무시했다.

민족해방파의 이 같은 정세인식은 민주노총 신임 집행부의 사업계획에 고스란히 반영되었다. 민주노총의 통일사업 계획은 자주·민주·통일 강령에 따라 각각 반미·반일 투쟁, 국가보안법 철폐 투쟁, 남북공동선언 이행 투쟁으로 정식화되었다. 이러한 사업은 '자력갱생과 핵무력 완성으로 미 제국주의에 맞서는 북한'과 보조를 맞춰 주한미군의 철수를 포함한 한미동맹의 폐기를 궁극적 목적으로 하

---

[24] 진보당, 「2021년 정세전망」, 2020. 12.; 「조선노동당 제8차 당대회 분석」, 2021. 1.

는 것이었다.

민족해방파는 한미정상회담에 즈음하여 대북제재 해제, 한미연합훈련 중단, 쿼드 반대를 요구했다. 한미정상회담이 종료된 후 진보당은 문재인 대통령과 마찬가지로 선언문에 2018년 4월의 판문점 선언과 6월의 싱가포르 공동성명이 명시된 점을 성과로 평가했다. 민주노총도 정상회담 결과에 대해서는 별다른 논평을 제출하지 않았는데, 문 대통령이 쿼드 불참 의지를 고수한 점을 성과로 평가했을 것이다. 민족해방파의 이러한 반응은 이번 한미정상회담이 문재인 정부의 친북·연중·비미·반일 정책의 변화를 시사하는 것은 아니라는 사실을 방증하는 것이기도 했다.25)

민족해방파는 반미투쟁의 핵심 고리로서 반일투쟁을 지속했다. 진보당은 도쿄 올림픽 공식 홈페이지의 독도 표시 논란을 '불법적 도발'로 규정하며 '독도는 한국의 고유한 영토'이며 '올림픽 불참을 검토할 수 있다'고 경고하기도 했다. 민주노총은 서울중앙지법이 일본 기업에 대한 징용노동자의 손해배상청구를 각하한 판결을 '일본 재판부의 판결'과 다를 바 없다고 비난하기도 했다.

그러나 『한국사회성격 논쟁 세미나』에 실린 『후기: '인민의 벗이란 무엇인가'』에서 설명했듯이, 민족해방파의 이러한 대응은 국제관계를 과거사 문제로 환원하는 시대착오적 비판에 불과했다. 또 외교

---

25) 여당 내에서 '반문'(反文)을 대표했던 이재명 경기도지사도 대권 도전을 선언하면서 문재인 정부의 친북·연중·비미·반일 노선의 계승을 천명했다. 이 지사는 대선 출마 선언에서 '국익중심 균형외교'와 '한반도평화경제체제 수립'을 공약한 데 이어 '친일세력과 미점령군의 합작'으로 대한민국 정부가 수립되었다면서 친일청산을 주장하기도 했다. 한편 민주노총 전현직 간부 다수가 '노동존중사회의 실현'을 명분으로 이재명 예비후보 지지를 선언했다. 공정사회구현을위한노동광장의 공동대표를 맡은 김영훈·신승철 전임 민주노총 위원장이 이재명 캠프에 합류한 것을 비롯해서 사회연대포럼·국민과함께하는백만노동추진위원회 등의 민주노총 전현직 간부들이 정책협약·외곽조직의 형태로 이재명 후보를 지지했다. 그 밖에도 이수호 전임 위원장은 박용진 예비후보를 지지하고, 조준호 전임 위원장은 이낙연 예비후보를 지지하면서 민주노총 지도위원직을 사퇴했다. 「'노동 있는' 대선 누가 뛰고 있나」, 『매일노동뉴스』, 2021. 9. 14.

안보적 이익과 국내정치적 필요를 교환한 문재인 정부의 정책을 추수한 것이기도 했다. 1965년 한일기본조약과 그 배경인 1951년 샌프란시스코강화조약을 부정하고 일본 정부와 기업을 각각 '전범국가'와 '전범기업'이라고 비판한 것은 '역사적 원한' 내지 '피해자 심성'/'피해자중심주의'에 집착하는 것일 따름이다.[26]

민족해방파는 국가보안법 철폐를 주장하기도 했다. 정권 말기 정부와 여당을 압박해서 국가보안법 찬양·고무조항(제7조)을 개정하겠다는 것이다.[27] 그러나 역시 『후기』에서 지적한 것처럼 민족해방파의 국가보안법 비판은 많은 결함을 안고 있다. 민족통일의 관점에서 제기된 데다가 이러한 관점이 북한체제를 옹호하고 급기야 김정은 위원장의 3대세습까지 변호하는 관점으로 변질되었기 때문이다.

민족해방파의 국가보안법 비판의 또 다른 결함은 사상의 자유에 대한 옹호가 부재하다는 사실에 있다. 단적으로 말해서 민주노총은 대북전단살포를 강행한 탈북자단체를 남북관계와 평화를 위협하는 '반북 세력'이라고 비난하면서 엄벌에 처할 것을 주장했다. 그러나 대북전단 발송을 금지하는 남북교류협력법은 '사상의 자유', 즉 '양심과 표현의 자유'에 대한 권리를 심각하게 제한하는 것이다. 또한 탈북자단체를 반북 세력으로 매도하는 것도 부조리하다. 『재론 위기와 비판』에서 지적했듯이 진정한 '반북 세력'은 오히려 윤미향 의원과 같은 사이비 '친북 세력'이기 때문이다. 윤미향 의원과 정대협(한국정신대문제대책협의회)은 2015년 한일위안부합의를 거부함으로써 북일국교정상화를 통해 경제위기를 탈출하려는 북한의 구상을 좌초시키는 데 일조했던 것이다.

---

[26] 또한 민주노총은 일본의 후쿠시마원전 오염처리수의 태평양 방류를 규탄하면서 2019년과 같은 일본제품 불매운동을 재개할 것을 경고하기도 했다. 그러나 민주노총은 오염처리수 방류로 인한 남북한과 중국의 피해가 무시할 정도라는 기초적 사실은 무시했다. 오히려 캐나다와 더불어 최대의 피해국이 될 미국이 '자국의 패권 유지와 중국 봉쇄에 혈안이 되어' 일본의 결정을 지지했다고 비판했을 따름이다.

[27] 민주노총 웹페이지 자료실, 『국가보안법 폐지를 위한 각계 워크샵』, 2021. 1. 20.

진보당은 미국 의회가 남한의 대북전단금지법 청문회를 개최한 것을 내정간섭이라고 비난하기도 했다. 민주노총도 탈북자단체를 '미국에 동조해서 북한 인권에 대해 내정간섭을 일삼는 외세부역세력'이라고 비난했다. 그러나 '전인류적 가치' 내지 '인류보편적 가치'로서 인권에 대한 국제사회의 개입을 내정간섭으로 간주할 수만은 없다. 민주노총과 진보당이 진정한 친북·진보 노선이라면 탈북자단체나 미국이 아니라 북한의 인권 문제를 기각하고 남한에서 사상의 자유를 심각하게 침해한 문재인 정부를 비판했어야 했다.

민족해방파와 달리 현장파 성향의 구좌파들은 바이든 정부 출범 이후 미중간 전략적 경쟁에 대해 양비론으로 일관했다. 변혁당(구(舊) 노동자의힘)은 미국의 '중국봉쇄전략'이 역내 긴장을 고조시키고 한반도 평화를 위협한다고 비판했다.[28] 노동자연대(구(舊) 다함께)도 바이든 정부의 미중간 '제국주의적 갈등의 심화'에 따라 동북아시아와 한반도의 불안정이 증대될 것이라고 전망했다.[29] 이들은 한미정상회담 결과에 대해서도 '제국주의 미국과 이를 추종하는 한국 정부의 행태는 변하지 않았다'거나,[30] '한반도와 그 주변 불안정의 새로운 계기'라고 평가했다.[31] 이런 정세인식에 따른 대안은 '제국주의 반대'일 따름이었다.

그러나 미중간 전략적 경쟁을 고전적인 제국주의 열강간 갈등으로 환원하는 것은 이론적·실천적으로 많은 문제점을 지닌다. 이론적 측면에서 제국주의론은 2차 세계전쟁은 물론이고 전후의 세계자본주의에 대한 적합한 설명이 아니다. 실천적 측면에서 반제국주의 투쟁은 평화주의라는 쟁점을 모호하게 만든다.[32]

---

[28] 변혁당정책위원회, 「정세전망: 2021년, 누구의 희생으로 누가 회복하는가」, 『변혁정치』, 122호, 2021. 2. 21.
[29] 노동자연대, 「'노동자연대' 신문이 전망하는 2021년 국내외 정세」, 『노동자연대』, 359호, 2021. 3. 10.
[30] 장혜경, 「'혹시나'에서 '역시나'로 끝난 한·미 정상회담」, 『변혁정치』, 127호, 2021. 6. 1.
[31] 김영익, 「한미동맹 강화 선택한 문재인 정부」, 『노동자연대』, 369호, 2021. 5. 24.

나아가 양비론적 정세관은 미중 전략적 경쟁의 기저에 민간자본주의와 국가자본주의라는 경제체제의 경쟁, 자유주의와 권위주의라는 정치이념의 경쟁, 그리고 민주정과 독재정이라는 정치체제의 경쟁이 놓여 있다는 함의를 인식하지 못한다. 더 이상 '안미경중'이 불가능한 정세에서 이른바 '중립노선'을 고수하는 것은 문재인 정부의 친북·연중·비미·반일 성향의 외교안보전략을 정당화하는 효과를 가질 따름이다.

정의당의 세대교체, 그리고 정권교체의 포기

『문재인 정부 비판』에서는 진보정치의 세대교체를 주창하며 등장한 김종철 대표 체제의 전망이 밝지 않다고 평가한 바 있다. 정의당이 민주당과 구별되는 독자노선의 정립을 추구하지만 그들의 진보주의가 마르크스주의나 자유주의가 아니라 인민주의와 친화적이기 때문이었다. 그럼에도 정의당이 4·7보선과 2022년 대선에서 '민주당 2중대' 노선을 탈피해서 완주할 경우 문재인 정부와 여당으로서는 상당한 부담이 될 수밖에 없다는 점에서 김종철 대표 체제의 행보가 주목되기도 했다.

그런데 4·7보선을 앞두고 돌연 김종철 대표가 '성추행'을 자인, 사퇴함에 따라 정의당은 심각한 위기에 빠졌다. 정의당은 4·7보선에 입후보하지 않은 것은 물론 차기 대선 대응도 불투명하게 되었다. 더욱 심각한 문제는 김종철 대표를 지지했던 당내 좌파는 물론 이정미 전임 대표를 지지했던 당내 우파마저 당권을 수임(受任)하지 않음으로써 당내에서 의견그룹간 노선 경쟁보다는 세대교체 담론이 지배적으로 되었다는 데 있다. 74학번까지의 구세대보다는 81학번부터의 386세대와 친화적인 심상정 전임 대표를 비판한 X세대 김종철 대표의 세대교체론이 실패함에 따라 심상정 대표가 발탁한 Y세

---

32) 제국주의론에 대한 비판으로는 『역사적 마르크스주의: 이념과 운동』(공감, 2004), 『2007-09년 금융위기 논쟁』(공감, 2010) 등을 참고할 수 있다.

대 장혜영 의원이나 류호정 의원이 대안으로 부각된 것이다. 달리 말해서, 소련이나 중국과 유사하게 386세대가 포획한 20-30대가 386세대를 대체하려던 X세대를 '패싱'하려는 조짐이 나타났다고 할 수 있는 것이다.33)

사실 정의당의 X세대 패싱은 2020년 총선에서 일찍이 예견된 바 있다. 정당 비례대표후보자(경쟁명부) 선출 결과 각각 19·21위를 차지한 류호정·장혜영 후보가 '청년할당'으로 1·2위 순번을 차지한 반면 민주노동당 시절부터 당내 좌파를 대표한 김종철·강상구 후보 등은 당선권 밖으로 밀려난 것이었다. 총선 패배의 책임을 지고 심상정 대표가 사퇴한 이후에는 장혜영 의원을 대표로 혁신위원회가 구성되기도 했다. 당 노선을 일신하고 재정립해야 할 중차대한 고비에서 고참 당활동가가 아니라 신참 당원이 주도해서 혁신안을 기초한 것이었다. 이들이 제출한 혁신안은 당 강령 개정 시 '노동·생태·젠더를 비롯한 다양성을 동등하게 존중하는 것이 진보의 핵심 가치라는 인식을 담을 것'을 권고했다. 이와 함께 '여성·장애인·청소년·동물복지·성소수자'를 우대하는 조직문화도 강조했다.34)

요컨대 신세대의 주도 아래 정의당의 진보주의가 포스트모더니즘으로 변모했다는 것이다. 이들은 민주노동당 분당 이래 민주노총의 노동자주의(workerism)의 지양을 '탈(脫)민주노총'으로 오해하는 동시에 페미니즘을 모종의 여성주의(womanism)로 오해했다. 달리 말해서 마르크스주의와 페미니즘 같은 이념이 아니라 청년과 여성의 이익을 추구하는 것이다. 이런 점에서 정의당의 신세대는 소련의 '마지막 세대'처럼, 진화나 발전이 아니라 '이데올로기의 소멸'로 특징지을 수 있다.

따라서 정의당에게 미국 바이든 정부의 출범과 같은 국제정세의 변화는 물론이고 4·7보선 결과와 같은 국내정세의 변화조차 중요한

---

33) 이하 소련과 중국의 세대 분석에 대해서는 이 책에 실린 「부록: 4·7보선 전후」를 참고할 수 있다.
34) 정의당혁신위원회, 「정의당 혁신안」, 2020. 8. 13.

의미를 지니지 않았다. 신임 여영국 대표는 4·7보선 결과에 대해 '촛불정신을 배신한 여당에 대한 심판이 국정농단세력을 통해 드러났다는 것이 비극'이라고 논평했다. 달리 말해서 촛불정신의 회복이 시대정신이라고 주장한 것이다.35)

한편 정의당은 의원내각제 개헌을 주장하기도 했다. 문재인 정부와 동시에 정의당의 실패는 근본적으로 '제왕적 대통령제'라는 제6공화국 헌정의 실패이기 때문에 '완전 비례대표제'를 전제조건으로 한 의원내각제 개헌('제7공화국 운동')을 추진하자는 것이다. 그런데 이들은 문재인 정부가 실패한 원인을 '촛불연정을 거부한 승자독식 정치'에서 찾았다. 공수처 설치와 선거법 개정의 교환은 촛불연정의 부분적 성과였지만, 위성정당 창당을 통한 여당의 총선 압승이 보궐선거 참패라는 '비극'을 가져왔다는 것이었다.36)

그러나 문재인 정부의 제왕적 대통령제를 결정적으로 강화한 공수처법 통과를 개혁으로 규정하면서 그에 협력한 자신의 과오를 반성하지 않은 채 제왕적 대통령제를 비판한 것은 자가당착일 따름이다. 선거법 개정을 통한 원내 진출이라는 이익을 위해서 정당정치와 의회정치를 부정하는 폭거에 동참한 정의당이 의원내각제를 주장한 것도 어불성설이라고 할 수밖에는 없다. 또한 현정세에서 정의당의 개헌 주장은 여당의 정권재창출과 야당의 정권교체 사이에서 분명한 노선을 채택하지 못한 채 우왕좌왕하는 기회주의의 표현일 수도 있을 것이다.

관련하여 윤석열 검찰총장에 대한 평가가 정의당 노선의 시금석이 될 수 있다. 정의당은 윤 총장의 사퇴를 '가장 정치적인 검찰총장

---

35) 여영국 대표는 '민심은 배를 띄울 수도 있지만 배를 뒤집을 수도 있다는 것을 각인시킨 선거였다'고 덧붙였다. 그러나 여 대표는 그 '배'가 '바보나라로 가는 바보배'라는 사실을 비판하지는 않았다. 또 그 '바보배'에 탈 수 있는 자격이 바로 '멍청이와 불량배'라는 사실, 달리 말해서 정의당이 동참한 '무지와 범죄'라는 사실도 반성하지 않았다. 「부록: 4·7보선 전후」 참조.
36) 손호철, 「승자독식주의를 넘어 '공유·공생의 정치'로」; 장석준, 「제6공화국을 넘어 새로운 공화국으로」, 정의정책연구소, 『보다 정의』, 창간준비 3호, 2021. 6. 3.

으로 마침표를 찍게 된 것'이라고 폄훼했다. 그러나 이러한 주장은 문재인 정부의 검찰개혁을 지지했던 정의당의 자기변명일 따름이다. 문재인 정부의 위법·부당에 저항하고 정의·상식을 수호하는 윤 총장의 행동을 '정계 입문을 위한 알리바이'에 불과하다고 일축한 것은 정의당이 표방하는 '정의'야말로 비상식적이고 부당하다는 사실을 고백한 셈이었다. 동시에 정의당의 진보주의가 인민주의의 하위파트너에 불과하다는 사실을 재확인시켜줄 뿐이었다.

정의당 외곽의 좌파도 윤석열 검찰총장 사퇴를 분석·평가하면서 진영론으로 일관했다. 구좌파를 대표하는 노동자연대는 윤 총장의 부상이 문재인 정부의 부패와 위선의 결과라고 지적하면서도 그가 '기득권 질서'에 속하기 때문에 '노동자계급의 개혁 염원을 대변할 수 없다'고 평가했다.[37] 신좌파를 대표하는 사회진보연대는 윤 총장의 정계 입문이 문 정부의 법치 파괴 때문이라고 지적하면서도 '검찰의 중립성을 훼손하기 때문에 바람직하지 않다'고 평가했다.[38]

그러나 『문재인 정부 비판』에서 강조했듯이 윤석열 검찰총장이 주장하는 자유민주주의에 대한 좌파의 비판이 오히려 그것에 미달할 수도 있음을 명심해야 한다. 윤 총장을 단순히 '자산가' 내지 '기득권'으로 비판하는 것은 일제강점기·해방정국의 자유주의자를 친일파로 매도하는 인민주의적 비판과 동일한 오류를 범하는 것이다. 윤 총장이 검찰의 중립성을 훼손했다는 비판도 무지의 소산인데, 검찰의 중립성과 독립성 나아가 자유민주주의를 수호하기 위해서는 그가 검찰총장으로 머무르는 것으로는 역부족이고 대권주자로 변모할 수밖에 없었다는 사실을 무시했기 때문이다.

이러한 정세인식의 오류는 대선 대응의 실패로 귀결되었다. 정의당의 심상정 예비후보는 출마선언에서 '정권교체가 아닌 정치교체'를 주장했다. '승자독식 양당체제'를 극복하고 '다원주의 연합정치'로

---

37) 김문성, 「윤석열 사퇴 논란: 윤석열 부상은 문재인 정부의 부패와 위선이 초래한 것」, 『노동자연대』, 357호, 2021. 3. 7.
38) 사회진보연대, 「윤석열의 정치가 아니라 민주당의 법치 파괴가 쟁점이다」, 『사회운동포커스』, 2021. 3. 9.

전환하자는 것이었다. 그러나 정치교체나 연합정치는 공연한 췌사이고 민주당 2중대 노선의 재판일 따름인데, 심 후보는 결국 민주당과의 '국민연정'을 제안했다. 심지어 노동자연대의 경우 이재명 예비후보를 '사회민주주의자'로 평가하며 '비판적 지지'의 가능성을 시사하기도 했다.39) 그러나 이른바 '기본시리즈'로 대표되는 이재명 후보의 정책기조·정치이념이 프로토파시즘으로서 인민주의를 한 단계 더 심화하여 파시즘으로 퇴보시킬 것이 자명한 상황에서 이를 사회민주주의로 오해하는 것은 스스로 사이비 마르크스주의자임을 고백한 것과 마찬가지다.

민주노총은 4명의 전임 위원장이 민주당 대선 예비후보를 지지하며 지도위원직을 사퇴한 것을 보수정치로의 투항이라고 비난하면서 '노동자 정치세력화와 진보 집권'을 억설(臆說)했다.40) 그런데 민주노총 집행부와 친화적인 진보당은 집권과 정치세력화를 각각 친북·친중·반미·반일노선의 실현과 볼셰비키노조의 변종으로서 '정파 노조'의 확대와 동일시할 따름이었다.41)

한상균 전임 위원장은 '노동자·민중경선'을 통한 민주노총 중심의

---

39) 「이재명은 사회민주주의 정치인이다」, 『노동자연대』, 379호, 2021. 7. 27.; 김문성, 「초반 압승 이재명 공약의 평가」, 『노동자연대』, 384호, 2021. 9. 7.; 김문성, 「대장동 게이트? 혼돈의 대선과 부동산 부패 의혹」, 『노동자연대』, 386호, 2021. 9. 28.
40) 민주노총은 이른바 '대장동 게이트'에 대해 대선용 정치자금 의혹을 받는 이재명 지사가 아니라 뇌물 의혹을 받는 곽상도 의원의 사퇴를 주장하며 정치적 편향성을 노골적으로 드러내기도 했다. 민주노총, 「대장동 투기 철저 수사, 불로소득환수 촉구 민주노총 기자회견」 보도자료, 2021. 9. 30.
41) 진보당은 2021년 9월 초에 집권전략보고서를 채택했는데, 관련해서 2013년 내란음모사건에 연루됐던 김근래 사무총장의 인터뷰 기사를 참고할 수 있다. "'진보당 10년 안에 집권', 이게 된다고?"」, 『민플러스』, 2021. 9. 12. 그에 따르면 진보당 집권의 객관적 조건은 '미국 패권의 몰락 및 중국의 부상'과 '북한의 핵무력 완성에 따른 정전·분단체제의 붕괴'이며 주체적 요인은 자신이 지도하는 건설노조·마트노조·택배노조·학교비정규직노조 등 조합원의 입당이다. 참고로 볼셰비키 같은 전위당(vanguard party)이 지도하는 볼셰비키노조의 대안은 '후위당'(rearguard party)으로서 사회운동정당과 평행한 사회운동노조/평의회노조다. 『금융위기와 사회운동노조』 참조.

대선 단일후보 선출을 주장하기도 했다. 그러나 대선을 '자본과 한편이 된 보수 양당의 권력 쟁탈전'으로 오해한 데서 드러나듯이 객관적 정세인식을 결여한 노동자주의적 독단일 따름이었다. 과거 한 위원장을 옹립했던 변혁당은 그와 별개로 '사회주의 대선후보·정당 건설운동'이라는 독자적 전위당 건설 노선을 고수했다. 사회진보연대는 '반(反)민주당' 노선 외에 여하한 입장도 제시하지는 않았는데, 『문재인 정부 비판』에서 지적했듯이, 정의당이나 구좌파와 구별 정립해서 독자적으로 존속해야 할 이유는 여전히 불분명하다.

정의당이나 신구좌파 모두 공산주의가 부재하고 자유주의·보수주의가 취약한 상황에서 프로토파시즘으로서 인민주의만 건재한 현정세의 엄중함을 인식하지 못하고 있다. 그 결과 친북·연중·비미·반일 정책의 변화를 위해서는 정권교체가 필수적이라는 사실을 부인하는 것이다. 그러나 정세인식과 역사인식이 무관한 것은 아니다. 조선 망국기에 유비되는 현정세에서 남한 노동자운동의 쇠망은 더 이상 돌이킬 수 없는 현실이 되었다. 이들에게 구망(救亡)과 계몽(啓蒙)의 역할을 기대하는 것은 무망할 따름이다.

보론: 민변·참여연대 등의 검찰개혁론

민주노총을 비롯한 노동자운동이 검찰개혁을 중심으로 제기된 법치라는 쟁점에 무관심했고 침묵을 가장해서 민변(민주사회를위한변호사모임)과 참여연대로 대표되는 시민운동의 검찰개혁론을 무비판적으로 지지해왔다는 것은 이미 「남한 노동자운동의 쇠망」에서 지적한 바 있다. 그 이후의 상황도 크게 다르지 않은데, 약간의 차이가 있다면 정권 말기의 상황에서 노동자의 사익에 배타적으로 집중하면서 '무비판적 지지'마저 사라져 아예 무관심해졌다는 점이다. 반면 시민운동은 정권 주도세력답게 다양한 사익의 평화공존이라는 코퍼러티즘적 전망 하에서 문재인 정부 개혁에 대한 애정 어린 비판을 제시했다. 특히 조국 사태 이후 급진전된 검찰개혁에 대해 그 성과와 한계를 지적하는 동시에 개혁의 정당성과 관련해 야기된 문제점들을 재검토했다.

민변은 문재인 정부 4년을 평가하는 개혁입법 보고서에서 정치개혁 과제로서 개헌과 권력기관 분야, 사회·경제개혁 과제로서 노동, 갑을관계, 재벌, 부동산 분야라는 6개 분야에 대한 검토를 진행하는 동시에 개혁의 '불균형'이라는 문제를 지적했다. 즉 권력기관 개혁에 들인 만큼의 '집중력'이 다른 분야의 개혁에서는 발견되지 않는다는 것이었다.42)

민변 기관지『민주평론』114호의 시론도 개혁에 있어 균형의 중요성을 강조했다.43) 인민주의적 검찰개혁론의 주창자인 김인회 교수가 작성한 이 글은 문재인 정부의 권력기관 개혁에 대한 평가를 제시했다. 그는 균형이 '평화'를 의미한다고 강조하면서 권력기관 개혁 내에서의 균형, 나아가 권력기관 개혁과 다른 개혁 사이에 균형이 이루어지지 못한 문제점을 지적했다.44)

김인회 교수에 따르면, 권력기관 개혁 중에서 국정원 개혁만 합격점을 줄 수 있고 가장 많은 노력을 기울인 검찰개혁은 불완전하며 경찰개혁은 시작도 하지 못했다. 검경수사권 조정 논의 당시까지만 해도 살아있던 권력기관 내 균형에 대한 의식이 이후 검찰개혁에 집중하는 과정에서 상실되었고, 특히 국정원 대공수사권의 경찰로의 이관 등으로 강화되는 경찰 권한에 대한 견제수단을 제대로 마련하지 못한 것은 심각한 문제였다. 나아가 권력기관 개혁은 국가기관 및 사회 전반적인 개혁과 균형적으로 추진되어야 했었다. LH 사태는 전반적 반부패 개혁이 부재한 상황에서 진행된 권력기관 개혁이

---

42) 민변,『문재인 정부 4년, 100대 국정과제 6대 분야 개혁입법 평가 보고서』, 2021.
43) 김인회,「시론: 개혁의 바탕인 균형과 일관성, 관용과 자제」,『민주변론』114호, 2021.
44) 한편 김인회 교수는『중앙일보』와의 인터뷰(2021. 3. 2.)에서 중수청 설치안에 대해서도 반대를 표명했다. 공수처, 국수본, 중수청 등 수사기관의 난립이 혼란을 가중시킬 뿐이라는 것인데, 물론 이것이 공수처 설치와 검경 수사권 조정이라는 개혁의 기본 노선에 대한 반대는 아니었다.

가져온 결과를 우리에게 보여주었다.

김인회 교수는 이러한 불균형의 문제를 외면한 채 검찰만 개혁되면 한국사회가 완전히 개혁되리라는 착각이 개혁세력을 지배했고, 그 결과 오히려 개혁에 대한 국민의 피로감만 누적되고 상호 적대적인 비생산적 정치가 확산되어 개혁의 발목을 잡는 결과를 낳았다고 평가했다. 검경수사권 조정과 공수처 설치 관련 법안이 모두 통과되었음에도 불구하고 개혁이 불완전하다는 평가를 받는 이유가 이러한 개혁 진행 과정에 기인한다는 것이다.

그러나 이러한 평가는 문재인 정부에서 진행되고 있는 검찰개혁의 본질이 정권 안위를 위한 '사법방해'라는 사실을 간과한 것이다. 검찰개혁 자체가 '하노이 노딜'의 상황에서 돌출적으로 제기된 것일 뿐만 아니라 윤석열 총장의 지휘로 정권 실세에 대한 검찰의 수사가 본격화되는 시점에서 강한 추진력을 얻게 된 것이다. 이것을 개혁으로 포장하고 '불균형론'을 내세워 알리바이를 만들어내려는 민변 및 김인회 교수의 시도는 애처로울 따름이다.

한편 김인회 교수는 최근 출간된 『경찰을 생각한다』(준평, 2021)를 통해 권력기관 개혁의 불균형과 경찰 권력의 비대화에 대한 강한 경계를 표명했다. 여기서 제시한 경찰개혁의 핵심적 과제는 중앙집권적 경찰 권력의 분권화이다. 그리고 자치경찰제는 이를 위한 핵심적 제도개혁의 과제로 제시된다.

그러나 경찰개혁의 핵심 과제인 자치경찰제가 검경수사권 조정이나 공수처 설치와 같은 검찰개혁안과 동등한 수준의 과제라고 할 수는 없다. 현재 검찰개혁에 의한 권한 조정은 대륙식 법체계상 검찰권에 귀속되어 있는 수사권과 기소권을 다른 기관에 이양하는 것인 반면 자치경찰제는 경찰의 권한을 이양하는 것은 아니기 때문이다.

게다가 권력기관에 대한 통제의 관점에서 중요한 것은 치안유지 기능의 분산이 아니라 정보경찰 또는 비밀경찰의 부활이다. 달리 말해서 문제의 핵심은 중국식 공안이 출현하는가라는 것이지 파출소 운영의 자치가 아니라는 것이다. 국정원 대공 업무의 이관이 갖는 문제점은 이런 관점에서 이해해야 하고 '국민의, 국민을 위한 권력기관 개혁'의 일부로서 경찰자치제를 통해 해결될 수 있는 것이 아니다. 여기서 핵심은 경찰에 대한 문민통제인데, 남한사법제도의 역사는 검찰사법에 의한 경찰사법의 대체가 문민화의 기본 과제 중 하나였다는 것을 보여준다.

한편 참여연대도 권력기관의 정치적 중립과 민주적 통제 강화, 서민 주거안정과 양극화 개선, 취약노동자 권리보장과 안전한 일터 만들기, 사회보장 강화와 불평등 해소, 재벌대기업 지배구조 개선과 경제력 집중 완화, 한반도 평화실현의 6개 영역을 중심으로 문재인 정부에 대한 총괄적 평가를 진행했다.45) 문재인 정부에 대한 참여연대의 평가는 권력기관 개혁과 사회·경제제도 개혁을 큰 축으로 삼고 있다는 점에서는 민변의 평가와 대동소이한데, 대북 문제를 다루면서 국제정세에 대한 몰인식을 특징으로 하는 평화통일론을 무비판적으로 수용했다는 점이 차이라면 차이일 것이다.

참여연대는 권력기관 개혁, 특히 검찰개혁의 방향에 있어서는 민변과 동일하게 긍정적인 입장이었다. 그러나 참여연대는 민변과 달리 국가기관 내 권력 '균형'보다는 아래로부터의 민주적 통제와 인권 차원에서 권력기관의 권한 축소를 강조했다. 이에 따르면 공수처 설치나 검경수사권 조정과 같이 국가 내 권력의 재분배를 중심으로 개혁이 진행되면서 이들에 대한 민주적 통제는 크게 강화되지 못했다. 또 이 과정에서 권력기관의 권한은 오히려 증대되었는데, '경찰의 비대화'가 대표적이다.

이러한 참여연대의 평가는 문재인 정부의 검찰개혁이 정권안위를 위한 '사법방해'라는 사실을 무시한다는 점에서 역시 민변의 평가와 상통한다. 나아가 아래로부터의 민주적 통제의 강화라는 제안이 현재 진행되고 있는 검찰개혁에 대한 대안이 될 수는 없는데, 검찰사법을 경찰사법으로 대체하는 것에 대한 대안이 각종 '위원회'를 통한

---

45) 참여연대, 『참여연대 이슈리포트: 문재인 정부의 멈춰선 개혁, 성과와 한계』, 2021.

일종의 '인민재판'의 강화일 리는 없기 때문이다.

한편 개혁의 진행과정에서 발생한 문제점들이 개혁을 왜곡하는 역효과를 낳고 있다는 우려도 등장했다. 예를 들어 한상희 교수는 법무부와 검찰의 관계에 주목하면서 이른바 '추-윤 갈등'이 진영논리에 따른 정치적 대립만 양산하면서 검찰개혁의 실질적 내용을 압도한 것에 대해 우려를 표명한다.46) 그는 법무부의 탈검찰화로 인해 법무부와 검찰의 관계가 갈등적 양상을 보이기 시작하면서 수사지휘권이 민감한 사안으로 부각되었다고 주장한다. 또 검찰 과거사 청산은 김학의에 대한 추궁으로 환원되었고, 검찰 인적쇄신을 위한 인사조치는 여권 인사에 대한 수사방해라는 비난을 야기했다고 주장한다. 한편 검찰 수사관행의 문제를 드러낼 수 있는 이른바 '채널A 사건'은 그 실체적 진실과 상관없이 전보발령과 독직폭행 등의 주변적 사건으로 점철되었다고 주장한다. 마지막으로 그는 형사사법권력을 어느 기관이 가질 것인가에 중점을 두고 있었던 지금까지의 개혁을 넘어 권력을 시민사회에게 돌려주는 권력개혁으로 나아가야 한다고 주장한다.

그러나 한상희 교수의 설명은 추-윤 갈등의 핵심에 법치라는 쟁점이 있다는 윤석열 총장의 주장을 애써 무시하는 것이다. 법무부와 검찰의 갈등은 단순한 조직적·인적 차이에서 오는 갈등이 아니라 '법에 의한 지배'(rule by law)의 논리에 따라 자기 진영을 치외법권 영역으로 만들려는 시도에 대항해서 만인에게 평등한 '법의 지배'(rule of law)를 수호하는 과정이었던 것이다.

한편 하태훈 교수는 '검수완박은 부패완판'이라는 윤석열 검찰총장의 주장을 반박하면서 검찰청의 검사가 수사해야만 법치를 실현하고 민주주의를 수호할 수 있다는 생각은 착각이자 오만이고 선민의식일 뿐이라고 주장한다.47) 수사가 기소에 복무하는 것은 옳지만

---

46) 한상희, 「법무부와 검찰의 관계 재설정: '거역'과 '부하' 논란의 본질」, 참여연대 사법감시센터, 『문재인 정부 4년(2020. 5. – 2021. 5.) 검찰보고서』, 2021.
47) 하태훈, 「수사·기소 분리와 독립수사기구」, 같은 책.

반드시 그 주체가 일치할 필요는 없다는 것이다. 그는 수사·기소 분리론의 본질론적·경험론적 근거를 제시한다. 그에 따르면, 소추담당자로 출발한 검사의 주된 역할은 공소 제기와 유지, 그리고 공판 참여에 있다. 뿐만 아니라 정치권력에 대한 검찰의 종속이라는 역사적 경험이 수사와 기소의 분리를 통한 상호 견제 및 통제의 필요성을 요구하는 것이다.

그러나 하태훈 교수가 경험적 근거로 제시하는 정치적 종속의 문제는 제왕적 대통령제와 검찰의 독립이 완성되지 못한 것에서 기인하는 문제다. 또 경찰이 수사권을 가질 때 정치적 종속의 문제가 더욱 심각하다는 것은 역사를 통해 확인할 수 있을 뿐만 아니라 최근 LH 사태 등에서 경찰의 행태를 통해서도 여실히 드러났다.

그가 제시한 본질론적 근거에 대해서는 수사권과 기소권이 국가의 사법작용으로서 검찰권을 구성하는 대륙식 법체계의 특징을 지적할 필요가 있다. 시민사법으로서 영미식 법체계와 국가사법으로서 대륙식 법체계의 차이를 무시한 채 영미식 요소를 도입하는 것이 갖는 문제점은 이미 여러 법학자들에 의해 지적되어온 것이다. '검수완박'에 반대한 윤석열 총장의 주장은 검사들의 아집이 아니라 검찰권 구성의 헌법적 원리의 확인이자 그 담지자로서 검사의 소명의식의 표현이다.

조국사태에서 시작해서 지금까지 진행되고 있는 검찰개혁은 법치의 파괴와 동시에 미·중의 전략적 경쟁이라는 국제정세와 괴리된 한국 정치과정의 단면을 보여준다. 그러나 다른 측면에서 볼 때, 미·중의 전략적 경쟁이 자유주의와 권위주의, 민간자본주의와 국가자본주의의 대결로 치닫는 과정에서 현정부가 자유주의의 기본 전제이자 '인류의 보편적 가치'라 할 수 있는 법치를 손쉽게 무시하고 있다는 것을 보여준다는 점에서 검찰개혁을 둘러싼 논란은 중요한 시사점을 제공한다.

'법에 의한 지배'가 아닌 '법의 지배'로서 법치가 인권의 기본조건이다. 한국 재야운동과 소련 반체제운동에서 민주화의 핵심은 그런 의미에서 인권과 법치였고, 인권침해에 저항한 인권변호사는 여기에서 핵심적 역할을 했다. 군사독재가 물러난 지 30여년이 지난 지금 과거 인권운동 출신들 또는 그 후예들이 주도하는 검찰개혁은 민주화 운동의 인민주의적 변종이 결국 인권의 이름으로 인권을 부정하는 아이러니를 연출하는 것이기도 하다.

부록: 4·7보선 전후[*]

윤 소 영

4·7보선까지

바이든 정부의 정책기조

 바이든 대통령은 2020년 8월 후보수락연설(acceptance speech)에서 코로나19의 대유행, 코로나19발 경제위기, 인종갈등, 기후변화라는 '네 개의 역사적 위기'(four historic crises)가 동시에 발생한 '최악의 상황'(perfect storm)에 주목했습니다. 나아가 2021년 1월 취임사(inaugural address)에서는 이런 상황 속에서 출현한 '정치적 극단주의'(political extremism) 내지 '국내테러리즘'(domestic terrorism)이라는 위험에도 주목한 바 있고요.
 바이든 정부의 정책기조는 2021년 1월 말에 국회입법조사처가 발간한 특별보고서 『바이든 신행정부의 주요정책 전망과 시사점』을 참고할 수 있습니다. 『바이든 대선공약』(*Joe's Vision*)과 『민주당

---

[*] 이 글은 4·7보선 즈음에 작성한 노트에다 그 후의 상황과 몇 가지 논거를 보충한 것이다.

정강』(Democratic Party Platform)을 정리한 것인데, 국내외 정치와 경제의 네 분야로 나누어 간단하게 소개해보겠어요.

먼저 국내정치와 관련해서는 인민주의의 척결과 민주주의의 재건을 강조하고 있습니다. 특히 '경찰의 무력 사용'(police use of force) 제한 등 경찰개혁이 쟁점인 반면 법집행에서 무력을 사용하지 않는 검찰이나 법원의 개혁은 전혀 거론되지 않고 있지요. 나아가 국제정치와 관련해서는 '미국우선주의'(America first)의 척결과 민주주의 동맹의 재건을 강조하고 있습니다. 특히 대중정책과 대북정책의 전환이 쟁점이지요.

국내경제와 관련해서는 중산층의 재건을 위해 '부가 아닌 노동에 대한 보상'(reward work not wealth)을 강조하고 있습니다. 달리 말해서 중산층에 대해서는 감세하는 동시에 부자에 대해서는 증세하겠다는 것이지요. 부자 증세는 재산세나 상속세 같은 이른바 부유세(wealth tax)의 인상이 아니라 소득세(income tax)의 인상인데, 먼저 고액 노동소득에 대한 개인소득세의 인상과 자본소득(이자·배당금)이나 자본이득(시세차익) 같은 불로소득에 대한 개인소득세, 즉 자본세(capital tax)의 인상이 있어요. 나아가 법인소득세의 인상은 국내의 중소기업이 아니라 해외로 이전한 대기업을 대상으로 하는 일종의 '징벌적 조세'(penalty tax)이고요.

동시에 중산층의 재건을 위해 4년간 3.9조달러의 재정지출을 약속하고 있는데, 인프라투자(사회기반시설 투자) 2.3조달러, 교육투자(2년제 전문대학 학비면제 등) 0.63조달러, 사회안전망투자(노동시간단축에 따른 임금삭감 보상 등) 0.36조달러, 보건의료투자(오바마케어의 부활·확대) 0.6조달러로 구성되어 있습니다. 여기서 인프라투자는 해외이전(offshoring) 제조업의 국내복귀(reshoring)를 유도하기 위한 목적이지요.

국제경제와 관련해서는 미국우선주의의 척결과 글로벌 스탠더드의 재건을 강조하고 있습니다. 특히 (중국이 아니라) '미국을 중심으로 하는 공급망의 구축'(Supply America)이 핵심이라고 할 수 있는데, 그러나 국내경제와 비교할 때 국제경제에 대해서는 아직 소략하다고 할 수밖에 없어요.

바이든 정부는 미중관계를 '전략적 경쟁'(strategic competition)으로 규정하고 있습니다. 따라서 '하나의 중국'(One China)과 미중간 '교류'(engagement) 같은 대중정책이 조정될 수밖에 없고, 동시에 대만에 대한 정책의 조정도 예고되고 있지요. 물론 북한비핵화에서 중국의 협력이 필요하다는 사실을 부정하는 것은 아니고요.

이런 맥락에서 볼 때 바이든 정부는 단순히 오바마 정부의 정책을 계승하는 것만이 아닙니다. 『후기』에서 이미 주목한 것처럼, 시진핑 주석은 '중국몽'과 '강군몽'을 추구해왔고, 그에 따른 정세의 변화로 인해 트럼프 정부의 정책도 부분적으로 계승할 필요가 있다는 것이에요. 다만 미중관계의 인식에서 '제로섬 게임'의 관점은 기각한다는 차이가 있겠지만요.

이런 정책 조정은 3월 초에 발표된 국가안보전략잠정지침인 『미국의 우위/장점을 쇄신하자』(*Renewing America's Advantages*)에서 부연되고 있습니다. 잠정지침에서 주목할 것은 민간자본주의와 국가자본주의의 경쟁을 자유주의와 권위주의(authoritarianism)라는 정치이념의 경쟁, 나아가 민주정과 'autocracy'라는 정치체제(정체)의 경쟁으로 특징짓는 관점이지요. 'autocracy'는 본래 비잔티움식 전제정/절대군주정을 의미하는데, 노스-와인개스트의 정치경제론에서는 '제한접근사회'를 특징짓는 권위주의적 질서로서 반(半)봉건적 독재정이라는 의미로 확대되고 있어요.

잠정지침은 자유민주정에 대한 두 가지 도전에 주목하고 있습니다. 먼저 기왕에 존재해왔던 내부로부터의 도전이 있는데, 부패, 불평등, 양극화, 인민주의/인민정, 법치에 대한 위협 등이 그것이지요. 그런데 최근에는 권위독재정이라는 외부로부터의 도전이 새로이 출현했다는 것이에요.

권위독재정 중에 세계적 차원의 행위자는 두 나라인데, 전략적 경쟁자로서 중국과 '파괴자/교란자'(disrupter)로서 러시아가 있습니다.

또 지역적 차원의 파괴자/교란자로서 이란과 북한도 있는데, 바이든 대통령은 북한을 클렙테스(kleptes, 도적)가 지배하는 클렙토크라시(kleptocracy)로 간주한 바 있지요.

잠정지침이 강조하고 있는 국가안보전략의 '근본적 진리'(a basic truth)에 대해서도 주목할 수 있습니다. 즉 대내정책과 대외정책의 구별이 무의미해지고 있는 '오늘의 세계에서는 경제안보(economic security)가 곧 국가안보(national security)'라는 것이에요. 또 경제 안보는 '국가의 중추(the backbone of the nation)인 중산층'의 재건을 통한 민간자본주의의 재건이라는 것이고요.

마지막으로 취임사에서 주목된 정치적 극단주의 내지 국내테러리즘이라는 새로운 위험에 대해서도 설명해두겠습니다. 이것은 연방의회가 바이든 후보의 당선을 확정한 1월 6일에 트럼프 대통령의 선동에 따라 그 지지자들이 의사당에 '난입'한 사건을 가리키는 것이지요. 난입은 'storm'을 번역한 것인데, 침입 내지 점령을 목적으로 하는 공격을 의미하는 이 단어는 예를 들어 바스티유요새 '습격'이나 나치 '돌격'대 같은 경우에 사용되는 것이에요.

바이든 대통령의 취임식은 1월 20일 연방의사당 광장에서 거행되었는데, 트럼프 대통령은 152년 만에 처음으로 불참했다고 합니다. 취임사는 11월 7일의 승리연설(victory speech)과 동일한 논지였고, 다만 의사당 난입에 대한 언급이 추가되었지요. 바이든 대통령은 '보수주의자와 자유주의자를 개처럼 싸움 붙이는(pit) 이런 원시적·야만적 전쟁(uncivil war)을 종식시켜야 한다'고 호소했는데, 노신의 당동벌이(黨同伐異, 옳고 그름을 떠나서 같은 패거리는 돕고 다른 패거리는 친다)가 페어플레이의 대안은 아니기 때문이에요.

미일동맹에 관한 『아미티지-나이 5차 보고서』

바이든 정부의 안보전략에서 일본과 중국, 나아가 남한과 북한이 위치한 동북아시아가 사활적이라는 것은 당연한 일입니다. 여기서 전략국제문제연구소(CSIS)에 주목할 필요가 있는데, 2018년 10월에 발간된 미일동맹에 관한 『아미티지-나이 4차 보고서』는 『종합토론』에서 소개한 바 있지요. 또 아베 총리가 '난세의 유일한 희망'(the brightest spot in the globe)이라고 공언한 아미티지의 2019년 7월 인터뷰는 『후기』에서 소개한 바 있고요.

전략국제문제연구소는 2020년 12월에 '세계적 과제의 동등한 동맹'(*An Equal Alliance with a Global Agenda*)이라는 부제의 『아미티지-나이 5차 보고서』를 발간했는데, 대선 선거인투표일 꼭 1주일 전인 7일이었습니다. 보고서는 중국혁명과 한국전쟁 이후 70년이 지난 현재의 상황에서 아시아-태평양질서와 세계질서에 대한 '스트레스'가 최고조에 이르렀다는 판단을 전제하고 있지요.

그러면서 미일동맹에서 일본의 '동등한 역할'을 강조하고 있는데, 특히 미국 정부가 '불안정하고'(unsteady) '일관성 없는'(inconsistent) 상황에서는 미일동맹을 견지하는 역할을 일본 정부에 기대한다는 의미입니다. 트럼프 정부의 변덕에도 불구하고 아베 정부가 범태평양파트너십(TPP)을 유지하고 미국·일본·오스트레일리아·인도의 4자안보대화인 쿼드(Quad, Quadrilateral Security Dialogue)를 강화한 것이 가장 중요한 사례이고요.

그런데 일본에 대한 이런 기대는 미일동맹이 '가이아쓰'(外壓)에 대한 순응이 아니라 '이익과 가치'의 공유에 근거하고 있기 때문에 비로소 가능하다는 주장에 주목할 필요가 있습니다. 여기서 일본과 한국에 대한 미국의 평가에 차이가 있을 수밖에 없음을 알 수 있거든요. 아베 정부와 달리 문재인 정부는 트럼프 정부의 변덕에 편승함으로써 한미동맹을 훼손했다고 할 수 있지요. 미일동맹과 반대로 한미동맹에서는 공동의 이익과 가치보다는 오히려 외압이 중요하다는 방증이라고 할 수 있어요.

보고서는 서너 가지 영역의 '난제'(challenge)에 대해 주목하고 있습니다. 먼저 지리전략영역 내지 안보영역의 난제는 제1도련(島連)(inner island chain)에 위치한 대만의 안보 문제, 나아가 북한비핵화

문제이지요. 그런데 북한비핵화와 관련해서는 '외교와 교류'에서 '억지와 봉쇄'로 정책우선순위(policy priority)를 변경하면서 한미일의 안보협력을 강화하자고 제안하고 있어요.

외교영역의 난제는 지역적 지배구조(regional governance) 문제인데, '아시아의 나토'를 지향하는 쿼드를 그 핵심으로 간주하고 있습니다. 나아가 한미일의 안보협력을 강화하려면 한일관계에서 과거사적 안건을 미래지향적 안건으로 대체해야 하고, 이를 위해 2021년 도쿄올림픽을 활용해야 한다고 제안하고 있어요.

경제영역의 난제 및 첨단기술영역의 난제와 관련해서는 먼저 미국이 범태평양파트너십에 다시 가입하는 문제가 제기되고 있습니다. 중국이 주도하는 아르셉(RCEP, 역내포괄적경제파트너십)에서 배제된 미국으로서는 그 이외의 대안이 있을 수 없는데, 그래서 쿼드의 강화와 함께 범태평양파트너십의 유지가 아베 정부의 최대의 공헌이라고 평가한 것이지요.

관련해서 2021년 2월에 발간된 국제경제연구소(IIE)의 보고서『세계경제의 재건』(*Rebuilding the Global Economy*)도 참고할 수 있습니다. 보고서는 2007-09년 금융위기 이후에 제고되어온 경제적 '불안'(insecurity)과 '배제'(exclusion)가 2020년 코로나19의 대유행과 코로나19발 경제위기로 가속화되었다고 주장하고 있지요.

보고서는 정책우선순위에 따라 실행가능한 계획(actionable plan)을 제시하고 있습니다. 그 기조는 트럼프 정부에 의해 폐기된 오바마 정부의 정책대응의 복원이라고 할 수 있는데, 대표적 사례로는 미국우선주의에 따른 중국과의 무역전쟁 대신 범태평양파트너십으로의 복귀를 들 수 있겠지요.

다만 인도, 나아가 영국 등의 참여를 유도하면서 개편을 시도할 수 있다는 것입니다. 그럴 경우 범태평양파트너십이 범태평양파트너십을위한포괄선진협정(CPTPP)을 거쳐 국제파트너십을위한포괄협정(CAIP)으로 변모하겠지요. 쿼드도 확대되면서 역시 영국 등이 참여할 것인데, 조금 이따가 설명하겠어요.

다시 『아미티지-나이 보고서』를 보면, 중국의 '일대일로'(一帶一路, Belt and Road Initiative)에 대한 대안으로서 지역경제의 인프라를 건설하는 문제가 있습니다. 또 5세대이동통신(5G), 인공지능(AI) 등의 첨단기술과 관련된 글로벌 스탠더드를 설정하는 문제가 있는데, 중국의 '화웨이 모델' 등을 수용할 수는 없기 때문이지요.

첨단기술과 관련해서 가장 핵심적인 부품인 반도체에 주목해야 합니다. 『조선일보』에 따르면, 대만의 파운드리(foundry, 시스템반도체위탁생산기업)인 TSMC(대만반도체제조공사, 1987년에 설립되어 1992년에 민영화)는 일본에 반도체개발회사를 설립하는 동시에 미국에 반도체생산공장을 건설하는 계획을 추진하고 있지요. 세계 파운드리에서 TSMC의 비중이 56%인 반면 삼성전자의 비중은 그 1/3인 18%에 불과하고요. 또 시가총액 세계 9위(0.6조달러)인 TSMC도 삼성전자처럼 지분의 과반을 외국인이 소유하고 있어요.

마지막으로 『아미티지-나이 보고서』는 원자력 등 이른바 '청정에너지'를 통한 기후변화의 대응 문제에도 주목하고 있습니다. 일찍이 발리바르는 「평화를 향한 대장정」(1982; 국역: 『사회운동』, 2006년 1-2월호)에서 핵의 군사적 사용과 평화적 사용을 구별한 바 있지요. 프랑스적 상황을 고려한 주장이었는데, 그러나 핵무장과 원자력발전의 보편적 차이를 부정할 수는 없어요. 물론 선악을 전도시켜 북한의 핵무장을 용인하고 남한의 탈원전을 추진하는 문재인 정부 같은 황당한 사례도 있지만요. 다만 기후변화에 대해서는 얼마간 회의적 입장을 표명하지 않을 수는 없는데, 『2007-09년 금융위기 논쟁』의 '질의와 응답'을 참고하세요.

『한미동맹을 위한 권고』

이제 한미동맹에 대해 검토할 차례입니다. 전략국제문제연구소는 『아미티지-나이 5차 보고서』의 연장선에서 3월 말에 『한미동맹을 위한 권고』(*Recommendations for the U.S.-Korea Alliance*)라는 보고서를 발간하는 동시에 화상토론회(webinar, 웹세미나)를 개최한 바 있지요. 또 그 직후에는 보고서의 책임자이자 화상토론회의 사회자인 빅터 차 교수가 『조선일보』의 칼럼과 인터뷰를 통해서 그 논지를 소개한 바 있고요.

보고서는 미중간 전략적 경쟁의 지정학적 동역학에서 발생한 변화로 인한 한미동맹의 '역풍'(headwinds)과 '역류'(setbacks)에 주목하면서 특히 대북한 안보 문제와 대중국 안보 문제에서 이견이 표출되었다는 사실을 지적하고 있습니다. 민주당 비례대표의원 출신인 이수혁 주미대사의 수차에 걸친 '비미적'(非美的) 언동이 국내언론에 보도되었던 것은 그런 상황을 반영했던 것이고요.

보고서는 1953년 10월에 체결된 양자간 군사적 동맹에서 출발한 한미동맹이 70년 동안 지역적-세계적 범위에서 다자간 정치경제적 동맹으로 발전했다는 사실을 강조하고 있습니다. 그러나 지난 4년 동안 예상치 못한 문제가 발생했는데, 한미동맹이 '수렁에 빠져들게 된'(bogged down, 막다른 길에 이르게 된) 일차적 책임은 동맹을 '제로섬 게임'으로 이해하고 '거래'(transaction)의 관점에서 접근한 트럼프 정부에게 있었다는 것이지요.

동시에 미국의 잘못이 있었다는 사실도 솔직하게 인정하고 있습니다. 한국을 '버려두거나'(abandon) '저버린'(betray) 적이 있다는 것인데, 멀리는 미국의 필리핀 지배와 일본의 조선 지배를 교환한 1905년의 태프트-가쓰라각서가 있었고 가까이는 중국의 사드 보복에 대한 미국의 방관이 있었다고 할 수 있지요.

보고서는 한국과 미국이 '장애'(underbrush)를 제거하고 동맹의 '부활'(revitalization), '회복'(resiliency), '소생'(reinvigoration)을 시도해야 한다고 주장하고 있습니다. 먼저 중국의 도전에 맞서기 위해 한미동맹은 '민주주의와 시장경제', 좀 더 정확하게 말하자면 자유민주정과 민간자본주의라는 원칙을 견지해야 한다고 강조하고 있지요. 『아미티지-나이 5차 보고서』에서 알 수 있듯이, 바로 이것이 미일동맹과 비교할 때 한미동맹의 약점이라고 할 수 있거든요.

보고서는 한미동맹도 미일동맹처럼 자유민주정과 민간자본주의라는 원칙을 견지해야 한다고 반복해서 강조하고 있습니다. 그럴 경우 미국과의 동맹은 중국을 배제한다는 의미에서 '부정적'이고 '역행적'(reactive)인 것이 아니라 중국까지 포섭할 수 있다는 의미에서 '긍정적'이고 '순행적'(proactive)인 것이기 때문이에요. 물론 중국이 권위독재정-국가자본주의에서 자유민주정-민간자본주의로 이행한다는 조건이 있지만요.

나아가 자유민주정에 도전하는 권위독재정이 결국 '힘이 법이다'(might is/makes right, 힘이 시비(是非, 옳고 그름)를 판단한다)라는 강자(strongman)의 지배로 타락할 수 있음을 경고하고 있습니다. 강자의 상징인 크라테로스(Krateros, 알렉산드로스 대왕의 장군)가 지배하는 크라테로크라시(kraterocracy)는 파시즘과 군국주의의 별명이라고 할 수 있지요.

이런 맥락에서 보고서는 문재인 정부의 '전략적 모호성'(strategic ambiguity)에 주목하고 있습니다. 범태평양파트너십에 가입하지 않은 문재인 정부는 미국을 배제한 채 중국이 주도하는 아르셉에는 적극적으로 참여했지요. [9월에 중국이 범태평양파트너십 가입을 신청한 다음 한국도 가입을 추진하게 되었다.] 또 대중국 통일전선인 쿼드, 나아가 '선진7개국'(G7)에 오스트레일리아·인도·한국을 추가한 '민주주의동맹'(D10)에 대해서도 소극적/부정적이고요. 민주주의동맹은 2007-09년 금융위기에 대응하여 미국이 조직한 '주요20개국'(G20)에서 중국·러시아, 브라질·아르헨티나·멕시코 등을 제외한 것이에요.

동시에 이런 전략적 모호성에 대하여 미국은 중립이나 방관, 심지어 연중(聯中, 중국과의 연합)으로 오해할 수 있다고 경고하고 있습니다. 또 중국은 미국의 동맹국 중 한국을 '가장 약한 고리'로 간주할 수 있다는 것이고요. 보고서보다는 화상토론회에서 이런 경고가 좀 더 심각하게 제기되기도 했지요.

게다가 문재인 정부는 한일관계에서 위안부와 징용노동자 같은 과거사적 안건에 집착함으로써 갈등을 야기하기도 했습니다. 대신 일본이 주도하는 공급망과 첨단기술 등 다자간 구상과 관련된 미래지향적 안건에서 소외를 자초했고요. 보고서에 따르자면, 이것이야 말로 문재인 정부가 안보전략적 이익과 국내정치적 필요를 교환한 사례라고 할 수 있겠지요.

  보고서는 북한의 핵무장에 대해 단기적으로는 '나쁜'(lousy) 정책인 핵동결(nuclear freeze) 내지 '차선의'(suboptimal) 정책인 핵감축(nuclear reduction)을 선택할 수 있음을 인정하고 있습니다. 그러나 장기적으로 'CVID', 즉 '완전하고 검증가능하며 복구불가능한 [핵]폐기'(complete, verifiable and irreversible [nuclear] dismantlement)를 견지해야 한다고 강조하고 있는데, 그렇지 않을 경우에는 세계적으로 핵확산을 조장할 뿐만 아니라 지역적으로도 일본과 남한의 핵무장을 단념시킬 명분이 없기 때문이지요.

  화상토론회에서는 김정은 위원장이 주장하고 시진핑 주석과 문재인 대통령이 지지하는 이른바 '한반도비핵화'에 대한 비판도 제기되고 있습니다. 남한 자체의 핵억지력 대신 미국이 남한에 제공하는 확장억지력(extended deterrence), 즉 핵무기 이외에 핵추진항공모함·핵추진잠수함·전략폭격기 등 전략자산과 미사일방어체계(MD)를 결합하는 억지력을 폐기하는 것이 북한비핵화의 조건이라는 주장이거든요. 좀 더 간단하게 말해서 북한비핵화의 조건은 '인계철선'(引繼鐵線, trip wire)으로서 주한미군의 철수를 포함하는 한미동맹의 폐기라는 주장이에요.

  보고서는 북한비핵화와 관련하여 중국과의 협력에도 주목하고 있습니다. 다만 북한비핵화 정책을 중국에 '하청'(outsourcing)을 줄 수는 없다고 강조하고 있는데, 중국에게는 북한비핵화보다 오히려 남북분단 등 현상의 유지가 정책우선순위가 높기 때문이지요. 이 문제와 관련해서도 역시 한미간 이견이 표출될 수밖에 없어요.

  관련해서 2019년 2월 이른바 '하노이 노딜' 이후 김정은 위원장이 6월의 북중 정상회담을 통해 미국의 경제제재 완화 대신 중국의 경제지원을 기대했다는 사실에 주목할 수 있을 것입니다. 그래서 문재인 대통령이 2018년 9·19공동선언을 구체화한 2019년 8·15경축사에 대해 '삶은 소대가리'도 웃을 '망발'(妄發, 망언과 망동)이라고 비난했던 것이지요. 사실 2019년 북한의 경제성장률이 2017년의 -3.5%, 2018년의 -4.1%에서 0.4%로 회복하기도 했고요.

그러나 코로나19의 대유행으로 2020년에는 경제성장률이 또다시 -4.5%로 하락하면서 문재인 대통령에 대한 분노가 폭발했습니다. 2020년 6·15공동선언 20주년 기념사에 대해 '철면피한 궤변'이자 '오그랑수'(표리부동한 속임수)라고 비난하면서 '혐오감을 금할 수 없다'고 극언했던 것이지요. 게다가 대남 사업의 '대적(對敵) 사업' 전환을 예고하면서 개성공단의 남북공동연락사무소를 폭파했고요.

2021년에 들어와 김정은 위원장은 또다시 이른바 '핵무력건설과 경제건설의 병진노선'을 공언하면서 남한과 일본을 대상으로 하는 전술핵 개발과 선제적 사용까지 언급했습니다. 게다가 예고한 대로 대남 사업을 대적 사업으로 전환하여 '자위적 전쟁억지력 강화'를 '강력한 국방력에 의거한 조국통일'로 수정했고요.

마지막으로 화상토론회에서는 2021년 4·7보선과 2022년 3·9대선 사이의 1년이 한국에서 '정치의 계절'이라는 사실이 상기되기도 했습니다. 그러면서 야당이 집권에 성공할 경우 문재인 정부가 채택한 정책우선순위를 조정할 것이라고 예상하기도 했고요. 다만 박근혜 정부의 전례에 비추어 그런 예상이 자칫 빗나갈 수 있음을 인정하기도 했지만요.

미국의 국가안보에 기여할 새로운 정부의 등장에 대한 기대를 한국에 대한 '내정 간섭'으로 간주할 수만은 없을 것입니다. 보고서와 화상토론회의 행간에서 문재인 정부를 조선 말기 고종 시대에 유비하는 인상을 받지 않을 수 없었는데, 결국 청일전쟁과 러일전쟁에서 중일전쟁과 태평양전쟁에 이르는 과정에서 한국은 물론이고 중국도 단순한 피해자라고 할 수만은 없었기 때문이에요. 물론 이런 역사관은 일차적으로 '2차 대불황'과 '2차 태평양전쟁'에 대비하는 입장에서 제기된 것이겠지요.

윤석열 검찰총장의 '별의 순간'

2020년 10월 말 국정감사 이후 윤석열 검찰총장이 대선주자 선두그룹에 합류하면서 '윤석열 대망론'이 출현하자 문재인 대통령이 추미애 장관을 내세워 그를 낙마시키려는 정치공작을 개시했던 것 같습니다. 그러나 윤 총장을 해임·구속하기 위해 추 장관이 감행했던 직무정지·징계청구가 실패하자 2021년 1월 말에 추 장관을 경질하고 박범계 의원을 신임장관으로 임명하면서 '검찰개혁의 속도조절'을 당부했던 것 같아요.

반면 추미애 장관은 퇴임사에서 검찰의 '계속개혁'('계속혁명'(?))을 위해서는 수사권을 완전히 박탈하여 '중수청'(중대범죄수사청)을 신설해야 한다고 주장했습니다. 황운하 등 민주당 강경파 의원들과 최강욱 등 열린민주당 의원들도 추 장관에게 동조하면서 2월 초에 중수청법을 발의했지요. 또 자신의 동일성은 '법무부 장관이기에 앞서 여당 국회의원'이라고 고백한 신임 박범계 장관도 검찰인사에서 이성윤 서울중앙지검장 등 추 장관 라인의 경질을 거부했고요.

조국 교수까지 뜬금없이 개입하여 중수청은 야당과 검찰에서 주장한 바 있는 한국형 연방수사국(FBI)으로서 '수사청'과 동일한 것이라는 엉터리 주장을 제기하기도 했습니다. 그러나 『후기』에서 이미 지적한 것처럼, 법무부 소속의 수사청은 공수처에 대한 대안으로 제시되었던 것이고, 이 경우에는 국정원(국가정보원)의 국내부서도 경찰청 대신 수사청으로 이전되어야 했던 것이지요.

그런 와중에 문재인 대통령이 최초로 발탁한 검찰 출신의 신현수 민정수석이 사의를 표명하자 레임덕 논란이 제기되었습니다. '완장 찬 졸개들'에 불과했던 추미애 장관 등의 반발은 퇴임 후 자신의 안전만 생각하는 것 같은 문 대통령에 대한 배신감 때문이었는데, 2019년 '조국 사태'에서 유포된 바 있는 '토사구팽'(兎死狗烹)을 두려워한 개가 주인을 물었다는 엉터리 사자성어 '구교주인'(狗咬主人)은 윤석열 총장 아닌 추미애 장관 등에게 적용할 수 있을 것 같아요.

문재인 대통령이 윤석열 총장과 호형호제한다는 신현수 수석을 매개로 타협을 시도했는지 여부는 물론 당장 알 수 있는 일이 아닙니다. 그러나 신 수석이 사의를 표명한 직후인 3월 초에 『국민일보』와 가진 최초의 인터뷰에서 윤 총장이 임기 전 사임가능성을 시사한 것을 보면 낭설은 아니었던 것 같은데, 그는 검찰에게 남겨진 부패·경제·선거범죄 등 이른바 '6대범죄'의 수사권을 박탈하는 중수청 신설은 '검찰 해체'를 통한 중대범죄의 '치외법권 제공'이라고 비판했지요. 또 '민주주의의 퇴보이자 헌법정신의 파괴'로 귀결될 것으로 경고했고요.

동시에 코로나19의 대유행으로 연기되었던 지방검찰청 순방의 마지막 일정으로 대구검찰청을 방문한 자리에서 윤석열 총장은 '검수완박(검찰 수사권의 완전한 박탈)은 부패완판(부패가 완전히 판치게 하는 짓)'이라고 비판했습니다. 그 결과 정치경제적 강자가 상대적 약자로서 국민을 '개돼지' 취급할 것이라고 경고했고요.

윤석열 총장이 주목한 '부패'(corruption)는 '사적 이익을 위한 공적 권력의 오남용'(misuse of public power for private benefit)으로 정의됩니다. 조국 사태의 와중에 열린 2019년 국정감사에서 윤 총장이 '이명박 정부 때(…)상당히 쿨했다'고 답변하여 질문자인 민주당 이철희 의원을 당황하게 만든 적이 있는데, 부패 척결과 관련하여 검찰의 정치적 독립성과 중립성을 보장한 것은 문재인 정부가 아닌 이명박 정부라는 취지의 발언이었거든요.

윤석열 총장의 판단에 대한 객관적 증거로 와인개스트와 모종린 교수도 주목한 바 있는 국제투명성기구(TI)의 부패인식지수(CPI)에 주목할 수 있습니다. 대만과의 격차를 축소한 것은 김영삼 정부였고, 김대중 정부에서 노태우 정부 수준으로 다시 확대된 격차를 김영삼 정부 수준으로 다시 축소시킨 것은 노무현 정부였지요. 또 대만과의 격차를 거의 소멸시킨 것은 이명박 정부였고, 박근혜-문재인 정부에서는 김영삼-노무현 정부 수준을 유지했고요.

결국 윤석열 총장은 사의를 표명했습니다. '오랜 세월 쌓아올린 상식과 정의가 무너지는' 상황에서 검찰총장으로서는 '자유민주주의와 국민'을 지키는 데 한계가 있으므로 대권에 도전해보겠다는 결의를 표명한 셈이었지요. 임기 만료 5개월 전에 사임할 수밖에 없었던 것은 열린민주당 최강욱 의원 등이 발의한 이른바 '윤석열 출마금지법'(판검사의 퇴직 1년 내 출마금지법)을 고려했기 때문일 것이고요. 문재인 대통령은 1시간 만에 윤 총장의 사의를 수용하면서 동시에 신현수 수석의 사의도 수용했어요.

윤석열 총장의 사임을 보고 미래통합당/국민의힘 김종인 비대위원장은 그가 드디어 '별의 순간'을 잡은 것 같다고 평가했습니다. 슈테판 츠바이크의 1927년 저서 제목에 나오는 독일어 'Sternstunde'를 번역한 이 단어는 '운명/영광의 순간'이라는 의미이지요. 방금 지적한 것처럼, 자유민주주의를 지키기 위해서는 법무부장관의 '부하' 취급을 받는 검찰총장으로는 역부족이고 대권주자로 변모해야 한다는 사실을 깨달았다는 의미이고요.

영어로는 'moment of truth'가 있는데, 뉘앙스에 차이가 있습니다. 투우사의 '최후의 일격'에서 온 이 표현은 '위기/시련의 순간'이라는 의미이거든요. 그래서 2005년에 제가 『일반화된 마르크스주의 개론』에서 2012-13년을 '진리의 순간'이라고 불렀던 것인데, 이윤율이 하락하면서 공산주의적 이행과 자본주의적 이행 사이에서 선택해야 할 때가 올 것이라는 의미였지요. 물론 2007-09년 금융위기를 기화로 프로토파시즘으로서 인민주의가 대두할 것은 당시로서는 미처 예상하지 못한 일이었고요.

어쨌든 취임 1개월 후부터 시작된 조국 사태 이래 1년 6개월 동안 문재인 대통령과의 갈등을 감내해온 윤석열 총장의 사임에 대해 제대로 분석하고 평가한 주요 일간지의 사설은 없었습니다. 『한겨레신문』은 비판했고 『조선일보』는 지지했는데, 둘 다 정론지가 아니라 정파지로서의 입장을 반영했던 것이지요. 또 정론지를 포기한 다음 정파지로 변신하지도 못한 『중앙일보』는 양비론을 제시했고요.

『조선일보』의 보도에 따르면, '경제·외교를 모른다'는 비판에 대한 윤석열 총장의 반론은 '어설프게 아는 게 더 문제'라면서 '모르면 모른다고 인정하는 게 필요하다'는 요지였습니다. 공자가 자로를 가르치면서 '아는 것을 안다고 하고 모르는 것을 모른다고 하는 것, 바로 이것이 아는 것이다'(知之爲知之, 不知爲不知, 是知也, 『논어』)라고 하신 말씀처럼요.

경세가로서 대통령의 자격은 분명한 정치이념적 지향이지 경제와 외교에 대한 전문적 지식은 아닙니다. 그래서 행정고시나 외무고시처럼 대통령을 뽑는 국가고시는 없었던 것이에요. 안보는 물론 육군사관학교 출신에게 맡겨야 하는 것이고요. 김대중-노무현-문재인 대통령의 결함은 그 자신이 '경제·외교·안보를 모른다'는 것 이상으로 자유주의나 보수주의에 미달하는 인민주의라는 정치이념적 지향에 있었다고 할 수 있어요.

선거정치에서 제기되는 정책 논쟁이라는 문제와 관련해서 정치이념의 중요성을 강조해두겠습니다. 예를 들어 미국의 선거정치에서 민주당과 공화당의 정책 논쟁은 자유주의와 보수주의라는 정치이념, 나아가 그것을 근거짓는 경제이론을 전제하는 것이에요. 반면 남한에서는 인민주의라는 정치이념, 나아가 그것을 변명해주는 사이비 경제이론이 횡행하고 있는데, 문재인 대통령의 소득주도성장론이나 이재명 지사의 기본소득론이 그 사례이지요.

라틴아메리카에 이어 한국에서도 인민주의라는 정치이념이 난무하게 된 것은 결국 자유주의가 취약했기 때문입니다. 쉽게 말해서 미국에서는 중도파(moderate)가 사회주의자나 보수주의자라는 좌우의 급진파(radical) 내지 과격파(extreme)가 아닌 자유주의자를 의미하는 반면 한국에서 중도파는 사안에 따라서 좌우의 인민주의자와 보수주의자를 지지하는 부동층(swing voter)을 의미하거든요.

윤석열 총장이 정치적 야심을 채우려고 존망의 기로에 처한 검찰을 버리고 떠났다는 비난도 쉽게 반박할 수 있습니다. 1990년대를 대표한 서울방송(SBS)의 시대극 『모래시계』의 마지막 회에 나오는 '우리 검찰에 검사 아주 많아요'라는 유명한 대사처럼요. 정경유착을 수사하던 주인공인 평검사가 안기부(국정원 전신인 국가안전기획부)에 연행되자 그 상사인 서울지검장이 안기부장에게 한 항의성 발언인데, 저처럼 재방송을 본 검사가 꽤 있는 것 같아요.

'LH 사태'

국민의힘이 4·7보선에서 압승한 요인 중 하나는 3월 4일 윤석열 검찰총장의 사임과 대권 도전에 있었습니다. 「4·15총선 전후」에서 이미 지적한 것처럼, 2021년 4·7보선은 2022년 3·9대선의 '전초전'이었거든요. 전략국제문제연구소의 화상토론회에서도 주목된 바 있는 '정치의 계절'이 시작되고 국민의힘이 2020년 4·15총선의 패배에서 회복할 수 있다는 희망을 상징한 사람이 바로 윤 총장이에요. 그래서 김종인 비대위원장이 그가 '별의 순간'을 잡은 것 같다면서 기뻐했던 것이고요.

아울러 한국갤럽조사의 문재인 대통령에 대한 지지율이 2020년 11월 말부터 40% 수준을 유지하다가 2021년 3월에 들어와 30% 수준으로 급락했다는 사실에도 주목할 필요가 있습니다. 그래서 문재인 정부에서 '신흥명문대'로 부상한 경희대의 동창임을 자랑하면서 '문재인 보유국'이라는 철지난 유행어까지 부활시켰던 박영선 후보가 결국 '문재인 마케팅'을 포기할 수밖에 없었거든요. 2018년 남북정상회담을 계기로 '핵 보유'가 자랑인 북한에 대해 남한의 자랑은 '문재인 보유'라는 말이 잠시 유행했었지요.

윤석열 총장이 4·7보선에 직접 개입한 바도 있었습니다. 3월 말에 『조선일보』와의 인터뷰에서 '권력을 악용한 성범죄'로 인한 서울·부산시장 보궐선거에서 '다양한 방식의 2차 가해'가 자행되고 있다면서 야당 후보의 당선이 '상식과 정의를 되찾는 반격의 출발점'이라고 강조한 바 있거든요. 거의 동시에 미국 국무부도 『2020년 국가별 인권보고서』에서 조국-윤미향 사태와 박원순-오거돈 시장의 성추행 사건을 한국에서 인권침해의 주요 사례로 적시했고요.

물론 3·9대선과 달리 4·7보선에서 자유민주주의 그 자체가 쟁점으로 제기되지는 않았습니다. 대신 LH(한국토지주택공사) 전현직 직원들의 토지투기라는 부패사건을 계기로 부동산 문제가 쟁점으로 제기되었지요. 윤석열 총장 사퇴 직전에 LH 직원의 토지투기를 고발한 참여연대와 민변의 변호사들은 이재명 지사의 측근들인데, 이 때문에 민주당 내 친문-비문 갈등이 재연될지 두고볼 일이에요.

이렇게 'LH 사태'가 제기되자마자 문재인 대통령은 부동산 적폐일 따름이라고 강변했습니다. 이른바 '촛불혁명'의 핵심단어인 적폐(積弊)란 오랫동안 쌓이고 쌓인 과거의 폐단(弊端, 그릇된 사물)을 의미하는데, 그러나 LH 사태는 유재수·송철호 사건이나 신라젠·라임·옵티머스 사건 같은 권력형 비리처럼 시폐(時弊), 즉 이 시대에 속하는 현재의 폐단이었지요.

LH 사태가 적폐가 아니라 시폐라는 것은 문재인 정부가 추진한 3기 신도시 건설과 관련된 부패사건이었기 때문입니다. 이제까지 모두 세 차례의 신도시 건설이 있었는데, 노태우 정부가 1989년에 시작한 1기 신도시 건설, 노무현 정부가 2003년에 시작한 2기 신도시 건설, 그리고 문재인 정부가 2018-19년에 시작한 3기 신도시 건설이 바로 그것이에요.

시민운동에서 참여연대의 라이벌인 경실련(경제정의실천시민연합)은 2019년부터 문재인 정부의 부동산정책 실패를 비판해왔는데, 그 주인공이 바로 김헌동 부동산본부장이었습니다. 그는 3월 중순에 『조선일보』와의 인터뷰에서 『김헌동의 부동산 대폭로, 누가 집값을 끌어올렸나: 정권·관료·재벌에게 날리는 경고장』(시대의창, 2020)의 논지를 소개하고 있지요.

김헌동 본부장에 따르면, LH 사태의 본질은 토지수용권·독점개발권·용도변경권이라는 LH의 3대특권을 유지한 채 신도시 건설을 강행한 결과였습니다. 이명박 정부와 비교해보면 쉽게 알 수 있는데, 2009년에 토지공사와 주택공사를 합병하여 LH를 출범시킨 이명박 정부의 부동산 정책이 절반의 성공을 거둘 수 있었던 것은 신도시 건설이 아니라 보금자리주택사업을 추진했기 때문이라는 것이에요. 토지는 국가가 수용하고 건물만 개인에게 분양하는 보금자리주택사업으로 강남에서 반값아파트가 출현하면서 비로소 서울의 아파트값이 진정될 수 있었거든요.

문재인 대통령의 실패는 노무현 대통령의 실패를 확대재생산한 것이기도 합니다. 2기 신도시 건설을 시작한 직후에 노 대통령은 공공아파트의 분양원가를 공개하겠다는 자신의 공약을 번복했는데, 그 결과 아파트값이 급등했지요. 그리고 김헌동 본부장의 주도로 경실련이 아파트값거품빼기운동을 개시했던 것이고요.

LH 사태라는 부패사건에 대한 문재인 정부의 대응은 아무리 4·7 보선을 앞둔 것이었다고 해도 실로 황당한 것이었습니다. 감사원이 아니라 청와대와 총리실의 셀프조사로 시간을 번 다음 검찰이 아니라 경찰에게 수사를 맡겼거든요. 그러면서 내심 검경수사권 조정을 '신의 한 수'라고 생각했겠지요. 민심의 이반보다는 오히려 부패 실상이 드러나는 것을 훨씬 더 두려워했던 것 같아요.

LH 사태 이외에도 이른바 '임대차3법', 특히 '전월세상한제'와 관련된 비리가 있었습니다. 문재인 정부 초대 공정거래위원장으로 2년간 재임하다가 김수현 정책실장의 후임으로 발탁된 김상조 정책실장이 전셋값을 꼼수 인상했다는 사실이 발각되었거든요. 그러나 김 실장은 금방 탄로가 날 거짓말로 변명하다가 전격 경질되었지요. 나아가 '업무상 비밀 이용' 혐의로 고발까지 되었고요.

게다가 '세월호 변호사'로 유명한 박주민 의원까지 월셋값을 꼼수 인상했다는 사실이 발각되었습니다. 그런데 역시 박 의원도 금방 탄로가 날 거짓말로 변명했어요. 김 실장의 경우보다 더 충격적이었던 것은 박 의원이 21대 국회의 '1호 법안'으로 임대차3법을 대표발의한 당사자였기 때문이지요. '거지 갑(甲)'이라는 별명도 별로 인상이 좋지 않은데, 김춘삼 씨의 별명인 '거지 왕(王)'을 연상시키거든요. 김춘삼 씨의 실체에 대해서는 나무위키를 참고하세요.

사실 조국 교수나 윤미향 의원과 비교할 때 김상조 정책실장이나 박주민 의원의 소행이 대단한 비리라고 할 수는 없습니다. 그러나 문재인 정부의 정치인들이 보여온 '처벌만 면하면 수치는 모른다'(免而無恥, 『논어』)는 파렴치한 언동에 대한 여론이 이미 임계점에 도달한 것 같아요. 서양 속담처럼, '낙타의 등을 부러뜨리는 것이 바로 마지막 지푸라기'(It is the last straw that breaks the camel's back)라고 할 수 있거든요.

그래서인지 유은혜 교육부장관이 부산대에 조국 교수 딸의 입학 취소를 지시했습니다. 2020년 12월에 조 교수 부인이 사모펀드비리 및 딸입시비리와 관련된 1심 재판에서 4년 징역형을 선고받고 법정 구속되었어도 2021년 1–2월에 조 교수 딸이 의사국가시험에 합격하고 한국전력공사 산하 한일병원에 인턴으로 채용되자 최순실 씨 딸과의 형평성 문제가 또다시 제기되었거든요. [2021년 8월의 2심 재판에서도 4년 징역형이 유지되자 부산대는 결국 입학을 취소했다.]

물론 민주당이 4·7보선을 쉽게 포기하지는 않았습니다. 먼저 2015년에 제정된 당헌을 개정했는데, 귀책사유가 있는 재·보궐선거에는 후보자를 공천하지 않는다는 조항이었지요. 당시 민주당 대표였던 문재인 대통령은 귀책사유가 있는 재선거에 후보자를 공천한 새누리당(국민의힘 전신)을 비난하기도 했고요. 그러니 '문재인 정부의 유전자엔 애초에 내로남불이 존재한다'고 할밖에요. '흑석 선생'이라는 별호를 얻은 열린민주당 김의겸 의원이 청와대 대변인 시절에 한 유명한 발언을 흉내내본 것이지요.

나아가 민주당은 4차재난지원금과 가덕도신공항을 통해 1960년대 박정희 대통령이 윤보선 대통령을 패퇴시켰던 '고무신·막걸리 선거'를 부활시켰습니다. 촛불혁명의 와중에 그 주역인 '깨시민'(깨어있는 시민) 사이에서 유행했던 구호가 '욜로'(yolo, you only live once)였거든요. 그러나 코로나19발 경제위기와 함께 부동산가격이 급등하면서 문득 자신만 '벼락거지'가 되었음을 깨달은 깨시민도 있었다는 사실에는 주목하지 못했던 것 같아요.

그래서 선거 막판에는 결국 1970년대 유신시대의 재야운동권에게 배운 대로 유언비어를 유포했는데, 내곡동 땅 특혜보상과 엘시티 아파트 특혜분양 같은 부동산비리 의혹을 제기하는 네거티브 프레임이 핵심이었습니다. 쉽게 말해서 여야 후보 중 누가 최악이고 누가 차악인가를 가려보자는 주장이었던 셈이지요. 윤석열 총장이 지적한 것처럼, 민주당은 역시 깨시민을 비롯해서 국민 전체를 '개돼지'로 생각해온 것 같아요.

이른바 '동학개미'에 대하여

부동산 문제 정도는 아니더라도 증시 문제도 역시 중요했으므로 간단하게 정리해두겠습니다. 먼저 다우존스를 중심으로 코로나19발 경제위기 속에서 주가 상승세를 살펴볼 필요가 있겠지요. 2020년 3월 하순에 19,000으로 하락했던 다우존스는 바이든 후보가 승리연설을 한 11월 초순에 2019년 말의 역사적 고점인 29,000을 회복했어요. 11월 하순에 드디어 30,000을 돌파한 다우존스는 그 후로도 상승세를 지속했고요.

다우존스가 상승세를 지속한 것은 기업의 수익성 개선 때문이 아니라 완화적 경제정책 때문이었습니다. 먼저 연준(Fed, 연방준비제도)이 완화적 통화정책을 채택했지요. 2018년에 발발한 미중간 무역전쟁으로 인해 2015년 말에 시작된 출구전략이 종료되어 2019년 말에 연방기금금리는 1.50-1.75%였고 연준의 자산은 3.8조달러였는데, 2020년 초 코로나19발 경제위기로 인해 제로금리정책(ZIRP)에 이어 수량완화정책(QE)이 부활하면서 연말에 연준의 자산이 7.4조달러로 배증되었지요. 연준의 자산은 2021년에도 계속 증가하겠고요.

나아가 재무부는 2020년에 2.2조달러의 '코로나지원·구제·경제안보법'(CARES Act)을 비롯해 네 번에 걸친 1.4조달러의 중소규모 재정정책 등 모두 3.6조달러의 완화적 재정정책을 실행했습니다. 또 2021년에는 1.9조달러의 '미국구제계획'(American Rescue Plan)을 비롯해 2.2조달러의 '미국일자리계획'(American Jobs Plan)과 1.8조달러의 '미국가족계획'(American Family Plan) 등 모두 5.9조달러의 완화적 재정정책을 실행할 예정이고요.

반면 높은 수익성을 누리는 극소수의 첨단기술기업과 달리 상당수의 기업은 이자비용도 부담할 수 없는 낮은 수익성으로 '좀비화'되었는데, 그 비중이 약 20%라고 합니다. 고수익기업 빅4는 'FAAG', 즉 페이스북(3월 말 현재 시가총액 0.8조달러), 아마존(1.6조달러), 애플(2.1조달러), 구글(알파벳, 1.4조달러)이지요. 인터넷 빅4인 'FANG'에서 넷플릭스(0.2조달러) 대신 애플이 들어간 것이에요. 고수익기업 빅5는 'FAAMG', 즉 빅4와 마이크로소프트(1.8조달러)인데, 전 세계 상장기업 4만여개 시가총액의 8%를 차지하지요. 마이크로소프트는 1999년부터, 애플은 2015년부터 다우존스에 포함되기도 했고요.

[4월 하순에 다우존스가 34,000을 돌파하자 5월에 들어와 파월 연준의장은 현재의 상황을 '광란의 20년대'(Roaring Twenties)에 비유하면서 거품붕괴의 위험에 대해 경고했다. 또한 옐런 재무부장관도 금리 인상의 가능성을 예고했다. 물론 마르크스주의의 관점에서 볼 때 현재의 상황은 1920년대와는 다른데, 정보통신을 중심으로 한 이른바 '3차 산업혁명'은 물론이고 인공지능을 중심으로 한 이른바 '4차 산업혁명'을 자동차와 가전을 중심으로 한 2차 산업혁명에 비견할 수는 없기 때문이다.]

그런데 다우존스의 운동과 코스피의 운동은 별로 관계가 없습니다. 1983년에 122(1980년 1월 1일의 100 기준)에서 출발한 코스피는 보합세를 유지하다가 1986-88년의 이른바 '3저호황'으로 1000을 돌파했으나 곧 하락 조정되었지요. 또 1993-95년 1차 반도체호황으로 1000을 돌파했으나 곧 하락 조정되었고, 게다가 1997-98년 경제위기 때문에 300 이하로 폭락했어요.

코스피가 상승하기 시작한 것은 2007년 한미자유무역협정 협상이 계기였는데, 7월에 2000을 돌파했고 그 여세를 몰아 10월에는 역사적 고점에 도달했습니다. 그러나 결국 2007-09년 금융위기 때문에 반토막이 나서 1년 만에 1000 이하로 폭락했고, 금융위기가 진정된 다음인 2010년 말 이후에야 2000을 회복했지요.

2007-09년 금융위기를 계기로 한국증시는 세계경제의 '자동현금인출기'(ATM)라는 설이 제기되었는데, 외국인의 투자와 회수에 따라 코스피의 등락이 결정된다는 주장이었습니다. 실제로 한미자유무역협정 이후 한국경제가 '노동자민족'(worker nation)으로 전락하자 코스피와 다우존스의 운동은 완전히 탈동조화(decoupling)되었는데, 자세한 설명은 『종합토론』을 참고하세요.

2020년 코로나19발 경제위기의 와중에 코스피가 급락한 것도 물론 외국인이 자금을 회수했기 때문입니다. 그런데 이번에는 외국인의 투자 없이도 코스피가 상승하여 2020년 3월의 1500에서 2020년 5월의 2000을 거쳐 2021년 1월에는 3000을 돌파하고 그 후 3000과 3200 사이에서 운동했지요. [6월 중에 잠시 3200을 돌파하기도 했다.] 그러자 이른바 '동학개미'가 주목되었는데, 개인투자자가 동학농민군처럼 외국인으로부터 국내증시를 지켰다는 것이에요.

그러나 죽창을 든 동학농민군이 일본군에게 이길 수 없었던 것처럼 스마트폰을 든 동학개미도 외국인, 즉 외국의 기관투자자에게 이길 수 없을 것입니다. 동학개미란 코로나19발 경제위기 속에서 문득 자신만 벼락거지가 되었음을 깨닫고 아파트에 투자할 자금을 벌기 위해 주식시장에 뛰어든 깨시민인 것 같아요. 그래서 '문프'(문재인 대통령)께서도 공매도금지 연장, 주식양도소득세 유예, 국민연금의 국내주식투자비율 상향 같은 격려를 아끼지 않았던 것이고요.

『머니투데이』가 창간 20주년 기념 특집에서 외국증시에 투자하는 국내개인투자자, 이른바 '서학개미' 덕분에 투자소득수지의 흑자가 급증했다는 사실에 주목한 바 있습니다. 경상수지 중에서 상품수지는 1998년 이후 흑자로 반전된 반면 투자소득수지는 2011년 이후 비로소 흑자로 반전되었지요. 그러나 상품수지흑자에 대한 투자소득수지흑자의 비중은 10% 안팎에 머물렀는데, 2021년 1분기에 와서 30%까지 상승했다는 것이에요.

그런데 이런 현상만 보고 조만간 한국이 노동자민족을 탈피하여

'금리생활자민족'(rentier nation)으로 이행할 수 있다고 해석할 수는 없을 것입니다. 역시 『머니투데이』가 주목하고 있듯이, 금리생활자민족의 대표적 사례라고 할 수 있는 일본의 경우는 상품수지흑자에 대한 투자소득수지흑자의 비중이 2020년에 무려 6.7배에 이르렀기 때문이지요. [또 서학개미의 실적도 저조한데, 『조선일보』에 따르면, 2021년 상반기 수익률은 외국인 6.3%, 국내기관투자자 5.0%, 동학개미 −0.3%, 서학개미 −5.4%였다고 한다.]

2021년에 들어와 동학개미가 코인으로 이동한 것 같습니다. 2017년에 민주당 박용진 의원이 제출한 규제법안이 별다른 논의도 없이 폐기되면서 미국이나 중국과 달리 코인거래가 방치된 탓이었지요. 하기야 그해 미국의 코인데스크와 합작하여 코인데스크코리아를 설립한 『한겨레신문』은 2009년에 비트코인을 발명한 '나카모토'의 주장을 수용하여 코인이 '권력과 자본으로부터 독립된' 경제를 지향한다고 강변했었거든요.

어쨌든 실물경제적 펀더멘털과 아무런 관련도 없는 희대의 투기자산인 코인, 그것도 비트코인(거래 비중 6%)보다 고위험·고수익인 알트코인(94%), 심지어 한국에서만 거래되는 'K코인'(30%)에 투자하면서 동학개미가 '일진회개미'로 변모한 셈입니다. 물론 깨시민 중에서도 세대간 차이가 있어서 밑천이 든든한 40-50대는 부동산에 투자하고 있고 밑천이 딸리는 20-30대만 주식과 코인에 투자하고 있다지만요.

세계에서 한국이 차지하는 국민소득의 비중은 2% 미만에 머무는 반면 코인거래의 비중은 20%를 초과하고 있다니 더 이상 할 말이 없습니다. 아마도 그래서 코인이 내년 대선의 '시한폭탄'일 것이라는 예상이 제기되는 것이겠지요. 튤립거품과 원숭이를 풍자한 손자 브뢰걸(Jan Bruegel the Younger)의 '튤립거품의 우화'처럼 언젠가 코인거품과 개미를 풍자한 '코인거품의 우화'라는 그림이 나올지도 모르겠어요.

'K방역의 피로감'과 감염위험의 감수

마지막으로 4·7보선에는 별로 영향이 없었지만, 코로나19에 대해서도 언급해두겠습니다. 2021년 2월 중순에 시작된 백신접종은 경제협력개발기구(OECD) 37개국 중 꼴찌인 데다 접종된 백신도 효능에서 논란과 우려가 큰 아스트라제네카였지요. '3T'(검사·추적·치료) 중심의 이른바 'K방역', 나아가 학교·직장폐쇄(shutdown)와 통행금지(lockdown) 같은 사회적 거리두기가 아니라 결국에는 백신(예방약)이 문제라는 사실을 잘 몰랐던 문재인 정부 보건의료참모의 실체가 돌팔이였음이 이렇게 폭로된 셈이에요.

방역의 모델이 대만인 것처럼, 백신 접종의 모델은 이스라엘이었습니다. 『중앙일보』에 따르면, 이스라엘은 한국보다 두 달이나 먼저 시작하여 2월 중순에는 이미 국민의 46%가 1회 이상의 접종을 마쳤지요. 그 밖에 미국은 12%, 영국은 23%가 1회 이상의 접종을 마쳤고요. 그 결과 이스라엘을 비롯해서 미국과 영국에서도 신규확진자가 급감했다고 하지요.

『조선일보』에 따르면, 접종이 막 시작된 한국에서는 설 연휴가 지난 2월 중순부터 3-4월 중으로 예상되는 4차 유행을 걱정하고 있는 실정인데, 이제까지의 세 차례 유행은 다음과 같습니다.

```
1차 유행의 정점:  2020년  2월 말 신규확진자   910명
2차 유행의 정점:  2020년  8월 말 신규확진자   440명
3차 유행의 정점:  2020년 12월 말 신규확진자  1240명
```

유행의 정점을 지나 휴지기가 시작되어도 이전의 상황으로 회복되지 않는다는 특징에 주목할 수 있겠지요. 그래서 재확산과 유행이 반복되었던 것이고, 그 결과 'K방역의 피로감'이 축적되면서 점차 감염위험을 감수하게 되었던 것 같아요.

K방역의 피로감에 따른 감염위험의 감수를 보건의료위기와 경제위기의 교환(trade-off)을 표현하는 그래프로 설명할 수 있을 것입

니다. 예를 들어 경제적 고통과 감염의 위험을 x와 y라고 하고 그래프를 $x+y=4$라고 할 때, $(2,2)$에서 $(1,3)$으로 이동한 것처럼요. 또는 $(1,4)$로 이동할 수도 있는데, K방역의 피로감 때문에 그래프가 $x+y=5$로 변화했을 경우이지요. 미국이나 유럽처럼 인권침해에 대한 감수성으로 인해 그래프가 변화한 것은 아닌데, 중국이나 북한 정도의 침해는 없었고 게다가 2020년 여름에는 '한숨 돌리나 했더니 아니었다'고 문프께 꾸중까지 들었던 탓도 있었지요.

이 대목에서 방역과 백신 사이에서 코로나19에 대한 정책대응의 분기가 발생했다는 사실에 주목해두겠습니다. 미국·영국·유럽연합처럼 인권침해에 대한 감수성이 높아서 사회적 거리두기를 강제하는 것이 어려워 사망률이 높았던 자유민주정에서는 백신 위주로 대응한 반면 중국·북한처럼 인권침해에 대한 감수성이 낮아서 사회적 거리두기를 강제하는 것이 쉬워 사망률이 낮았던 권위독재정에서는 방역 위주로 대응했다는 것이지요. 하기야 서양에는 '치료보다 예방이 훨씬 낫다'(An ounce of prevention is worth a pound of cure)는 격언이 있다고도 하고요.

K방역과 사회적 거리두기에 치중하면서 백신을 외면했던 남한은 중간적이면서도 미국보다는 오히려 중국에 가까웠던 것 같습니다. 그러나 문재인 대통령은 여전히 반성할 줄 모르는데, K방역에 치료약만 포함하고 예방약, 즉 백신은 배제하고 백신도 화이자·모더나 대신 아스트라제네카를 선호했던 기모란 국립암센터 교수를 초대 방역기획관으로 임명하는 오기를 부렸거든요.

물론 K방역론자인 기모란 교수의 등용을 당동벌이로 해석할 수도 있습니다. 문재인 대통령이 소득주도성장론자인 홍장표 교수를 한국개발연구원(KDI) 원장으로 발탁하고 또 한반도비핵화론자인 문정인 교수를 세종연구소 이사장으로 발탁한 것과 마찬가지 행태라는 것이에요. 하기야 검찰개혁론자인 조국 교수는 아직까지 서울법대 로스쿨 교수직을 유지하고 있는데, 노신이라고 해도 이 정도의 당동벌이는 옹호하지 못할 것 같아요.

영국·남아프리카공화국 등지에서 발생한 변이바이러스의 위험이 상존한다는 사실에도 물론 주목해야 할 것입니다. 관련해서 국제경제연구소가 4월 초에 발간한 『대유행 시대의 경제정책』(*Economic Policy for a Pandemic Age*)을 참고할 수 있는데, 코로나19의 '토착화' 등 감염성질병의 세계적 대유행에 대비하여 주요20개국 중심의 세계적 '백신인프라' 건설을 제안하는 것이 핵심이지요.

보고서는 특히 백신의 '외부성'(externality)에 주목하고 있습니다. 그런데 『현대경제학 비판』에서 설명한 것처럼, 외부성 중에서도 '경합성'(rivalry)의 유무에 따라서 환경 같은 '공유지'(the commons)와 인프라 같은 '공공재'(public goods)가 구별되어야 하지요. 그럴 경우 백신인프라라는 개념이 부적절하다는 사실을 알 수 있고요.

『문재인 정부 비판』에서 지적한 것처럼, 코로나19 같은 감염성질병은 사회생태적으로 분석해야 할 문제입니다. 달리 말해서 기후변화를 비롯한 환경오염 내지 파괴와 유사한 문제라는 것이에요. 따라서 기후변화의 경우처럼 코로나19의 대유행과 관련해서도 미중간 협력 이상으로 갈등이 불가피할 것이고, 그 결과 반도체처럼 백신의 생산과 분배도 두 나라의 전략적 경쟁의 대상이 되겠지요.

물론 백신의 생산기술을 공공재로 인식할 수도 있습니다. 2020년 말에 남아공과 인도가 세계무역기구(WTO)에 백신에 대한 지식재산권 보호를 유예해달라고 요청한 것처럼요. 그러나 164개 회원국 전체가 만장일치로 동의해야 하는데, 유럽연합·스위스·영국·오스트레일리아·일본 등은 반대하고 있지요. 게다가 지재권이 유예된다고 하더라도, 당장 대량생산이 가능한 것은 아닌데, 화이자와 모더나가 기술이전에 찬성해야 하고, 나아가 생산과 물류를 위한 인력과 설비, 그리고 자금도 필요하기 때문이에요.

이 때문에 3월 중순에 열린 1차 쿼드정상회의의 주요 안건이 '백신 외교'였다는 사실에 주목할 필요가 있습니다. 미국의 기술, 일본의 자금, 오스트레일리아의 물류를 백신위탁생산의 60%를 차지하는 인도에 제공한다는 것이에요. 한미정상회담을 앞둔 문재인 대통령은 바이든 대통령에게 '백신 스왑'을 요청했다가 거절당했다고 하는데, 캐나다·멕시코 등 인접국과 일본·오스트레일리아·인도 같은 쿼드 회원국이 일반 동맹국보다 우선이라는 원칙 때문이었지요.

이런 상황에서 문재인 대통령은 러시아제 스푸트니크V의 수입을 지시하기도 했습니다. 중국제 시노팜·시노백의 수입은 왜 지시하지 않는지 모르겠고요. 또 화이자를 추가로 구매할 예정이고 다만 접종 일정은 미정이라고 발표했는데, 계약과 도입은 별개 문제이기 때문이에요. [6월 중순의 선진7개국 정상회의를 앞둔 바이든 대통령은 1년 동안 코백스를 통해 화이자 백신 2억5천만명분을 기증할 것이고, 모더나 백신 2억5천만명분 기증도 추가하겠다고 발표했다.]

나아가 후쿠시마원전 오염처리수의 태평양 방류에 대해 캐나다와 함께 최대의 피해국이 될 미국은 일본의 입장을 지지하고 있습니다. 반면 한국은 중국·북한과 함께 일본을 비판하고 있는데, 중국은 물론이고 남북한에 대한 피해는 무시할 정도라고 하지요. 그러나 이미 북한이 도쿄올림픽 불참을 발표한 상황에서 문재인 대통령은 국제해양법재판소에 제소하라고 지시하기도 했어요. 물론 '까마귀 날자 배 떨어진다'(烏飛梨落)는 격일지도 모르겠지만요.

방역의 모델인 대만에 대해서도 주목해두겠습니다. 대만의 방역 실적은 2021년 2월 중순에 900여명의 누적확진자와 9명의 사망자였지요. 또 한국에서 누적확진자 10만명과 사망자 1700명을 돌파한 3월 말에 누적확진자 1000여명과 사망자 10명에 불과했고요. 이렇게 방역에 성공하여 사회적 거리두기를 대폭 완화할 수 있었던 대만의 2020년 경제성장률은 3.1%였는데, 이는 한국의 −1.0%는 물론이고 중국의 2.3%도 능가하는 실적이었어요.

이렇게 놀라운 경제성장은 중소기업을 중심으로 하는 대만경제가 대체불가능한 첨단기술을 보유하고 있다는 현실을 반영한 것이기도 했습니다. 코로나19발 경제위기의 와중에 주목을 받은 시스템반도체위탁생산기업인 TSMC가 대표적이었고, 또 애플제품위탁생산기업인 폭스콘(Foxconn, 홍하이정밀공업)도 있었어요. 그런데 『중앙일보』에 따르면, 2021년에 들어와 차량용반도체의 세계적 공급부족이 발생하자 한국정부가 대만정부와 TSMC에 협력을 요청했다고 하지요. 차량용반도체의 98%를 수입하는 입장에서 염치를 따지거나 눈치를 볼 겨를이 없었던 것 같아요.

「4·15총선 전후」에서 소개한 것처럼, 총자산에서 부동산이 차지하는 비중은 대만이 미국이나 일본과 비슷한 34%인 반면 한국은 거의 두 배인 63%나 됩니다. 대만에서 부동산 비중이 낮은 것은 재벌이 존재하지 않고 또 토지공개념도 확립되어 있기 때문이지요. 물론 한국처럼 노동자민족으로 전락한 것도 아니어서 증시가 세계경제의 자동현금인출기가 아니라는 사실도 중요하겠고요.

마지막으로 폭스콘에 이어 TSMC와 경쟁해야 하는 삼성의 이재용 부회장에 대해서도 언급해두겠습니다. 2021년 1월에 이미 4년을 복역한 박근혜 대통령에 대해 32년의 무기징역형을 22년형으로 감형해주는 동시에 이 부회장에 대해 이른바 '준법감시위원회' 설치를 구실로 집행유예형을 유도하려던 문재인 대통령의 구상이 좌절되고 집행유예 없는 2년 6개월 징역형이 확정되었지요.

촛불혁명 이후 더욱 심화된 '정치의 사법화'가 한일간 외교의 파탄에 이어 경제의 파탄을 초래할지도 모르는 긴급한 상황에서 이 부회장은 2022년 여름까지 남은 형기 1년 6개월을 복역하게 되었습니다. 또 출감 이후에도 5년간 취업이 제한되어 경영에 복귀할 수 없게 되었고요. 이건희 회장이 남긴 시가 10조원의 미술품을 국가에 헌납하고 아울러 12조원의 상속세를 납부한다는 결정은 결국 이재용 부회장의 사면·복권을 추진하려는 목적인 것 같아요.

현금 등 7조원의 상속 비율은 미공개인 반면 19조원에 이르는 삼성지분의 상속 비율은 공개되었습니다. 국정농단사건과 관련하여 이재용 부회장과 갈등설이 있었던 모친의 상속 비율이 관심의 초점이었는데, 결국 삼성생명지분의 상속을 포기했지요. 그 결과 이재용 부회장이 삼성물산(지분 18.1%)과 삼성생명(10.4%)을 통해 삼성전자를 직·간접으로 지배할 수 있게 되었고요.

『조선일보』의 보도에 따르면, 이건희 회장의 유언장이 없는 상황에서 공정거래위원회를 통해 이재용 부회장을 삼성 총수로 지정해 준 문재인 대통령의 지원이 작용한 것 같습니다. 문 대통령으로서는 삼성전자지분의 과반수를 소유한 외국인이 총수 일가의 내분으로 인한 경영권의 혼란을 묵과하지 않을 것이라는 사실도 역시 무시할 수만은 없었을 것이고요.

  그러나 이재용 부회장이 사면·복권된다고 해서 문제가 쉽게 풀릴 수는 없습니다. 『중앙일보』에 따르면, TSMC의 매출은 미국 67%와 중국 6%인 반면 삼성전자의 매출은 미국 8%와 중국 41%이거든요. 게다가 TSMC와 달리 삼성전자는 중국 현지생산의 비중이 높고요. 또 2021년 3월 말 기준으로 시가총액에서는 TSMC가 삼성전자의 1.4배이고 반도체 매출과 영업이익에서는 0.8배와 1.8배라고 하지요. [이재용 부회장은 결국 8·15 가석방에 포함되었다. 사면·복권이 아닌 것은 박근혜 대통령과의 형평성 때문이라는 변명인데, 내년 대선을 위한 마지막 카드를 미리 써버릴 수는 없기 때문일 수도 있다.]

4·7보선

  보궐선거 최초로 투표율이 50%를 넘은 이번 선거의 결과는 국민의힘의 압승이었습니다. 서울은 25개 자치구 전체, 부산은 16개 자치구 전체에서 승리했고, 표차도 서울은 18%포인트 이상, 부산은 28%포인트 이상이었어요. 민주당의 입장에서는 2020년 4·15총선의 '대박'이 1년 만에 4·7보선의 '쪽박'으로 돌변한 날벼락이었겠지요. 전통적으로 약세였던 부산은 어려울지 몰라도 서울은 자신만만했었거든요. '선거가 아주 어려울 줄 알았는데, 요새 돌아가는 것을 보니 거의 이긴 것 같다'는 이해찬 대표의 말은 빈말이 아니었어요.

  「4·15총선 전후」에서 지적한 것처럼, 선거란 본래 이성적 시비(是非, 옳고 그름)가 아닌 감정적 호오(好惡, 좋고 싫음)를 반영하는 결함을 가진 제도입니다. 그런데 이번에는 특히 선거정치의 오작동을 초래하는 '부동층'(swing voter)의 존재가 새삼 주목되었어요. 부동층이란 사안별로 좌우의 인민주의자와 보수주의자라는 '고정층'(core voter)을 지지하는 중도파, 달리 말하자면 정치이념이 아니라 경제이익을 중시하는 '기회주의적' 중간파이지요.

 부동층에 대한 본격적인 분석은 정치학자에게 맡기고 간단하게 설명해보겠습니다. 서울의 경우 2018년과 2021년 선거에서 여당과 야당의 득표율(%) 변화는 다음과 같아요. 다만 야당의 후보단일화가 불발했던 2018년 선거에서는 김문수 후보와 안철수 후보의 득표율을 합산한 것이지요.

```
20대     60:29   →   34:55
30대     69:27   →   39:57
40대     70:27   →   49:48
50대     54:43   →   42:56
60대~    35:64   →   27:72
```

2018년과 2021년의 투표율은 60%와 58%로 거의 같고요.

 모든 연령대에서 부동표가 관찰되는데, 다만 그 비중에서는 차이가 있어서 표심의 역전 여부가 결정되었습니다. 일반적으로 말해서 $a:(1-a)$(단, $1/2 < a < 1$)에서 표차 $2a-1$의 $100x\%$가 부동표일 때 표심의 역전이 나타날 조건은 다음과 같아요.

$$(1-a) + x(2a-1) > a - x(2a-1),$$
$$2x(2a-1) > 2a-1,$$
$$x > 1/2.$$

먼저 2018년의 표차를 기준으로 해서 부동표의 비중을 계산하면 대략 다음과 같습니다.

```
20대     80%
30대     70%
40대     50%
50대     100%
60대~    30%
```

60대 이상은 부동표가 1/2이 안 되었고, 50대와 20-30대는 부동표가 1/2이 넘었으며, 40대는 부동표가 1/2이었지요. 그 결과 60대 이상은 표심의 역전이 없었고, 50대와 20-30대는 표심이 역전되었으며, 40대의 표심은 비등해졌던 것이에요.

그러나 『조선일보』에 따르면, 가장 극적인 현상은 40대의 부동층이었다고 할 수 있습니다. 그들은 20대였던 2002년 대선에서 노무현 후보, 30대였던 2012년 대선에서 문재인 후보, 40대였던 2020년 총선에서 민주당 후보를 상대 후보보다 2배 내지 그 이상으로 지지해왔거든요. 그러던 그들이 부동층화한 것은 결국 50대와 비슷한 '주류교체'에 따른 '전리품'을 기다리다 지쳐버려서일지도 모르겠다는 생각이 들어요.

2018년과 2021년 선거에서 부동표를 제외하고 고정표를 계산해보면 다음과 같습니다.

```
20대    34:29
30대    39:27
40대    49:27
50대    42:43
60대~   27:64
```

60대 이상은 야당을 지지하는 보수주의자가 2배를 훨씬 초과하는 반면 여당을 지지하는 인민주의자가 40대는 거의 2배이고 30대는 거의 1.5배이지요. 또 50대와 20대는 인민주의자와 보수주의자가 비등하고요. 문재인 정부의 지지기반이 호남 지역과 함께 30-40대라는 증거라고 할 수 있겠지요.

2021년 선거에서는 성별 차이도 주목되었습니다. 그 결과 인민주의의 확산에 여성주의가 기여한 정도를 알 수 있게 되었지요. 아쉬운 것은 인민주의의 확산에 대한 노동자주의의 기여를 알려줄 만한 통계가 없다는 사실이에요. 노동자의 투표행위에 대한 설문조사가 필요한데, 민주노총은 물론이고 한국노총도 그런 돈 되지 않는 일을 할 리가 없거든요.

　어쨌든 40대 이상의 여성은 보수주의자의 비중이 조금 컸는데, 30대 이하의 여성은 인민주의자의 비중이 훨씬 컸고, 30대 여성에 비해서도 20대 여성의 비중이 압도적으로 컸습니다. 20-30대에서 인민주의의 확산에 여성주의가 기여했다는 증거이겠지요. 그런데 인민주의로서 여성주의가 성폭력에 대한 감수성과는 별로 상관이 없는 것 같아요. 여당에 대한 여성의 지지율은 20대부터 50대까지 40%대로 대동소이하거든요.

윤석열론

　4·7보선에서 국민의힘이 압승하고 윤석열 총장 개인에 대한 관심도 높아지자 그에 대한 책이 출판되기 시작했습니다. 연합뉴스 기자 출신인 이경욱 씨의 『윤석열의 진심』(체리M&B, 2021)과 최불암 배우가 진행하는 한국방송공사(KBS)의 『한국인의 밥상』에도 참여한 바 있다는 김연우 작가의 『구수한 윤석열』(리딩라이프, 2021)이 그것이지요.

　충암고등학교 동기이면서도 별로 친하지는 않았던 이경욱 기자는 윤석열 총장을 40여년 만에 처음 만나 2-3시간 환담하고 나서 책을 썼다고 하는데, 당연하게 내용이 전혀 없습니다. 그래서 윤 총장이 출판에 반대했고 출판 이후 이 기자에게 항의했다는 『중앙일보』의 보도가 있었지요. 아마 이 기자가 은퇴 후 개업한 출판사에서 '1호 출판'으로 기획했던 것 같아요.

　반면 김연우 작가는 윤석열 총장의 서울법대 79학번 동기들을 취재하여 윤 총장의 인간적 면모를 알려주는 다양한 일화들을 소개하고 있습니다. 친구들 사이에서 인간미 없다는 소문이 많은 문재인 대통령과 대비하려는 의도일지 모르겠는데, '구수한'은 사법시험을 '9수' 만에 합격했다는 의미이자 '좋은 맛'이라는 의미이기도 하지요. 74학번까지의 구세대와 81학번부터의 386세대의 과도기에 속하는

79학번 중에서도 윤 총장은 특히 구세대에 가까운 것 같아요.

그런데 더욱 중요한 것은 윤석열 총장이 위법·부당에 저항하고 정의·상식을 수호하는 까닭을 알려주는 일화가 많다는 사실입니다. 법을 지키지 않아 정의를 무너뜨리는 위법에 대해서는 별도의 설명이 필요 없을 것인데, 윤 총장이 대권주자로 부상한 것이 바로 살아 있는 권력과 싸운 경력 때문이었거든요.

그러나 그 전에 행동규범을 지키지 않아 상식을 무너뜨리는 부당이라는 문제가 있고, 이와 관련해서 초등학교 시절부터 만능 스포츠맨이었던 윤 총장이 페어플레이를 중시했다는 일화들에 주목할 수 있습니다. 달리 말해서 선수는 반칙을 일삼고 심판은 그것을 눈감아 주는 파울플레이 내지 더티플레이를 참지 못했다는 것이지요. 그가 말하는 상식이 페어플레이라는 의미에서 공정이라는 사실을 알 수 있는 대목이에요.

영어에 'habits and customs', 즉 '습관과 관습'이라는 표현이 있습니다. 여기서 습관은 반복을 통해 기질화된 행동을 의미하고, 관습은 규범으로 승격된 습관을 의미하지요. 윤보선 대통령은 유학 경험을 통해 영국의 교육에서 스포츠맨십의 중요성을 깨달았음을 강조하곤 했는데, 윤석열 총장은 유학을 가지 않고서도 깨달은 셈이에요. 이케다 기요시의 『자유와 규율: 영국의 사립학교생활』(1949; 국역: AK커뮤니케이션즈, 2016)을 한번 읽어보세요.

윤석열 총장은 별도로 퇴임식을 갖지 않았으므로 정식 퇴임사도 없었습니다. 대신 2019년 7월의 취임사를 보면, '헌법의 핵심 가치인 자유와 평등을 조화시키는 정의'로서 정치·경제분야의 '공정한 경쟁질서'를 확립하기 위해 그러한 질서를 무너뜨리는 '중대범죄'에 대해 단호히 대응하여 '헌법체제의 두 축인 자유민주주의와 시장경제질서'를 지키겠다고 약속했지요.

정의와 공정 또는 상식을 지키겠다는 이런 약속은 윤석열 총장의 '뿌리'와 관련된다고 할 수 있습니다. 그래서 김연우 작가가 윤 총장이 윤증의 방계 후손이라는 사실에 주목하는 것 같아요. 파평(파주)

윤씨를 대표하는 사대부인 윤증은 스승인 송시열에 맞섰던 것으로 유명했지요. 그 때문에 서인이 송시열의 노론 정통파와 윤증의 소론 이단파로 분화했던 것이고요.

송시열은 충북 괴산에 터를 잡은 반면 윤증은 충남 논산에 터를 잡았는데, 윤 총장의 부친인 윤기중 교수의 고향이 바로 논산입니다. 몇 번 언급한 적이 있지만, 해평(선산) 윤씨인 저희 집안은 노론의 후예였고, 제 부친의 고향은 괴산이지요. 제가 윤석열 총장을 지지하는 데 학연은 물론 혈연이나 지연 같은 것은 없다는 말이에요.

김 작가는 윤기중 교수에게도 주목하고 있습니다. 연세대 경제학과에 재직했던 윤 교수는 소득불평등에 대한 통계학적 분석을 전공한 것으로 유명했고, 그 공적으로 학술원 회원에도 피선되었어요. 독서광으로 유명한 윤석열 총장은 부친의 영향을 받아 경제학에도 관심이 컸다고 하지요. 윤 총장은 시카고학파와 오스트리아학파의 경제학에 공감한다고 하는데, 보수주의적 법조인다운 입장이에요.

윤석열 총장이 '정치적 야심' 때문에 자신을 발탁한 문재인 대통령을 배신했다는 주장이 있습니다. 그러나 문 대통령 자신의 언급과 달리 윤 총장은 '문재인 정부의 검찰총장'이 아닌 '대한민국의 검찰총장'이었으므로 배신이라는 주장은 어불성설이지요. 오히려 검찰의 독립성과 중립성에 대한 무지의 발로일 따름이에요.

윤석열 총장을 '조폭 두목' 같다고 비하한 경우조차 있었습니다. 광주 출신 조폭의 원조이자 서방파의 두목이었던 김태촌 씨에 비유하여 '윤서방파 두목'이라고 부른 것이지요. 사법시험이 하향평준화되고 그나마 로스쿨로 대체된 결과로 지사(志士, 뜻있는 선비) 같은 판검사가 멸종 위기에 처한 사실을 반영한다고 해야 할 것 같아요. 하기야 저를 '사이비 종교 교주'라고 욕하는 사람도 있지만요.

김연우 작가는 김대중 정부 이래 윤석열 총장이 살아 있는 권력에 대해 수사해온 일화들도 소개하고 있습니다. 20여년에 걸쳐 윤 총장이 지켜왔던 기준은 정의와 상식/공정, 좀 더 일반화해보자면 자유민주주의였지요. 문재인 대통령이 박근혜 대통령에 대한 수사를 보고서 윤 총장을 자신 같은 인민주의자로 오해했다면, 그 만큼 자유민주주의에 대해 무지했기 때문일 것 같아요.

2007-16년 유엔사무총장으로 재직하던 시절에 반기문 총장에 대한 책이 수십 권 출판되었다고 합니다. 더구나 2014-17년에 이른바 '반기문 대망론'이 제기되자 10여권이 추가되었고요. 윤석열 총장에 대한 책도 많이 출판될 것인데, 자유민주주의의 입장에서 경제·외교·안보 등을 거론하는 『윤석열의 생각』 같은 책도 나올지 모르지요.

김종인론

윤석열 총장과 함께 김종인 비대위원장도 주목할 필요가 있습니다. 4·7보선 이튿날 비대위원장에서 퇴임하면서 그는 '정권교체와 민생회복을 위한 최소한의 기반을 만들었다'고 자부하면서 '낡은 이념과 특정한 지역'에서 벗어나 '자기혁신 노력을 계속해야 한다'고 당부했지요. 또 그 직후에는 『조선일보』와의 인터뷰를 통해 박근혜 대통령과 문재인 대통령을 도운 일에 대해서 국민에게 사과한다는 입장을 밝히기도 했고요.

그러나 김종인 위원장이 사퇴하자마자 국민의힘은 정권교체라는 목표는 차치하고서 당권 경쟁에 몰두하기 시작했습니다. 또 지도부가 공백인 상황에서 지역구의원의 70%를 차지하는 영남계 의원이 준동하기 시작했는데, 서병수 의원(부산)은 박근혜 대통령이 '탄핵당할 만큼의 위법'을 저지르지 않았다고 강변했고, 김용판 의원(대구)은 '적폐청산의 행동대장'이던 윤석열 총장에게 사과를 요구했어요.

박원순 시장이 자살하자 김종인 위원장이 '보선 승리가 독이 될 수도 있다'고 경계했다던데, 저 역시 그런 생각이었습니다. 대통령은 못되어도 국회의원이나 시장·도지사만 하면 된다는 영남계 의원의 토호 기질을 걱정하지 않을 수 없었거든요. 그런 토호 기질은 임진왜란까지 소급하는 난치의 '풍토병'이에요.

영남계 의원 중 자유부르주아적 정치인을 찾는 것은 맹자의 말씀처럼 '나무에 올라가서 물고기를 잡으려는'(緣木求魚) 격인 것 같습니다. 수정주의적 소련역사가 쉴라 피츠패트릭은 자유부르주아적 정치인 알렉산드르 구치코프가 1차 세계전쟁 중의 러시아를 비판한 연설에 주목한 바 있지요.

> [니콜라이 2세라는] 미친 운전자가 벼랑길(the edge of a precipice)을 따라 운전하고 있는 자동차에서 겁에 질린 승객들은 그에게서 운전대를 빼앗기 위해 감수해야 할 위험에 대해 논쟁하고 있다.

또 다른 자유부르주아적 정치인 파벨 밀류코프는 연설 중 실정들을 나열하고 나서 매번 '이것은 멍청함인가 아니면 반역인가?'(Is this stupidity or treason?)라고 반문했다는 것이고요.

김종인 비대위원장은 2021년 1월에 동아일보사에서 『대화』를 출판했습니다. 2020년 3월 비대위원장으로 취임하는 것과 동시에 시공사에서 출판한 회고록 『영원한 권력은 없다』의 후속편으로 기획된 것이라는데, 경제정책 위주의 회고록보다 오히려 포괄적이어서 경세가로서 그의 면목이 잘 드러나 있어요.

『대화』에서 김종인 위원장은 조부인 김병로 선생에 대한 추억을 소개하고 있는데, 초대 대법원장인 김 선생은 '사법부의 아버지'라고 불리기도 합니다. 고등문관시험 사법과에 합격했던 부친은 조부의 만류로 판사 임관 대신 변호사 개업을 준비하다가 해방을 한 해 앞두고 요절했다고 하고요. 그러니 당시 5살짜리였던 김 위원장에게 부친에 대한 추억은 있을 수 없겠지요.

김병로 선생과 김성수 선생은 기호사림의 거유이자 영남사림의 태두 이황의 동료인 김인후의 15대손과 13대손이었습니다. 4년 연상인 김병로 선생은 김성수 선생과 거의 같은 시기에 도쿄에서 함께 유학했지요. 김성수 선생은 와세다대학에서 정치학을 전공한 자유주의자였고 김병로 선생은 메이지대학에서 법학을 전공한 진보주의자였어요. 김성수 선생의 한국민주당 창당에 동참했던 김병로 선생은 결국 한민당에서 탈당했고요.

김종인 위원장은 독일에서 보수주의 경제학을 공부했습니다. 그가 말하는 '경제민주화'는 비스마르크의 '국가적 코퍼러티즘'부터 에르하르트의 '사회적 시장경제론'까지 독일 모델론을 지칭하는 것이지요. 헌법 119조 2항을 '김종인 조항'이라고 부르기도 하는데, 균형성장·안정, 적정분배, 독점방지는 자유주의적인 것이므로 그것에 추가된 '경제주체간의 조화를 통한 경제의 민주화', 즉 사회가 아닌 국가를 중심으로 하는 코퍼러티즘이 그 조항의 핵심이지요.

김병로 선생과 김종인 위원장을 보면 조손간에 전도가 있었음을 알 수 있습니다. 김 위원장은 조부의 바람과는 달리 법학이 아니라 경제학을 전공했고 또 조부의 성향과는 달리 진보주의자가 아니라 보수주의자가 되었어요. 그런데 법조인으로서 판검사는 본래 보수주의적이어야 하고 경세가로서 경제학자는 본래 자유주의적이거나 진보주의적이어야 하는 것이지요. 진보주의적 판검사나 보수주의적 경제학자는 '형용모순'이라고 할 수밖에 없어요.

김종인 위원장은 이승만 대통령과 박정희 대통령의 업적을 긍정하고 있습니다. 말하자면 '공칠과삼'(功七過三, 공적이 70% 과오가 30%)이라는 것인데, 낙성대학파처럼 건국(建國)과 부국(富國)이라는 두 대통령의 공적을 인정해야 한다는 입장이에요. 하기야 낙성대학파도 1997-98년 경제위기를 전후로 잠시 사회적 시장경제론에 관심을 가졌었지요. 다만 김 위원장은 이 대통령의 과오가 의원내각제 대신 대통령제를 채택한 것이고, 박 대통령의 과오가 유신과 중화학공업화를 통해 재벌을 육성한 것임을 지적한다는 차이가 있지만요.

팔순이 지난 김종인 위원장이 윤석열 총장을 돕고자 하는 까닭은 무슨 '정치적 야심' 때문은 아닐 것 같습니다. 그 자신의 말처럼, 문재인 대통령을 도운 일에 대해 국민에게 속죄하기 위한 것 같아요. 그리고 문재인 대통령을 도운 것은 박근혜 대통령을 도운 일에 대해 속죄하려던 것 같고요.

결국 박근혜 대통령을 도운 일을 설명해야 하는데, 박정희 대통령에 대한 평가를 논외로 한다면, 명예롭지 못한 정계 은퇴 20년 만에 경제민주화를 통해 경세가로서 자신의 능력을 증명해보고 싶었던 것 같습니다. 2012년 대선 직전에 최초의 저서라고 해야 할 『지금 왜 경제민주화인가』(동화출판사)를 출판했는데, 이 책은 2017년 대선 직전에 『결국 다시 경제민주화다』(박영사)라는 개정판으로 또다시 출판되었지요.

김종인 위원장은 이승만 대통령과 박정희 대통령에 대해 한민당과 민주당 구파가 제시했던 자유주의적 대안은 인정하지 않습니다. 그래서 미국-일본 모델론이나 대만 모델론을 주장하는 대신 독일 모델론을 주장하는 것이지요. 또 김성수 선생과 김병로 선생 사이의 괴리도 작용할지 모르고요. 물론 제가 한민당과 민주당 구파의 자유주의적 대안에 대해 주목하는 데도 윤보선 대통령과의 혈연이 아주 없다고는 할 수 없겠고요.

나아가 민주당 구파의 후예인 김영삼 정부 이래 문민화가 실패했다면서도 신파의 후예인 김대중 정부와 김대중 정부에서 분기한 노무현 정부보다 김영삼 정부에 대해 더욱 비판적입니다. 1997-98년 경제위기를 자초하여 노태우 정부가 '건네준 밑천까지 다 까먹었다'는 것이에요. 1993년에 자신이 수뢰죄로 실형을 선고받은 것이 김영삼 대통령의 정치보복 때문이라는 판단이 작용한 것 같아요. 반면 지연이 있는 김대중 대통령이나 소소한 인연이 있는 노무현 대통령에 대한 비판은 좀 더 관대한 것 같고요.

한국자본주의의 역사에 대한 김 위원장의 설명에서 논란이 될 것은 전두환 정부의 정책실패를 노태우 정부가 만회했다는 평가입니다. 경제학계의 통설과 반대이기 때문인데, 전두환 정부와 달리 노태우 정부의 경제정책은 별로 성과가 없었다는 것이 중론이거든요. 보건사회부 장관을 거쳐 경제수석으로 참여한 노태우 정부에 대한 애정 때문인 것 같고, 미국 모델을 주장한 김재익 수석이나 그 후임자인 사공일 수석과의 경쟁심도 작용한 것 같아요.

어쨌든 김 위원장의 입장도 '민주주의와 시장경제'로 집약할 수 있습니다. 또 민주주의를 위해서 의원내각제 개헌이 필요하고 시장

경제를 위해서 경제민주화가 필요하다는 것이고요. 이 점에서 윤석열 총장과 김종인 위원장의 친화성을 발견할 수 있는데, 시카고학파/오스트리아학파는 사회적 시장경제론자와 함께 모두 몽페를랭 협회에 속하기 때문이지요. 물론 윤 총장이 아직까지 의원내각제에 대한 입장을 밝힌 적은 없지만요.

4·7보선 그 후

5·21한미정상회담

『조선일보』의 보도에 따르면, 4·7보선 직후 미국 상원외교위원회가 '전략적 경쟁법 2021'에 대한 초당적 합의를 발표했습니다. 반면 『한겨레신문』은 보도하지 않았고요. 이 법안에 따르면, 첨단기술과 지역인프라 영역에서 한국의 지위는 일본·오스트레일리아의 지위에 미달하지요. 미국과의 동맹국(조약을 체결한 우호국)이면서도 쿼드에 참여하지 않아서인데, 심지어 쿼드에 참여한 제휴국(조약을 체결하지 않은 우호국)인 인도의 지위에도 미달하는 것 같아요.

『중앙일보』에 따르면, (미국+일본)과 (중국+북한)에 대한 호감도에는 50대 이하에서도 세대별로 큰 차이가 있습니다.

```
20대    66(=53+13) : 16(= 8+ 8)
30대    61(=52+ 9) : 20(=10+10)
40대    44(=39+ 5) : 25(=14+11)
50대    52(=42+10) : 29(=15+14)
```

역시 40대가 인민주의의 보루라는 사실을 알 수 있습니다. 386세대인 50대에 비해서도 미국, 특히 일본의 호감도가 낮거든요. 또 50대에 비해 30대는 미국의 호감도는 높은 대신 일본의 호감도는 비슷하고, 20대는 미국과 일본의 호감도가 모두 높아요. 반면 중국과 북한의 호감도는 50대가 가장 높고 40대, 30대, 20대 순으로 낮지요. 아울러 20대에서만 일본의 호감도가 중국이나 북한의 호감도보다 높다는 사실에도 주목할 필요가 있고요.

이미 설명한 것처럼, 4·7보선에서 국민의힘이 압승한 것은 부동층의 표심 역전에 따른 정권심판론 때문이고 정권교체론 때문은 아닐 것입니다. 국민의힘이 정권심판론을 정권교체론으로 심화하여 대선에서도 승리하려면 시진핑 주석의 '일국양제론'(One country, two systems)을 비판하여 2020년 재선에 성공한 차이잉원 총통을 벤치마킹할 필요가 있겠지요. 달리 말해서 친북-연중-비미-반일 성향인 문재인 정부의 안보전략에 대한 비판을 본격적으로 전개할 필요가 있다는 것이에요.

나아가 미중간 전략적 경쟁에서 부각된 자유민주정-민간자본주의인가 아니면 권위독재정-국가자본주의인가라는 쟁점도 적극적으로 제기할 필요가 있습니다. 문재인 정부의 친북-연중-비미-반일이라는 안보전략은 우연이 아니라고 할 수 있거든요. 물론 자식은 미국으로 유학을 보내고 자신은 일본에서 휴가를 즐기는 분열증적 행동을 보여주기도 했지만요. 하기야 러시아혁명 당시 '나는 러시아의 애국자다.(…)그러나 그곳에서 살고 싶지는 않다'는 동조자(fellow traveler) 링컨 스테펀즈의 고백도 있기는 했었어요.

그런 상황에서 드디어 5·21한미정상회담이 개최되었습니다. 정상회담의 성과로 문재인 대통령은 2018년 4월의 '판문점 선언'과 6월의 '싱가포르 공동성명'에 대한 존중을 들 수 있겠고, 바이든 대통령은 대만해협 및 남중국해에서 평화와 안정의 중요성에 대한 확인을 들 수 있겠지요. 반면 문 대통령은 대북제재 완화 대신에 북한인권 문제가 추가되면서 2019년 2월 하노이 노딜 이전 상황으로의 복귀가 불발한 것이 불만이겠고, 바이든 대통령은 한국이 쿼드의 중요성을 확인하면서도 여전히 불참 의지를 고수한 것이 불만이겠고요.

대신 4대 재벌이 반도체·전기차 등과 관련하여 400억달러의 대미투자를 약속하면서 '안미경중'(안보는 미국, 경제는 중국)이라는 문재인 정부의 정책기조에서 이탈하여 '경제안보가 곧 국가안보'라는 바이든 정부의 정책기조에 화답했습니다. 1997-98년 경제위기 이후 중국에 대한 경제종속을 심화해온 재벌로서는 과감한 선택이었지요. 물론 미국에 대한 경제종속이 완화되어온 것은 아닌데, 노무현 정부가 한미자유무역협상을 타결했기 때문이에요.

막대한 대미투자에도 불구하고 백신 스왑이 불발된 데 대한 논란이 국내에서 제기되기도 했습니다. 그러나 이미 정상회담 이전부터 바이든 정부는 쿼드 참여가 백신 협력의 조건이라는 사실을 분명히 했었어요. 스가 총리가 화이자 백신 5천만명분을 추가로 확보할 수 있었던 반면 문재인 대통령은 한국군 55만명분(실제로는 예비군과 군속 등까지 포함한 101만명분) 얀센 백신만 확보할 수 있었던 것은 이렇게 이해해야 할 문제이지요.

코로나19와 관련된 문재인 정부의 최대의 실책이 백신과 관련된다는 사실의 방증으로 대만 문제에 주목할 수 있을 것입니다. 한국보다도 백신 접종률이 낮은 대만에서 5월 중순부터 누적확진자와 사망자가 급증했거든요. 물론 한국보다 사정이 양호하여 6월 초에도 1/10 수준에 불과했지만요. 미국 정부와 일본 정부가 대만 정부에게 백신을 기증했다는 사실은 백신 문제를 안보의 관점에서 접근하는 또 다른 증거라고 할 수도 있고요. 『조선일보』와 달리 『한겨레신문』이 대만 문제에 대해 보도하지 않는 것은 우연이 아니에요.

결국 이번 한미정상회담이 문재인 정부의 친북–연중–비미–반일 정책의 변화를 시사하는 것은 아니라고 할 수 있습니다. 예를 들어 『한겨레신문』의 특별대담에서 문정인 교수 등이 '한미동맹과 한중 파트너십[제휴] 병행'을 견지함으로써 '역대 한미정상회담 중에서 가장 성공적이었다'고 상찬한 것은 이런 의미였지요. 쉽게 말해서 바이든 대통령의 공세에 대해 문재인 대통령이 선방했다는 것이에요.

중국이 '넘지 말아야 할 선을 지켰다'면서 '불장난은 하지 말라'고 촉구했던 것도 역시 같은 맥락으로 해석할 수 있을 것입니다. 물론 북한만은 막무가내로 억지를 부렸는데, 바이든 대통령의 대북정책을

'한갓 권모술수'라고 폄훼하면서 문재인 대통령에 대해서는 '비루한 꼴이 실로 역겹다'고 욕설을 퍼부었어요. 친북-연중-비미-반일 정책의 변화를 위해서는 역시 정권교체가 필수적이라고 할밖에요.

이른바 '이준석 현상'

그 와중에 국민의힘 당대표 경선이 치러졌고, 중진 의원들에 대한 반발로 이른바 '이준석 현상'이 발생했습니다. 1985년생 0선의 이 최고위원이 원내대표를 역임한 1960년생 5선의 주호영 의원과 1963년생 4선의 나경원 의원을 물리치고서 국가의전서열 8위(총리급)인 제1야당 대표로 당선된 것이지요. 4·7보선에서 오세훈 후보 캠프의 뉴미디어본부장으로 20-30대 부동표를 흡수하는 데 기여한 덕분인 것 같아요. 박근혜 대통령 탄핵에서 이 위원이 추종한 유승민 의원의 후원도 있었고요.

이준석 위원이 당선될 수 있었던 것은 일차적으로 나경원 의원과 주호영 의원의 후보단일화가 성사되지 못했기 때문입니다. 게다가 나 의원을 지지한 수도권 당원과 달리 영남권 당원은 주 의원 대신 이 위원을 지지한 것 같은데, 경선과정에서 이 위원 부친이 유승민 의원과 경북고 동기동창이라는 사실이 밝혀졌고, 나아가 이 위원의 조부가 대구에서 세무공무원 노릇을 한 사실도 밝혀졌던 탓이 컸던 것 같아요.

그러나 이준석 대표가 과연 내년 3·9대선에서 정권교체를 실현할 만한 역량을 갖추었는지에 대해서는 의문의 여지가 많을 수밖에 없습니다. 서울과학고를 졸업하자마자 하버드대학에서 유학한 까닭에 사회화에 문제가 있었던 것 같고, 게다가 정치인으로서 적절치 못한 오만방자한 언행도 문제가 될 수밖에 없기 때문이지요. 자칫하면 '길 닦아 놓으니 원님보다 개가 먼저 지나간다'는 격이 될지도 모르겠다는 걱정이 들었어요.

이준석 대표가 말하는 '공정한 경쟁'에 문제가 있다는 사실도 지적해두겠습니다. 그는 자신이 미국 유학에서 배운 '자유의 가치'로서 '정글의 법칙, 약육강식의 원리'를 강조하곤 했는데, 윤석열 총장이 생각하는 페어플레이와는 전혀 다른 것이지요. 게다가 하버드대학에서 경제학을 복수전공했다는 것도 의심스러운 대목인데, 이 대표가 말하는 공정한 경쟁은 하버드대학 경제학과 스타 교수인 맨큐의 신자유주의 경제학보다는 오히려 19세기 말 영국 사회학자 스펜서의 사회진화론과 친화성이 있기 때문이에요.

그가 말하는 정치인의 능력이라는 것도 그저 황당할 따름입니다. 정치이념이나 경제·외교·안보에 대한 식견보다는 오히려 컴퓨터나 스마트폰을 활용하는 기술적 능력이라는 의미 같거든요. 기술만능주의를 맹신하는 컴퓨터 프로그래머인 이 대표가 볼 때는 스마트폰은커녕 핸드폰도 사용한 적이 없는 저 같은 사람은 '1도 배울 게 없는 꼰대'의 표본이겠지요.

그나마 다행스런 것은 이준석 현상이 계기가 되어 윤석열 총장의 정계 입문이 본격화되었다는 것입니다. 정진석 의원(공주), 권성동 의원(강릉) 등과 연쇄 회동하면서 정권교체 의지를 천명했지요. 또 국민의힘 입당을 시사했다는 설도 있는데, 만약 사실이면, 국민의힘 당원들에게 세대교체가 아니라 정권교체가 당면목표임을 망각하지 말라고 당부했던 셈이에요. 이준석 대표가 당선된 것을 보면 결국 '쇠귀에 경 읽기' 격이었지만요.

윤석열 총장이 연세대학교 국제학대학원의 모종린 교수를 만난 사실도 지적해두겠습니다. 와인개스트와의 공동 작업으로 유명한 모 교수는 『골목길 자본론』(다산3.0, 2017) 등에서 소득주도성장론과 K방역의 최대의 피해자인 자영업자와 소상공인을 지원할 수 있는 '골목길 경제학'을 제창한 바 있지요.

윤석열 총장은 국민의힘 당대표 선거 직전인 6월 초에 우당 이회영 기념관 개관식에 참석했습니다. 검찰총장에서 사퇴하고 3개월 만의 공개일정이었는데, 특히 우당 형제분을 빗대어 '곤혹한 망국(亡國, 나라가 쇠망의 위기에 처함)의 상황에서 노블레스 오블리주(Noblesse oblige, 엘리트의 책임)'를 거론했지요. 내년 3·9대선을 정권교체를 넘어 구망(救亡, 쇠망의 위기에 처한 나라를 구함)의 관점에서 바라본다는 취지였던 것 같아요.

이준석 대표는 취임하자마자 윤석열 총장에 대한 공세를 이어갔습니다. 이해찬 대표를 비롯한 여권 인사들이 애용하던 '발광체'가 아닌 '반사체', 쉽게 말해서 해가 아닌 달이라는 비유를 원용하여 윤 총장을 폄훼하면서 그 대신 경남 진해의 해군 집안 출신인 최재형 감사원장을 야권 대선후보로 영입할 수 있음을 시사한 셈이었지요. 나아가 우당 기념관 개관식에 참석한 것을 '아마추어 같은 티가 났던 기획'으로 비하하기도 했는데, 도대체 무슨 말을 하고 싶은 것인지 알다가도 모르겠어요.

이준석 대표의 공세에 대해 윤석열 총장은 즉각 '여야의 협공에는 일절 대응하지 않겠다'고 선언했습니다. 하기야 가족이나 학교에서 노블레스 오블리주나 구망에 대해 배운 적이 없을 이 대표에게 윤 총장이 무슨 할 말이 있겠어요. 또 학교를 졸업하고 사회에 나와서는 강용석 변호사와 이철희 의원을 따라다니며 종편에서 정치평론을 배운 이 대표에게 윤 총장이 무슨 할 말이 있겠어요.

이준석 대표의 언행을 보고 또다시 『사기』의 한신 장군 고사에서 나온 '척구폐요'(跖狗吠堯, 도척이 기른 개가 요임금을 보고 짖는다, 즉 악당의 졸개가 의인을 공격한다)라는 사자성어가 생각났습니다. 유승민 의원이 후원한 이준석 대표로 인해 정권교체에 실패할 것 같다는 생각이 들었기 때문인데, 사실 유 의원을 발탁한 사람이 바로 이회창 대표였지요. 민주자유당에서 민정계가 민주계를 견제하기 위해 이회창 대표를 영입하면서 문민화가 실패했다는 설명에 대해서는 『후기』를 참고하세요.

이준석 대표의 당선과 당선 직후의 언행을 보면서 국민의힘, 특히 영남권 의원과 당원은 정권교체를 바라지 않는다는 생각까지 들었습니다. 윤석열 총장이 당선되어 당의 중심이 기호권으로 이동하면 영남권의 기득권이 훼손될 수도 있다는 걱정이 앞서는 것 같아요.

선진7개국 정상회의 옵저버로 초청받은 문재인 대통령이 출국 직전 아마도 희색이 만면하여 '아주 큰 일을 하셨다. 우리 정치사에 길이 남을 일이다'라고 이 대표를 극찬한 것은 우연이 아니에요.

윤석열 총장에 대한 정치공작의 재개

윤석열 총장에 대한 여야 협공은 장성철 평론가가 이른바 '윤석열 X파일'을 공론화하는 지경에까지 이르렀습니다. 장 평론가는 25년 전 김영삼 대통령이 민자당을 개편한 신한국당의 당직자로 정계에 입문한 386세대 정치인이에요. 이부영 의원과 김무성 의원의 보좌관을 역임했던 그는 4·7보선에서는 비전전략실 위원으로 활동했지요. 그런 그가 X파일에 실체가 있다고 주장한 것이에요.

김무성 의원이 장성철 평론가와의 관련을 전면 부정하는 가운데 이준석 대표는 X파일 논란에 대해서 '아직 경거망동하기 어렵다'는 묘한 반응을 보였습니다. 윤 총장을 구할 수 있는 '금낭(비단주머니)묘계'(錦囊妙計)가 있기는 한데, 그러나 윤 총장이 먼저 입당 조건을 수락해야 한다는 것 같아요. 조건이 무엇인지 알 수는 없으나 아마 20-30대나 영남인의 이익을 보장하라는 것이겠지요.

국민의힘 상임고문단과의 간담회에서 이준석 대표에 대한 비판이 제기되었다는 사실도 지적해두겠습니다. 이른바 '신민주계'(민정계 출신의 민주계)로 분류되기도 한 김종하 의원이 윤석열 총장에 대한 '삼고초려'(三顧草廬)의 필요성을 제기하고, 나아가 윤 총장에 대한 공세는 '자멸'이라면서 '자만과 경거망동'에 대해 경고했던 것이지요. 『한겨레신문』은 자세하게 보도한 반면 『조선일보』는 간략하게 보도했고 『중앙일보』는 전혀 보도하지 않았는데, 『조선일보』는 윤 총장과 이 대표에 대해 중립적인 반면 『중앙일보』는 윤 총장이 아니라 이 대표에게 친화적인 것 같아요.

이준석 대표는 『삼국지연의』의 애독자라고 하는데, 이과생답게 오독한 것 같습니다. 류짜이푸의 지적처럼, 간지와 모략만 배운 것 같거든요. 그가 아는 제갈량은 유비의 삼고초려에 대한 보답으로 그 아들 유선에게도 충성했던 '출사표의 제갈량'이 아닌 미리 앞을 내다보는 '금낭묘계의 제갈량'인데, 노신의 『중국소설사략』에 따르면, 이런 제갈량은 '지모가 많아 요괴에 가깝다'고 할 수 있지요. 또 이 대표가 말한 공정한 경쟁도 간웅(奸雄) 조조가 말한 '유재시거'(唯才是擧, 오로지 재능만 있으면 기용한다)와 대동소이한 것 같고요.

윤석열 X파일이 주로 장모와 부인 등 처가의 의혹과 관련된 출처 불명의 마타도어를 집성한 괴문서인 반면 검찰과 법원 등 사법부가 총동원된 일련의 수사와 재판도 진행되었습니다. 최강욱 대표 등의 고발과 추미애 장관의 수사지휘로 시작된 일련의 사건인데, 박범계 장관은 여전히 추 장관의 수사지휘를 고수하여 김오수 검찰총장을 '배제'하고 있어요. 또 송영길 대표는 윤석열 총장도 '경제공동체'의 일원으로서 연대책임을 져야 한다고 강변했고요. 마치 최순실 씨의 비리에 대해 박근혜 대통령이 연대책임을 졌던 것처럼요.

굳이 미국이나 프랑스의 관행을 언급하지 않더라도 대선을 앞둔 상황에서는 대권 주자에 대한 일체의 수사와 재판을 허용하지 않는 것이 공정과 상식에 부합하는 일일 것입니다. 그런 수사와 재판이 야당에 대한 여당의 정치공작에서 비롯된 것일 가능성이 농후하기 때문이지요. 윤석열 총장 일가에 대한 수사와 재판은 문재인 정부에 와서 정치문화가 소멸했다는 방증이기도 하고요.

윤석열 X파일과 윤석열 일가에 대한 수사와 재판을 둘러싼 논란이 제기되는 와중에 최재형 감사원장이 결국 임기 만료 6개월 전의 중도사퇴를 선언했습니다. 아직까지 대권 도전과 국민의힘 입당을 표명한 것은 아니었는데, 그러나 대통령 임기 2년 안에 의원내각제 내지 이원정부제 개헌을 추진하는 공약을 제시할 것이라는 관측이 제기되기도 했지요. 김무성 의원과 함께 민주계로 분류되는 정의화 의원이 최 원장의 영입을 추진했기 때문이라는 설이 있어요.

그런데 문재인 정부에 대한 비판에서 최재형 원장을 윤석열 총장과 비교하는 것이 어불성설이라는 사실은 아주 자명합니다. 문재인 정부 3년차 정책인 검찰개혁에 대한 비판에서 출발한 윤 총장은 1-2년차 정책인 소득주도성장과 북한비핵화, 좀 더 일반적으로 말해서 경제정책과 외교·안보정책으로 소급하여 자신의 비판을 심화하고 있는 중이지요.

반면 탈원전은 소득주도성장 등과 비견될 만한 실정은 아니었고, 최재형 원장은 탈원전 정책이 아니라 탈원전을 강행하기 위한 원전 경제성 평가 조작을 감사한 것이었으며, 나아가 윤석열 총장이 감사 결과를 수사하는 과정에서 오히려 직접적 피해를 입었던 것입니다. 그래서 최 원장이 대권 도전을 위한 명분으로 뜬금없이 개헌이라는 새로운 쟁점을 제기하려는 것 같은데, 의원내각제 내지 이원정부제도 제왕적 대통령제에 대한 비판일 수 있어도 문제인 정부에 대한 비판일 수는 없어요.

마지막으로 문재인 정부의 정치공작에서 윤석열 총장의 부인이 '쥴리'라는 별명의 성매매여성이었다는 야만적 무고는 그런 '성적 폭력'(violence against women) 내지 '성적 괴롭힘'(sexual harassment)에 침묵한 여성운동권의 '의문의 1패'라는 사실도 지적해두겠습니다. 일본군위안부와 미군·국군·국민위안부, 안희정 지사의 성폭력피해자와 박원순 시장의 성폭력피해호소인을 구별하는 것에 그치지 않고, 이번에는 국민위안부보다 못한 쥴리는 아예 성폭력피해호소인 자격조차 없다는 셈이거든요.

『역사적 마르크스주의』에서 강조한 것처럼, 페미니즘의 시금석은 결혼의 뒷면인 성매매에 대한 인식인데, 여성주의를 페미니즘으로 혼동하는 여성운동권으로서는 이런 입장을 선택할 수 없을 것입니다. 그렇다면『조선일보』김윤덕 부장이 칼럼에서 전한 것처럼, '쥴리면 워떻고 캔디면 또 워뗘서?(…)대통령 마누라는 뭐 성녀(聖女)로만 뽑는답디까?'라는 어떤 노파의 항변은 어떨까요. 사이비 기자였던 김의겸 의원이 주장한 것처럼, '그럼 아내를 버리란 말입니까?'라는 노무현 대통령의 항변과 구별해야 할까요. 윤 총장의 아내 사랑은 노 대통령의 아내 사랑과 품격이 다르다는 듯이 말이에요.

윤석열 총장의 대권 도전 선언

이런 상황에서 윤석열 총장이 대권 도전을 선언하게 되었습니다. 그가 선택한 날은 6월 29일이었는데, 현행 헌법에 의해 6공화국이 출범하게 된 계기라고 할 수 있는 6·29선언 기념일이었지요. '검찰에서의 제 역할은 [여기]까지입니다'라고 하면서 총장직을 사임한 지 4개월 만이었고요.

윤석열 총장이 선택한 장소는 매헌 윤봉길 기념관이었는데, 윤 의사와는 충남 출신 파평 윤씨 종친이라는 연고가 있습니다. 동시에 23세의 청년 윤 의사가 모친에게 보낸 편지가 새삼 주목될 수 있었는데, 광주항쟁 전후까지 노동자운동과 학생운동을 지도한 바 있던 이태복 선배가 발굴한 편지로 '부모에 대한 사랑보다 더 한층 강의(剛毅, 굳셈)한 사랑'인 '나라와 겨레에 바치는 뜨거운 사랑'이라는 구절이 특히 심금을 울렸지요. 또 윤 의사가 『백범일지』에서 비롯된 '행동대원 프레임'에서 벗어나 노블레스 오블리주를 실천한 사대부의 후예로 부활하는 계기가 되었고요.

윤석열 총장은 보름 동안 퇴고를 거듭한 3000여자의 선언문과 50여분 동안 기자들과의 질의·응답을 통해서 자신의 정치이념 내지 정책기조를 공표했습니다. 그는 소득주도성장을 비롯한 문재인 정부 4년의 실정을 총체적으로 비판하는 동시에 '부패하고 무능한 세력'의 '이권카르텔'과 '국민약탈', '기만과 거짓선동'으로 규정했지요. 또 자유민주주의와 국민을 지키려면 '법치/정의'와 '공정/상식'이 필수불가결하다고 강조했고요.

윤석열 총장은 문재인 정부가 견지해온 안미경중도 비판했습니다. '외교·안보와 경제가 분리될 수 없는 하나가 되었다'는 것인데, 트럼프 정부가 바이든 정부로 교체된 이상 경제·외교·안보정책에서 친미인가 친중인가 양자택일이 불가피하기 때문이에요. 또한 위안부·징용노동자 문제와 경제·외교·안보 문제를 '교환'(grand bargain)하여 전자를 양보하는 대신 후자를 보장받자고 제안하기도 했습니다. 한미관계까지 악화시킬 요량이 아니면, 한일관계를 개선해야 하기 때문이에요.

　나아가 성장과 복지의 관계에 대해서는 '지속가능성'의 관점에서 양자를 결합해야만 한다고 주장했습니다. 이준석 대표와는 달리 '연대와 책임'을 무시하는 '승자독식'에는 반대한다고 할 수 있는데, 아마도 아제몰루(애쓰모글루)가 주장하는 '포용적(inclusive) 자본주의'를 염두에 두고 있는 것 같아요. [실제로 9월 말 '대선 주자들의 내 인생의 책'에 대한 『조선일보』의 조사에서 윤석열 총장은 『국가는 왜 실패하는가』(2012; 국역: 시공사, 2012)를 꼽았다.]

　이 날 국민의힘 비례대표 1번이자 윤봉길 의사의 손녀인 윤주경 의원을 비롯해서 정진석·권성동·태영호 의원 등 24명이 참석했는데, 윤석열 총장은 그들에게 '망가진 나라를 함께 바로 세우자'고 화답했습니다. 지도부의 만류로 불참한 의원도 있다고 하므로, 상당수의 국민의힘 의원이 윤석열 총장과 친화적이라고 할 수 있지요. 이준석 대표는 불참했는데, 그 직전에 '차도살인'(借刀殺人, 남을 이용하여 사람을 해친다), 쉽게 말해서 청부살인 격으로 입당을 허용한 '윤석열 저격수' 홍준표 의원(대구)의 행사에 참석해야 한다는 것이 그의 핑계라면 핑계였어요.

　친이명박계 의원뿐만 아니라 친박근혜계 의원 일부조차 윤석열 총장을 지원하고 있는 중이라는 설도 있었습니다. 그렇다면 박근혜 대통령 탄핵에 찬성한 유승민 의원 등이 이준석 대표라는 천둥벌거숭이를 앞세워서 윤 총장을 반대한 셈인데, 정치판이 아무리 개판(狗咬狗, dog eat dog)이라고 해도 그 속내를 알 수가 없어요. 그러나 한두 가지 어림짐작을 해볼 수 없는 것도 아니겠지요.

　먼저 윤석열 총장은 국민의힘 입당보다는 오히려 자유민주주의를 공약수로 한 반(反)민주당 '국민전선' 형성이 중요하다는 것이 지론이었습니다. 국민의힘 지지자뿐만 아니라 민주당에서 이탈한 진보층과 호남인 중에서도 지지자를 규합해야만 한다는 것이었지요. 그런 국민전선을 형성하지 못한 채 국민의힘에 입당한다면, 정권교체에 성공하더라도 단순히 집권당이 민주당에서 국민의힘으로 교체되고 지역기반이 호남에서 영남으로 교체되는 보수정권의 창출에 그칠 따름이거든요.

윤석열 총장은 물론 생각치도 않겠지만, 그의 지지표 중에는 제한 표도 있을 것입니다. 언젠가도 고백한 것처럼, 단 한 번 선거정치에 참여한 적이 있는데, 1987년 대선에서 김대중 후보를 지지했던 것이지요. 그 후 김대중-노무현-문재인 정부로 이어지는 인민주의의 광풍에 휩쓸리지는 않았지만, 그러나 언젠가는 김대중 대통령을 지지한 데 대해 마르크스주의자로서 역사 앞에 사죄해야 한다고 생각해왔거든요.

반면 이준석 대표의 구상은 윤석열 총장과는 전혀 다른 것 같습니다. 먼저 정권교체보다는 오히려 세대교체를 강조하면서 20-30대 부동표의 흡수에 치중하는 것 같아요. 또 영남에서도 호남에서처럼 정치이념보다는 경제이익을 중시하는 이른바 '전략적 투표' 현상이 확산되고 있다는 사실에 주목하여 그런 부동표의 흡수에 주목하는 것 같고요. 물론 저로서는 이 대표가 염두에 두고 있을 유승민 의원이나 최재형 원장을 지지할 생각은 전혀 없어요.

윤석열 총장의 총장직 사임과 마찬가지로 대권 도전에 대해서도 제대로 분석하고 평가한 주요 일간지는 없는 것 같습니다. 『한겨레신문』은 '국정비전은 빈약'한 채 '표현은 듣기만 해도 섬뜩하다'고 폄훼하며 오히려 X파일에 대해 상세하게 보도했지요. 또 사설에서 '증오의 정치'를 부추길 따름이라고 규정했고요. 반면 『조선일보』는 역시 윤석열 총장과 이준석 대표 사이에서 중립을 고수하는 기사와 사설을 게재했어요.

그런데 『중앙일보』는 이준석 대표에 대한 지지를 분명히 하면서 「아이젠하워를 꿈꾸는가」라는 칼럼을 통해 윤석열 총장을 우회적으로 비판했습니다. 자회사인 JTBC를 통해서 박근혜 대통령 탄핵과 문재인 대통령 당선에 적극 협력한 전력에다 홍석현 회장이 최재형 원장의 경기고 선배라는 사실이 작용한 것이 아닌가 하는 생각까지

드는 대목이지요.

중앙일보의 칼럼은 윤석열 총장이 총장직을 사임한 직후에 『주간조선』의 칼럼에서 신지호 평론가가 제안한 바 있는 '아이젠하워 모델', 즉 미국판 삼고초려 모델을 비판한 것입니다. 위키피디아에 따르면, 아이젠하워의 대선 출마를 독려하기 위한 '영입운동'(draft campaign)이 전개되면서 '나와라 아이젠하워'(Draft Eisenhower)라는 구호가 채택되었다고 하지요. 이준석 대표가 당선되면서 아이젠하워 모델 내지 삼고초려 모델은 폐기된 것 같은데, 물론 최재형 원장에 대해 그렇다는 것은 아니고요.

윤석열 총장의 측근에서도 '마크롱 모델'을 고려하는 것 같습니다. 6월에 윤 총장에 대한 책이 두 권 더 출간되었는데, 연세대 경영학 박사 출신의 칼럼니스트인 천준 씨의 『별의 순간은 오는가』(서울문화사, 2021)의 결론이 그렇거든요. 윤석열 총장을 지지하는 전문가 포럼 '공정과 상식' 상임대표인 정용상 교수가 추천사를 쓴 이 책은 거의 30년에 걸친 윤 총장의 검사생활을 지인·친척의 취재를 통해 다양하고 충실하게 정리한 것으로 『구수한 윤석열』을 보완했다고 할 수 있겠지요.

또 한 권은 김창영 씨의 『윤석열을 부르는 대한민국』(따뜻한손, 2021)인데, 그는 『한국일보』와 그 자매지인 『코리아 타임스』의 기자 출신인 정치인입니다. 그런데 이 책은 DJP연합이 본래 자신의 구상이었다고 주장하는 노(老)정객이 자신의 정치평론을 위주로 하면서 윤석열 총장에 대해 논평을 한 것으로 내용은 별로 없어요. 물론 『윤석열의 진심』보다는 낫다고 할 수 있지만요.

대만이라는 벤치마크

윤석열 총장의 정치이념 내지 정책기조는 분명 시의적절한 것이었습니다. 7월 1일의 건당(建黨, 중국공산당 창건) 100주년 기념사에서 시진핑 주석이 '외세가 업신여긴다면, 머리가 깨져 피를 흘릴 것이다'

(外勢欺負, 頭破血流)라는 협박성 경고를 했거든요. 바이든 대통령에 맞서 자유민주정-민간자본주의에 대한 권위독재정-국가자본주의의 도전을 공언한 셈이었지요.

그런데 중국이 업신여김을 받았다고 해도 자업자득이라고 할 수밖에 없습니다. 『논어』에서 공자는 '삼가면 업신여김을 받지 않는다'(恭則不侮)라고 했는데, 『후기』에서 설명한 것처럼, 시진핑 주석은 등소평의 '도광양회'(韜光養晦, 힘을 기르면서 드러내지 않는다)를 폐기하고 중국몽, 특히 그 핵심으로 강군몽을 주창했어요.

김정은 위원장이 시진핑 주석에게 보낸 기념축전에서 북중동맹을 강조하면서 제국주의의 '단말마적 발악'에 함께 맞서자고 호응한 사실도 지적해두겠습니다. 제국주의를 '사멸하는 자본주의'(moribund capitalism)로 규정한 레닌을 흉내낸 것인데, 단말마란 임종의 고통을 의미하지요. 계급투쟁을 '머리를 때린다'(hit one on the head)고 비유한 레닌을 흉내낸 시진핑 주석을 따라서요.

『중앙일보』의 보도에 따르면, 하노이 노딜 이후 문재인 대통령에 대한 김정은 위원장의 분노에는 일리가 있는 것 같습니다. 외무성의 반대에도 불구하고 노동당 통일전선부가 문재인 대통령의 '중재자' 역할을 신뢰할 수 있다고 주장하여 김 위원장이 하노이 회담을 강행했다고 하거든요. 그런데 하노이 노딜 이후에 문 대통령은 '중개자'처럼 한 발을 뺐다는 것이에요. 하기야 문정인 교수조차도 중재자와 중개자를 혼동했던 것 같지만요.

말하자면 김정은 위원장은 문재인 대통령에게 반일에 버금가는 반미를 기대한 것 같습니다. 반면 마르크스주의도 주체사상도 공부한 적이 없는 문 대통령에게 혁명이란 '촛불혁명'처럼 서양의 카니발 같은 난장(亂場)이에요. 군대에도 갔다온 적이 없는 밀덕(밀리터리덕후(おたく))인 이준석 대표에게 전쟁이나 '배틀'이 컴퓨터 게임인 것처럼요. 그래서 문 대통령과 이 대표는 '머리가 깨져 피를 흘리는' 혁명이나 전쟁·전투에 대해서는 잘 모르는 것 같아요.

아까 국민의힘이 정권교체에 성공하려면 시진핑 주석의 일국양제론을 비판한 대만의 차이잉원 총통을 벤치마킹하여 문재인 정부의 안보전략을 비판할 필요가 있다는 사실을 지적했습니다. 그러나 문제가 대외적 측면에 국한되는 것은 아닌데, 역시 7월 1일에 발표된 시론 Syaru Shirley Lin, "It Is Not Just China" (*China Leadership Monitor*, Summer 2021)를 참고하면서 대만에 대한 설명을 보충해 두겠어요.

린은 대만의 '실존적 위기'(existential threat)로 중국의 존재뿐만 아니라 대만 국내의 구조적 위기도 강조하고 있습니다. 구조적 위기의 사회경제적 측면은 저출산·고령화, 에너지과잉소비 등과 관련된 것이고, 그 정치적 측면은 정치적 양극화, 고립주의(parochialism) 등과 관련된 것이지요.

대만과 남한의 실존적 위기의 유사성은 자명한 것입니다. 중국의 존재와 북한의 존재가 유사하고, 저출산·고령화, 에너지과잉소비, 정치적 양극화가 유사하거든요. 그 중에서도 정치적 양극화란 문민화 이후 선거정치의 오작동으로 인한 컨센서스의 결여를 의미하는데, 대만보다 한국이 훨씬 더 심각하지요. '대만판 민족해방파' 같은 것은 존재하지 않기 때문이에요.

물론 차이도 있습니다. 대만에서 고립주의는 수동적 측면에서는 '하나의 중국'에 따른 외교적 배제의 귀결이면서 능동적 측면에서는 문민화 이후에 추진된 '본토화'(localization)의 귀결이지요. 그런데 고립주의가 중국의 존재와 상호 작용함으로써 대만의 실존적 위기를 더욱 심화시킨다고 할 수 있어요.

홍콩의 사례를 반면교사로 삼아 차이잉원 총통이 추구하는 안보전략의 핵심은 미-일과의 관계를 개선하여 고립주의를 국제주의로 대체하는 것입니다. 일차적 과제는 미국과 자유무역협정을 체결하고, 나아가 그 동맹국들과도 자유무역협정을 체결하는 것이지요. 반면 문재인 대통령은 친북-연중과 반일-비미를 추구해온 것이고요.

린이 바이든 정부에 제안하는 정책에서 백신 공급이 시발이라는 사실에 주목할 수 있습니다. 대만에서는 5월 중순부터 6월 중순까지 누적확진자와 사망자가 급증하여 7월 초에는 각각 15,000명과 700명을 돌파했고, 한국에서는 4차 유행이 시작되기 직전인 6월 중순에 누적확진자 15만명, 사망자 2000명이었지요. 한국과 비교할 때 대만에서 누적확진자는 여전히 1/10인 반면 사망자는 1/3로 급증한 데 주목할 수 있는데, 대만에 비해 한국의 보건의료체계가 그 만큼 더 우수하기 때문이겠지요.

어쨌든 린은 백신 공급과 아울러 미국이 세계보건기구(WHO)의 최고의결기관인 세계보건총회(WHA)에 대만이 옵저버로서 참여할 수 있도록 지원해야 한다고 주장합니다. 나아가 자유무역협정 체결, 범태평양파트너십 가입, 인도-태평양전략 참여를 통해 국제적 지위를 복원할 수 있도록 지원해야 한다는 것이고요.

7월부터 코로나19의 4차 유행이 시작되었는데, 델타(인도형) 변이 바이러스가 확산되는 중에 백신이 부족하여 접종률이 낮았기 때문이라는 사실을 지적해두겠습니다. 활동적인 20-50대의 1차 접종률이 10%대(30대만 21%)였거든요. 신규확진자가 800명에 도달한 4월 말을 4차 유행의 정점으로 규정하지 않았던 이유는 분명치 않은데, 그러나 여러 가지로 한국과 유사한 일본은 올림픽을 두 달쯤 앞둔 5월 중순을 4차 유행의 정점으로 규정한 바 있어요.

4차 유행이 진행 중인 8월 초에 한국의 백신접종완료율은 15%로 경제협력개발기구 38개국 중 꼴찌였습니다. 5월에 가입한 코스타리카조차 16.7%였거든요. 게다가 세계평균치인 15.3%에도 미달했고요. 그러나 문재인 대통령은 선진국 제약사에 '휘둘리지 않게' 2022년에는 K백신을 상용화하고 2025년에는 백신생산 세계 5위를 달성하겠다는 뜬금없는 발언만 계속하고 있지요. [4차 유행이 세 달째 지속된 9월 말에 K방역의 피로감이 임계점에 이르면서 K방역을 단계적으로 해제하는 이른바 '위드 코로나'가 공론화되기 시작했다.]

8월 15일 탈레반의 카불 입성은 린의 주장에 대한 방증이라고 할 수 있을 것입니다. 『2010-12년 정세분석』에서 지적했듯이, 2011년에 오바마 정부는 '태평양으로의 선회'(pivot toward/to the Pacific)를 선언하면서 2011년에는 이라크 철군을 완료하는 동시에 2014년에는 아프가니스탄 철군도 완료하겠다고 약속한 바 있지요.

그런데 2011년 이른바 '아랍의 봄'과 함께 부활한 이슬람근본주의의 도전에 대한 두 나라의 대응에는 차이가 있었습니다. 이라크는 시리아 내전을 기화로 득세한 이슬람국가(IS)를 패퇴시킨 반면 아프간은 결국 탈레반에게 굴복했기 때문이지요. 아프간의 탈레반정부도 미얀마의 군사정부처럼 친중이자 반미이므로, 대만과 한국도 아프간과 비슷한 처지인가라는 질문이 제기될 수밖에 없어요.

오바마 대통령에 이어 바이든 대통령에 와서도 미국은 더 이상 '세계경찰'(world's police)을 자임하지 않습니다. 그렇다고 트럼프 대통령처럼 미국우선주의를 주장하는 것은 물론 아니고요. 그래서 '동지적 국가들과의 연합'(coalition of like-minded nations)이라는 구호 아래 동맹·제휴관계의 개편을 추진하고, 그 토대로서 쿼드와 민주주의동맹을 설정하는 것이에요. 차이잉원 총통과 달리 문재인 대통령은 바이든 대통령의 구상에 대해서 거리를 두는 것 같은데, 5·21한미정상회담이 그 증거이겠지요.

이른바 '이준석 리스크'

이준석 대표가 20-30대를 대변한답시고 여성가족부·통일부 폐지, 5차재난지원금 전국민지급 등을 주장하자 한 달 만에 이준석 현상이 '이준석 리스크'로 반전되었습니다. 대선 국면에서 당대표의 역할을 망각하거나 아니면 이번 대선을 차기 대권 도전을 준비하기 위한 발판으로 삼으려는 계산인 것 같아요.

동시에 최재형 원장의 정치행보도 빨라졌습니다. 특히 부친 장례식의 다음날 상황실장으로 발탁된 김영우 의원은 최 원장이 '플랜 B가 아니라 A였어야 된다'고 주장했지요. '최재형 대세론'을 주장하면서 조기 입당을 주선하려던 것 같아요. 그러나 아무리 군인 집안에다가 개신교도라고 해도 삼우제를 지내고 3일 만에 그것도 대권 도전을 위한 그럴 듯한 명분도 없이 입당을 감행한 것은 결국 '이준석 일병 구하기' 때문이라는 생각이 들어요.

　이준석 대표가 쌍수를 들고서 최재형 원장을 환영한 것은 물론입니다. 국민의힘 대통령경선을 '비빔밥'에 비유한 바 있는 이 대표는 윤석열 총장을 고명인 '당근'으로 비하했는데, 최 원장이 '밥'이라고 강변한 셈이었어요. 또 윤 총장을 간접적으로 비판했던 서병수 의원을 경선준비위원장으로 임명했는데, 초선으로서 당대표 비서실장에 발탁된 서범수 의원이 그의 친동생이지요. 김용판 의원이 최초로 최 원장 지지를 선언했다는 사실도 아울러 지적해두겠어요.

　이런 상황에서 윤석열 총장은 중앙선거관리위원회에 대선예비후보로 등록했습니다. 그 직전에 윤 총장은 『경향신문』과 장장 5시간에 걸친 인터뷰를 가졌는데, 개별 정책보다는 정치이념과 정책기조 같은 철학이 중요하다고 주장하면서 자유민주주의, 인권, 법치 등을 강조했지요. 물론 조국 사태, 추-윤 갈등, X파일 등에 대한 입장도 상세하게 설명했고요.

　아울러 고등학교까지는 물리학이나 수학, 아니면 경제학을 공부하고 싶었고, 법대 진학 후에도 경제법이나 법경제론을 공부하여 교수가 되고 싶었다고 회고했습니다. 그러나 사법시험에 합격하지 못한 실력 없는 법대 교수가 되기는 싫어 사시를 준비했는데, 결국 9수를 한 탓에 교수의 꿈을 포기했다는 것이에요. 법대 교수도 사시에 합격해야 하는 것은 법학이 경제학 같은 에피스테메(이론적 지식)가 아니라 프로네시스(실천적 지식)이기 때문이지요.

　송영길 대표는 자신은 한 번에 합격했다고 자랑하는데, 황당한 짓입니다. 사시 정원이 급증하지 않은 1970년대까지 서울법대에서는 수석입학과 달리 수석졸업은 별로 중요하지 않았고, 재학 중에 합격하는 이른바 '소년급제'나 졸업 후에는 수석으로 합격하는 '장원급제'가 자랑거리였지요. 최연소 합격자였던 고승덕 변호사나 여성 최초의 수석합격자였던 이영애 판사가 그 대표자였어요. 게다가 두 사람 모두 수석입학자는 아니었어도 수석졸업자였고요.

반면 윤석열 총장의 9수는 제퍼슨처럼 '경세가적' 법률가를 지향했기 때문이라고 해석할 수 있습니다. 제퍼슨은 1년이면 붙을 시험을 5년이나 공부했는데, 그 동안 법학 공부와 함께 정치학·역사학·문학, 심지어 물리학 공부를 병행했고, 나아가 바이올린도 연습했기 때문이에요. 윤 총장이 9수를 하게 된 자세한 사정은 역시 『구수한 윤석열』을 참고하는 것이 좋겠지요.

윤석열 총장은 광주와 대구를 방문하여 호남과 영남의 공약수로서 자유민주주의를 강조하기도 했습니다. 5·18민주묘지를 참배하고 '광주의 한을 자유민주주의[라는 국민적 가치]와 [광주·전남 지역의] 경제번영으로 승화시켜야 한다'고 주장했지요. 또 4·19의 도화선이 된 2·28민주운동을 위한 기념탑을 참배하고 대구는 본래 '[지역적] 기득권을 타파하고 국민의 권리를 중시하며 나라의 미래를 더 많이 생각하는 리버럴하고 진보적인 도시'라고 주장했고요.

반면 이준석 대표는 윤석열 총장에 대한 비판을 지속했습니다. 윤 총장도 안철수 대표처럼 '여의도 정치를 거부하는(…)잘못된 조언'을 따르고 있다는 것이었지요. 그러나 윤 총장은 '여의도 정치가 따로 있고 국민의 정치가 따로 있나'라고 반박했는데, 국민의 정치와 괴리된 여의도 정치, 특히 이준석 대표가 지향하는 특정 세대와 지역에 기반하는 정치를 비판하려는 의도였어요.

동시에 정진석 의원은 정권교체 투쟁의 '선봉'으로서 4·7보선 승리의 제일 요인은 윤석열 총장이라고 역설했습니다. 또 권성동 의원은 이 대표가 친여 성향의 '정치평론가' 같은 발언을 한다고 비판했고, 장제원 의원은 이준석 리스크를 우려하며 '자기정치'를 중단하라고 요구했고요.

김경수 지사가 지난 대선에서 드루킹을 사주하여 여론을 조작한 혐의가 유죄로 인정되어 징역 2년형이 확정되었다는 사실도 지적해 두겠습니다. 네이버와 다음 같은 대형 포털사이트를 대상으로 할 때 김경수-드루킹 여론조작은 국정원 여론조작의 100배에 달하는 규모였지요. 특검에서 기소한 지 3년 만에 형이 확정되었는데, 1년 안에 확정하는 것이 원칙이었으므로 김명수 대법원장 산하 법원으로서도 더 이상 사정을 봐줄 수만은 없었던 것 같아요.

김경수-드루킹 여론조작은 문재인 대통령의 '정통성'을 훼손하는 일대 사건이었습니다. 그래서 윤석열 총장이 특검 연장과 수사 재개를 주장한 것이었지요. 그러나 이준석 대표는 '특검을 특검하라'는 주장일 따름이라는 엉뚱한 논리로 반대를 했는데, 윤 총장과 비교할 때 문 대통령에 대해서만은 유독 비판을 자제하는 것이 이 대표의 특징이라면 특징이에요.

김경수 지사의 유죄가 확정되자 '안이박김'이 아니라 '안오박김'이 완성되었다는 주장이 제기되기도 했습니다. 이재명 지사 대신 오거돈 시장이 들어가야 한다는 것인데, 그러나 여전히 안이박김이 맞을 수 있지요. 사자성어 흥망성쇠에서 그 순서가 흥(rise)-성(advance)-쇠(decline)-망(fall)인 것처럼 안이박김에서도 안희정-박원순-김경수-이재명의 순서일지 모르거든요. 게다가 오거돈 시장이 민주당 대권 주자로 거론된 적도 없고요.

윤석열 후보의 전격 입당

비대위 시절 김종인 위원장의 측근으로 활동하다가 윤석열 후보 '국민캠프' 대변인으로 발탁된 김병민 위원에 따르면, 이준석 대표와 윤석열 후보의 갈등은 결국 추미애 장관과의 갈등에 비유되는 지경에 이르렀습니다. 이 대표도 추 장관처럼 윤 후보를 자신의 '부하'로 간주한다는 것 같아요. 하기야 자기는 총리급이므로 장관급이었던 윤 후보를 그렇게 하대할 수도 있겠지요.

그런 와중에 국민의힘 현역의원 103명 중 40명과 원외당협위원장 142명 중 72명이 윤석열 후보의 입당을 촉구한다는 형식으로 그를 지지하는 성명을 발표하게 되었습니다. 이렇게 당심의 거의 절반에 가까운 지지를 확보하고서 대권 도전 한 달 만에 윤 후보가 캠프의 상황실장인 장제원 의원을 대동하고 전격적으로 입당을 결행했지요.

윤석열 후보의 입당 직후에 최재형 원장도 대권에 도전했습니다. 그러나 문재인 정부를 비판한 윤 후보와 달리 '국민통합'을 강조했다는 점을 빼고는 별다른 내용이 없었어요. 그 대신 군부독재 시절의 전통에 따라 애국가를 4절까지 제창하는 가풍을 고수한다는 군인 집안 출신답게 대권 도전을 선언하면서 애국가를 독창하는 모습이 이채로웠지요. 민주당 일각에서 제기된 '국가주의자'가 아닌가라는 비판에 대해서는 아랑곳없는 것 같았고요.

입당 직후 한국갤럽조사에서 윤석열 후보의 지지율이 하락했다는 사실에도 주목할 필요가 있습니다. 윤 후보의 지지율은 2020년 10월 말 국정감사 이후 10% 안팎을 유지하다가 2021년 3월 초 검찰총장 사퇴 직후 25% 수준으로 급등했지요. 5월 초와 6월 초에 20% 수준으로 하락한 지지율은 대권 도전 직후인 7월 초에 25% 수준을 회복했다가 입당 직후인 8월 초에 또다시 20% 수준으로 하락했고요.

5-6월에 윤석열 후보의 지지율이 하락한 것은 문재인 대통령의 지지율 상승과 관련이 있습니다. 4월에 30% 안팎을 유지하던 문 대통령 지지율이 5월부터 회복하면서 6월 이후에는 40% 안팎을 유지했거든요. 또 8월의 하락은 민주당 경선의 컨벤션 효과, 최재형 원장의 입당 등과 관련이 있었고요.

그런데 8월 윤석열 후보의 지지율 하락이 대체로 이낙연 총리의 지지율 상승과 관련된다는 사실에 주목할 필요가 있습니다. 윤 후보와 이 총리의 지지층이 상당 부분 중복된다는 방증이기도 한데, 윤 후보의 지지자 중에 민주당에서 이탈한 진보층과 호남인의 일부가 이 총리 지지로 복귀했기 때문이겠지요. 또 국민의힘 지지자 중에서 최재형 원장 지지로 변심했던 경우도 있을 것인데, 다만 그 비중은 대단치 않아요.

이미 지적한 것처럼, 윤석열 후보가 대선에서 승리하려면 국민의힘만으로는 부족하고 진보층과 호남인을 포함하는 국민전선을 형성할 수 있어야 할 것입니다. 입당 직전 윤 후보에 대한 후원금 27여억 원 모금이 단 20시간 만에 마감되었다는 것은 우연이 아니었는데,

당시 거의 한 달이 지난 이낙연 총리나 보름이 지난 이재명 지사는 모금을 마감하지 못했거든요. 저도 생전 처음 정치인을 후원했는데, 국민의힘 전격 입당에 실망했으면서도 여전히 윤 후보가 국민전선 형성을 포기하지 않으리라는 기대는 남아 있어요.

윤석열 후보 캠프에 측근 몇 명을 보내준 김종인 위원장도 국민의힘 전격 입당은 찬성하지 않았던 것 같습니다. 물론 김 위원장도 윤 후보에 대한 기대를 버리지는 않았을 것 같은데, 박근혜 대통령과 문재인 대통령의 당선을 도운 일을 속죄할 수 있는 길은 윤 후보의 당선을 돕는 것밖에 없거든요.

4·7보선 직후에 장제원 의원이 김종인 위원장을 '거간정치인'이라고 비판한 적이 있는데, 어폐가 있습니다. 'political entrepreneur'를 번역한 말인 것 같은데, '정치기획자'라고 하는 것이 더 낫겠지요. 내년 3·9대선이 정치기획자 내지 킹메이커로서 김 위원장의 능력이 발휘될 수 있는 마지막 기회이겠고요.

그런데 이준석 대표는 윤석열 후보의 지지율 하락을 자기정치를 지속할 수 있는 절호의 기회로 간주하는 것 같습니다. 당장 대선이 실시되면 '5%포인트 차이로 패배'할 것이라고 발언했거든요. 20-30대의 지지가 필수적이고 영남에서의 지지도 회복해야 한다는 취지였는데, 쉽게 말해서 자신의 역할이 결정적이라는 주장이에요.

그런 와중에 지난 3월 윤석열 후보가 검찰총장을 사임한 직후에 유튜브채널 '매일신문프레스18'에서 이준석 대표의 발언이 종편에 공개되었습니다.

> 나는 대통령 만들어야 될 사람이 있다니까. 유승민!(…)내가 당권을 잡을거야. (…)[그런데 김태현 변호사가] 너 이러다가 윤석열 대통령 되면 어떡하냐 이렇게 얘기하더라고. 지구를 떠야지!(폭소)

물론 당대표에 당선된 직후부터의 언행이 모두 윤석열 후보의 낙마와 유승민 의원의 당선을 위한 것만은 아니고 이번 대선의 승패와는 무관하게 차기 대권 도전을 준비하는 것이기도 하겠지만요.

급기야 『중앙일보』도 이 발언을 공개하고 「이준석의 목표는 정권교체인가 자기장사인가」라는 사설로 이준석 리스크에 주목했습니다. 문재인 대통령 아닌 윤석열 후보의 비판에 몰두해온 이 대표에 대한 지지를 철회하려는 것 같은데, 최재형 원장에 대한 지지율이 답보상태라는 사실과도 무관하지만은 않겠지요.

게다가 원희룡 지사도 개입했는데, 최재형 원장과 함께 '이이제이'(以夷制夷) 격으로 이준석 대표에게 이용당했음을 뒤늦게 깨달았기 때문이었습니다. 『중앙일보』의 인터뷰에 따르면, 이 대표가 윤석열 후보에 대한 불만을 토로하면서 '곧 정리된다'고 발언했는데, 발언의 맥락으로 볼 때 홍준표·유승민 의원 등과의 토론을 통해 낙마할 것이라는 의미로 해석할 수밖에 없다는 것이었지요.

『조선일보』는 여전히 중립을 지키는 상황에서 『한겨레신문』조차 이준석 대표에 대한 비판을 제기하기 시작했습니다. 이준석 위기의 원인은 이준석이라면서 조연 아닌 주연이 되려는 '자기정치의 과잉', 달리 말해서 대선 이후 입지까지 염두에 둔 '발광체 행보'가 위기의 원인이라는 것이었지요.

결국 이준석 대표는 경선준비위원장 서병수 의원을 선거관리위원장으로 임명하려던 계획을 포기하고서 정홍원 총리를 추대할 수밖에 없었습니다. 물론 '[경선버스의] 운전대를 뽑아가고, 페인트로 낙서하고, 의자를 부수는 상황'이라면서 앙앙불락하기도 했지만요. 내년 3·9대선에서 운전자(driver, 지휘·통제자) 내지 중재자(arbiter, 심판자), 즉 헤게몬의 역할을 하지 못하게 된 것이 못내 분한 것 같아요.

윤석열 후보에 대한 정치공작의 새로운 단계

이준석 대표가 이선으로 물러나자마자 이른바 '역선택'(adverse selection) 방지 조항을 둘러싸고 논란이 제기되었습니다. 경준위는 그런 조항을 도입하지 않겠다는 입장이었던 반면 선관위는 도입을 검토하겠다는 입장이었지요. 물론 이준석 대표와 친화적인 홍준표·

유승민 의원이 경준위 입장을 지지했던 반면 윤석열 후보가 선관위 입장을 지지했고요.

역선택이란 본래 경제학적 개념으로 '악화가 양화를 구축한다'는 그레샴의 법칙을 일반화한 것입니다. 시장에서 판매자가 구매자를 속이는 '부정행위'(misbehavior) 때문에 불량품이 선택되고 우량품이 도태되어 '불량품만 유통되는 시장'(lemon market)이 형성되면, 결국 시장 자체가 붕괴할 수밖에 없다는 개념이에요.

역선택 개념을 안다면, 역선택을 둘러싼 논란이 곧 정권교체를 둘러싼 논란임을 알 수 있습니다. 쉽게 말하자면 윤석열 후보로도 정권교체가 역부족일 수 있는 상황에서 유승민 의원은 물론 홍준표 의원으로 정권교체가 가능할 리 없거든요. 역선택을 인정하고 홍 의원이나 유 의원을 후보로 선택하는 것은 정권교체 대신에 정권 유지 또는 기득권 유지를 선택하는 것이라고 할 수밖에 없어요.

따라서 역선택을 민주당 지지자가 국민의힘 경선에 개입하는 현상으로 국한할 수는 없습니다. 국민의힘 지지자 중에서도 역선택을 할 수 있거든요. 이준석 대표 지지자가 홍준표·유승민 의원을 지지할 수 있다는 것인데, 그럴 경우 3·9대선에서 국민의힘은 양두구육(羊頭狗肉, 양머리를 내걸고 개고기를 판다) 전략을 구사하게 되는 셈이지요. 달리 말해서 정권교체를 내걸고 기득권 유지를 꾀한다는 것이에요.

이런 맥락에서 역선택을 역진화(reverse evolution)로 해석할 수 있습니다. 진화에 적합한 적자(the fittest)를 선택하는 것이 아니라 오히려 도태시킴으로써 퇴화(devolution)가 발생한다는 것이에요. 자연계에서는 물론 역선택과 역진화란 존재할 수 없는데, 자연선택이 작용한 결과가 곧 적자생존이거든요. 반면 인간계에서는 역선택과 역진화가 발생할 수 있는데, 예를 들어 선거정치의 오작동으로 인해 민주정이 인민정으로 타락할 수 있기 때문이에요.

역선택 논란의 와중에 윤석열 후보가 전태일 열사의 분신 장소에 세워진 동상을 참배한 사실도 지적해두겠습니다. 열사의 어머니인

이소선 여사가 열사가 찾던 그 '대학생 친구'였다고 인정한 바 있는 장기표 선배와 함께였는데, 그는 '민주노총의 기득권'을 비판하면서 '민주노총의 혁파 등을 위한 노동개혁'이라는 점에서 '윤석열 후보에 대한 기대가 크다'고 역설했지요.

역선택 문제와 함께 윤석열 후보에 대한 정치공작이 새로운 단계로 접어들었다는 사실에도 주목할 수 있습니다. 친유승민계인 김웅 의원발 이른바 '고발 사주' 의혹이 그것인데, 작년 4·15총선 직전에 검찰총장이었던 윤석열 후보가 검찰 출신으로 국민의힘 후보였던 김 의원을 통해 국민의힘으로 하여금 최강욱 대표 등 여권인사들을 고발하도록 사주했다는 황당한 내용이었지요.

9월 초에 신생 인터넷신문 『뉴스버스』가 이런 의혹을 보도하자 사건이 일파만파로 확대되었습니다. 마치 김대업 씨가 신생 인터넷신문 『오마이뉴스』를 통해 2002년 대선에 개입하여 노무현 대통령의 당선에 기여했던 정치공작을 연상시킬 수밖에 없었거든요. 다만 김 씨는 처음부터 공개적으로 의혹을 제기했다는 차이가 있었지만요. 사건의 복잡다단한 전개과정에 대해서는 나무위키를 참고하세요.

『뉴스버스』에 이어 예의 『한겨레신문』도 개입하여 고발장 전문을 보도했습니다. 그런 와중에 김웅 의원이 기자회견을 통해 제보자의 신원을 밝히려 하자 대검이 개입하여 제보자를 공익신고자로 인정하여 신원을 밝힐 수 없도록 조처했고요. 그러나 국민권익위원회가 대검의 조처를 월권이라고 비판하면서 제보자로 추정·지목되었던 조성은 씨가 예의 JTBC와의 인터뷰에서 스스로 신원을 밝혔는데, 첫 보도부터 불과 8일만이었어요.

대구 출신의 여성 정치인인 제보자 조성은 씨는 2년 주기로 계보를 바꾼 전력이 있습니다.

2014년　지방선거에서 박원순 시장에 의해 발탁되어 민주당에서 활동
2016년　국민의당에서 천정배 의원 계보로 활동
2018년　민주평화당에서 박지원 의원 계보로 활동
2020년　4·15총선에서 유승민 의원 계보로 국민의힘에 입당

이번 제보가 2022년 3·9대선을 계기로 민주당으로 복당하기 위한 준비작업이라는 설이 제기되는 것은 이런 전력 때문이겠지요.

어쨌든 이런 상황에서 공수처가 수사에 착수하여 윤석열 후보를 직권남용 등 4개 혐의로 전격 입건하는 동시에 참고인 김웅 의원에 대한 압수수색을 강행했습니다. 곧이어 검찰과 경찰도 수사에 개입했고요. 대선 6개월을 앞둔 시점에 윤석열 후보에 대한 기존 6건의 수사가 10여건으로 확대되어 공수처·검찰·경찰 등 관계기관 전체가 총동원되는 헌정사상 초유의 사태가 발생한 것이에요.

압권은 물론 국가정보원의 개입 의혹입니다. JTBC 인터뷰 1시간 후에 TV CHOSUN이 조성은 씨가 박지원 국정원장과 8월 중순에 롯데호텔의 일본식당에서 만났다는 사실을 보도했던 것이지요. 조 씨가 페이스북에서 '역사와 대화하는 순간(들), moment(s) talking to history'라면서 박 원장과 1인당 20만원짜리 식사를 했다고 자랑한 사실이 취재를 통해 밝혀졌던 것이에요.

조성은 씨와 공적·사적으로 밀접한 '특수관계인'이라고 할 수 있는 박지원 원장이 개입했다는 의혹이 제기되면서 '고발 사주' 의혹이 '제보 사주' 의혹으로 반전되는 동시에 정치공작이 새로운 단계로 발전했다는 의혹이 제기된 아주 극적인 순간이었습니다. 전날 김여정 당중앙이 한미연합훈련을 비판하며 남북통신연락선을 차단한 상황인데도 박 원장이 국정원의 안가가 있는 롯데호텔에서 조 씨를 만나 한가로이 정담만을 나눴다는 것을 믿을 멍청이는 없거든요. 게다가 제보를 상의한 정황 증거는 차고 넘치고요.

조성은 씨가 『뉴스버스』 보도 직전 미국으로 출국할 계획이었고, 이 문제도 재차 롯데호텔에서 박지원 원장과 상의했던 것 같습니다. 그래서 조 씨가 윤지오 씨를 연상시킨다는 비판이 제기되기도 하는 것인데, 알다시피 윤 씨는 문재인 대통령을 비롯해서 민주당 안민석 의원, JTBC 손석희 앵커의 후원으로 이른바 '장자연 사건'의 증인을 자처하면서 사기행각을 벌이다가 그 정체가 탄로나기 직전 캐나다로 도주한 고 장자연 씨의 동료 연예인이지요.

'고발 사주' 의혹이 '제보 사주' 의혹으로 반전되자 박지원 원장은 '잠자는 호랑이 꼬리를 밟지 말라'고 협박했습니다. 그러나 국민의힘 최고위원인 김재원 의원은 '겁먹은 개가 짖는 법'이라고 반박했지요. 또 홍준표 의원은 '고발 사주' 의혹이든 '제보 사주' 의혹이든 '후보 개인의 문제에 당이 말려들어서는 안 된다'는 입장을 견지했고, 홍 의원과 비슷한 입장이었던 유승민 의원은 '고발 사주' 의혹이 '제보 사주' 의혹으로 반전되자 그런 입장을 철회했고요.

민주당 지지층과 이준석 대표 지지층의 역선택 덕택으로 윤석열 후보의 추격에 성공할 수 있다고 자만한 홍준표 의원은 TV CHOSUN에서 열린 첫 토론회에서 윤 후보가 '조국만 처벌하면 되는데 조국 일가를 도륙했다'는 둥 '보수 진영을 궤멸시키는 데 앞장섰다'는 둥 억지를 부렸는데, 진영에 상관없이 법을 집행하는 법치주의에 대한 몰이해를 고백한 셈이었지요. [원희룡 지사와 달리 이준석 대표에게 끝까지 충실했던 최재형 원장은 결국 2차 컷오프에서 탈락한 다음 홍준표 의원에 대한 지지를 선언했다.]

토론회를 통해 이준석 현상의 원인이었던 국민의힘 중진의원의 실체가 드러났습니다. 홍준표·유승민 의원 등에 대한 '비호감'(dislike)을 넘어서 '역겨움'(disgust)을 실감할 수 있었거든요. 물론 대안으로 부상한 이준석 대표가 그들보다 낫다고 할 수도 없겠지만요. 조국 교수와 윤석열 후보만 없었더라면 이해찬 대표가 장담했듯이 50년 장기집권을 통한 북한과의 연방제통일은 '따놓은 당상'이었어요.

마지막으로 윤석열 후보를 꼰대로 오해하는 20-30대에게는 혹시 SBS의 『집사부일체』가 도움이 될지도 모를 것 같습니다. 추석 연휴 직전에 '인생의 물음표가 많은 청춘들이 사부님의 라이프스타일대로 (…)살아보는 인생과외'라는 캐치프레이즈를 내건 예능프로그램에 출연한 윤 후보가 이승기 씨 등의 출연진에게 김치찌개, 달걀말이, 불고기를 직접 요리해 대접하면서 랩을 하고 노래도 부르는 소탈한 모습을 보여줘 윤 후보에 대한 선입견을 깨는 데 크게 기여했지요. 그래서인지 『오마이뉴스』조차 상세하게 보도했고요.

그 밖의 다양한 사건·사고

윤석열 후보의 이른바 '설화'도 논란이 되었는데, 실은 말꼬리를 잡거나 말귀를 못 알아들어 트집을 부리는 짓이라고 할 수 있습니다. 먼저 『매일경제』와의 인터뷰에서 나온 '한 주에 52시간이 아니라 120시간이라도 일해야 한다'는 발언과 '없는 사람은 부정식품이라도 먹어야 한다'는 발언이 문제였는데, 전자는 예외적으로 변형근로제를 인정해달라는 스타트업(신생벤처기업) 청년들의 요구를 전달하려는 취지였고, 후자는 저소득층을 위해서는 불량식품이 아닌 한 식품에 대한 규제를 완화해야 한다는 취지였지요.

또 『부산일보』와의 인터뷰에서 나온 '후쿠시마 원전 자체가 붕괴된 것은 아니다. 그러니까 방사능 유출은 기본적으로 안 됐다'는 발언의 취지는 방사능 유출이 인재가 아닌 자연재해라는 데 있었습니다. 단적으로 말해서 후쿠시마 원전사고와 체르노빌 원전사고에서 결과가 아닌 원인의 차이를 지적했다는 것이에요. 결과적으로는 당연히 방사능이 유출되었고, 만일 유출되지 않았다면 원전사고라고 부를 필요도 없었겠지요.

국민의힘 초선의원들과의 간담회에서는 '건강한 페미니즘'이라는 발언이 있었는데, 그 취지는 페미니즘을 인민주의적으로 악용해서는 안 된다는 것이었습니다. 특히 페미니즘을 여성주의와 혼동하면서 남녀간 갈등과 결혼 회피를 조장함으로써 심지어 저출산의 원인이 될 수도 있다는 경고였지요.

마지막으로 경북 안동대학 학생들과의 간담회에서 '손발노동은 아프리카나 하는 것'이라고 발언했는데, 단순노동을 통한 수출산업은 한국에서 중국과 인도를 거쳐 아프리카로 넘어가고 있다는 취지였습니다. 20-30대 일각에서 후진국에서 중진국을 지나 선진국으로 진입하고 있다는 K경제에 대한 자신이 지나쳐 한국이 일본은 물론이고 유럽도 추월했다는 망발까지 횡행하고 있다는 상황을 고려한 '영합성' 발언이기도 한 것 같고요.

윤석열 후보의 설화를 직업병이라고 생각할 수도 있을 것입니다. 본인이 해명한 것처럼 판검사나 변호사, 아니면 그에 준하는 지식인 같은 엘리트를 상대로 논쟁하고 설득하던 윤 후보가 갑자기 대중을 상대로 발언하는 것이 어려울 것은 사실 당연한 일이에요. 비유하면 대학생을 가르치다가 초등학생은 물론이고 중고등학생을 가르치는 것이 쉬운 일은 아닌 것처럼요.

  하기야 요즘은 대학생을 가르치는 것도 쉬운 일은 아닙니다. 1980년대에는 제 강의를 정리해서 『한신학보』에 기고하는 학생도 있었는데, 아깝게 요절한 철학과 이병준 군이 그런 경우였지요. 이 군의 논문을 이병천 교수에게 보여주었더니 정식으로 잡지에 발표해도 좋겠다고 격찬했지요. 그러던 제가 정년을 앞두고 자칭 노동자의힘/변혁당 계열이라는 총학생회 때문에 학내외적으로 망신을 당할 줄은 꿈에도 몰랐어요.

  제가 35년을 봉직해온 한신대의 명예교수직을 사양한 데는 이런 사정이 있었습니다. 나아가 서울대 조교직을 포함 42년의 교원 경력에 대한 근정훈장을 사양하면서 이렇게 사유를 소명했지요.

> 40여년 동안 교직에 있으면서 교육의 발전을 위해 기여한 바가 없습니다. 그렇다고 해서 사회와 국가의 발전을 위해 기여한 바가 있는 것도 아닙니다. 따라서 정부포상을 사양하는 것이 지식인으로서 최소한의 양식이라고 판단하였습니다.

  지난 봄에 타계한 일본의 저널리스트 겸 평론가 다치바나 다카시 등의 『스무 살, 젊은이에게 고함』(2011; 말글빛냄, 2012)에도 잠시 주목하겠습니다. 2010년의 도쿄대 특강록 등을 수록한 것인데, 이 책을 읽고서 이런 강사와 학생이 존재하고 이런 저자와 독자가 존재한다는 사실이 30년 장기불황을 견뎌낸 일본의 저력을 상징한다는 생각이 들었거든요.

  다치바나는 '내 죽음이 보이기 시작하고' '내 인생을 되돌아보고 싶은' 70세에 '세상물정을 모르고' '아이들처럼 욕구불만을 폭발시키는'

20대에게 '어드바이스와 힌트'를 줍니다. 나아가 일본정치를 특징짓는 '세계의 역사와 지리의 중요성에 대한 무지'를 개탄하면서 마치 2차 세계전쟁 전야처럼 '복잡하고 기괴하기까지 한' 국제정세에 직면한 일본의 국민에게 1945년의 원폭투하와 패전 같은 '국가적 대재앙'이 임박했다고 경고하고요.

일본에서 베토벤의 9번 교향곡 『합창』이 '다이쿠'(第九)로 대중화된 사실에도 주목해두겠습니다. 『일반화된 마르크스주의 개론』에서 '베토벤의 세계음악'을 설명하면서 일본에서는 『합창』 교향곡 연주를 위해 아마추어 오케스트라를 조직한다고 했는데, 그런 것까지는 아니고 아마추어 합창단을 조직한다고 하네요. 자세한 설명은 이경분 교수의 「베토벤 9번 교향곡의 일본화」(『음악과 문화』, 38호, 2018)를 참고하세요.

1980년대 일본에서 대중이 단순한 청중이 아니라 합창에 참여하면서 '듣는 다이쿠'에서 '부르는 다이쿠'로 진화한 배경은 경제성장이었습니다. 경제적 풍요를 교양과 문화를 통한 자기실현으로 발전시킨 셈이지요. 이경분 교수처럼 '순복음교회나 통일교 같은 사이비 종교' 현상이라고 비판할 수는 없다는 것이에요. 굳이 비교한다면 '시민종교'(religion civile, 루소) 현상이라고 해야겠지요. 이 교수의 편견은 고전주의적 대중음악을 모더니즘적 전위음악이 대체했다는 부당전제 때문인데, 양자의 관계에 대한 자세한 설명은 『문학 비판』을 참고하세요.

예를 들어 도쿄 인근의 중소도시 후나바시의 경우 10-20대와 30-40대가 합창단을 반분했다고 합니다. 이것을 평균적 사례로 간주한다면, 30년이 지난 2011년에 동일본 대진재(大震災)가 발생했을 때 40-50대와 60-70대가 된 그들이 일본사회의 붕괴를 막는 지주 역할을 했다고 할 수 있겠지요. 역시 30년 장기불황을 견뎌낸 일본의 저력에 대한 철저한 연구가 필요하다는 생각이 들어요.

어쨌든 일본과 비교할 때 한국과 대만은 '실존적 위기'에 당면한 처지입니다. 또 윤석열 후보가 차이잉원 총통 같이 국민의 지지를 받아 대권 도전에 성공할지도 아직까지 불확실한 상황이고요. 먹는 것과 노래하는 것 말고는 일류가 있다는 사실을 인정하지 않는 풍속과 세태 때문인데, 법조계나 의료계에도 돌팔이 내지 사기꾼이 출몰하는 차에 '현대경세학으로서 경제학'이 존재이유를 인정받는 것이 쉬운 일은 아니겠지요.

『한겨레신문』 칼럼에서 문정인 교수는 아프간 군대와 달리 한국 군대는 '유령군대'나 '깡통군대'가 아니라고 주장했습니다. 그러나 문 교수가 한국 군대에 대해 언급하는 것 자체가 파렴치한 짓이에요. 이중국적자였던 아들이 노무현 정부 시절에 병역을 기피하기 위해 한국국적을 포기하고 미국국적을 선택한 전력이 있거든요. 게다가 문 교수는 아프간 정부와 달리 한국 정부에는 투항파가 존재한다는 사실을 무시하고 있고요. 가니 정부는 친탈레반-반미 성향은 아닌 반면 문재인 정부는 친북-연중-비미-반일 성향이거든요.

반면 란코프 교수는 『매일경제』 칼럼에서 '소총밖에 없는 탈레반'과 달리 '핵·대륙간탄도미사일로 무장한 북한'에 주목하면서 '머나먼 카불에서 울리는 알람'은 '한미동맹 강화 외 대안 없음'을 알려주고 있다고 역설하고 있습니다. 한국에 거주하는 러시아 국적자 란코프 교수와는 정반대로 노르웨이에 거주하는 한국 국적자 블라디미르 티호노프(박노자) 교수는 아직 입장을 밝히지 않고 있는데, 아마도 평소의 친북-연중-비미-반일 성향을 고수하고 있겠지요.

아울러 '항미원조 70주년' 기념대작인 중국영화 『1953 금성대전투』의 상영 허가를 둘러싼 논란이 제기되었다는 사실도 지적해두겠습니다. 『후기』에서 소개했듯이, 한국전쟁 최후의 고지전인 금성지구 전투는 황순원 선생의 『나무들 비탈에 서다』(1960; 『카인의 후예』, 문학과지성사, 2006에 실림)의 배경이기도 했는데, 한국전쟁 70주년인 작년에 그곳에 가보려고 했었으나 코로나19 때문에 미룰 수밖에 없었지요.

그런데 『한겨레신문』은 이 논란에 대해 일절 보도하지 않았습니다. 『조선일보』나 『중앙일보』처럼 상영 허가를 비판할 수는 없었기 때문인 것 같아요. 그렇다고 해서 이준석 대표가 이른바 '토론 배틀'을 통해 발탁한 양준우 대변인 같이 '이게 자유로운 사회라고 생각한다'고 상영 허가를 옹호할 수도 없는 일이었고요. 만약의 경우 1995년생인 양 대변인은 사회경험이 전혀 없는 철부지 애송이라고 변명할 수 있거든요.

어쨌든 윤석열 후보가 대중에게 영합하는 인민주의적 경쟁에서 이재명 지사보다 열세인 것은 사실입니다. 2002년 대선에서 이회창 후보가 노무현 후보와의 경쟁에서 열세였던 것처럼요. 게다가 이 지사는 노 대통령을 능가하는 인민주의자라고 할 수 있지요. 기본소득, 기본자산(기본주택), 기본금융(기본대출·저축)의 기본시리즈를 핵심으로 하는 정책기조와 정치이념이 프로토파시즘으로서 인민주의를 심화하여 한국정치가 인민주의에서 파시즘으로 한 걸음 더 퇴보할 것이 자명하거든요.

이재명 지사 덕분에 국가혁명당 허경영 대표가 복권될지도 모르겠습니다. 경상도를 무사 통과한 왜군을 행주산성에서 격파한 권율 장군을 흉내내면서 기본소득 150만원, 기본자산 1억원과 결혼자금 3억원, 출산자금 5천만원을 공약했는데, 이 모든 것이 영남 '토착왜구'의 후예인 인민주의자에 대한 풍자와 야유로 해석될 수도 있겠다는 생각이 들거든요.

아울러 김대중 대통령의 18번이었고 이재명 지사가 부활시키려고 시도한 호남=백제론의 허구성에 대해서도 지적해두겠습니다. 백제의 중심은 서울과 인천이었고, 호서를 거쳐 호남으로 점차 그 강역을 확대했다가, 나당연합군에게 패망한 후에 그 지배층은 일본으로 이주했다는 사실을 두 분은 잘 모르는 것 같아요.

나아가 임영진 교수의 『우리가 몰랐던 마한』(홀리데이북스, 2021)을 보면, 마한 54부족 중 백제의 통합에 저항했던 25부족의 소재지가 호남이었다는 사실을 알 수 있습니다. 전북의 10부족은 백제의 전성기인 근초고왕 때 통합되었고, 전남의 15부족은 그 말기인 성왕 때 통합되었으므로, 700년의 백제사 중에 전북과 전남은 각각 300년과 100년을 공유했을 따름이에요.

그나마 다행은 이재명 지사가 낙마할 조짐도 보인다는 것입니다. 아까 안이박김의 순서가 안희정-박원순-김경수-이재명의 순서일지 모른다고 했는데, '고발 사주'인가 '제보 사주'인가 논란의 와중에 『조선일보』가 성남시장 시절의 대장동개발사업과 관련된 프로젝트 파이낸스 특수목적회사(SPC) 성남의뜰에 참여한 자산관리회사(AMC) 화천대유와 그 자회사인 천화동인을 둘러싼 의혹을 제기하면서 이 지사에 대한 최대의 악재로 부상했지요.

3.5억원 자본금의 1200배 배당수익(추정 분양수익은 1300배)을 올린 '화천대유/천화동인은 누구 겁니까?'라는 질문이 제기되었는데, 김만배 씨가 핵심고리임이 밝혀졌습니다. 성균관대학 동양철학과 출신으로 386세대인 그는 『머니투데이』 편집부국장인데, 경제기자가 아닌 법조기자 출신이지요. 그런데 워렌 버핏조차 울고 갈 그런 '투자의 귀재'가 『머니투데이』라는 마이너 신문에 숨어 있는 까닭은 알다가도 모를 일이에요. 막후에서 이재명 지사의 대선용 정치자금을 조달하는 역할을 위장하기 위한 것이 아니라면 말이에요.

『조선일보』 등에 따르면, 천화동인과 화천대유는 『역경』 64괘 중 13번째 ䷌ 괘와 14번째 ䷍ 괘라고 합니다. '하늘(☰)을 불(☲, 해)로 밝히려고 사람이 모인다'는 천화동인(天火同人)은 '천하를 얻으려고 사람이 모인다'는 뜻이고, '불(☲)이 하늘(☰) 위에 떠서 크게 갖는다'는 화천대유(火天大有)는 '하늘의 도움으로 천하를 얻는다'는 뜻이라고 하지요. '사람이 모인다'는 천화동인과 '천하를 얻는다'는 화천대유는 역시 대선용 프로젝트다운 작명이라고 할 수 있겠지요.

그런데 작명법에서 천화동인과 화천대유라는 괘는 인생 전반기에 운이 좋다가 후반기에는 운이 나빠질 수 있다는 뜻이라고도 합니다. 천화동인과 화천대유라는 이름을 지은 까닭은 이 두 괘를 좋아했던 정조를 따른 것이라고도 하는데, 불길하기 이를 데 없는 일이에요. 정조 개인도 말년 운이 나빴을 뿐만 아니라 정조의 유훈인 외척세도 정치가 조선의 쇠망을 재촉했거든요.

문재인 정부 '5년동란'

이른바 '촛불혁명'으로 출범한 문재인 정부 5년 동안 저는 드레퓌스 사건의 와중에 에밀 졸라가 한 말처럼 '나는 고발한다'(J'accuse)는 심정이었습니다. 그래서 『위기와 비판』(2017), 『재론 위기와 비판』(2018), 『종합토론』(2018), 『후기: '인민의 벗이란 무엇인가'』(2020), 「4·15총선 전후」(2020)에 이어 이번에 「4·7보선 전후」를 쓴 것인데, 논문집 『마르크스를 위하여』(*Pour Marx*, 1965)의 서문 「오늘」에서 알튀세르가 말했던 것처럼, 이 글들은 '일정한 정세에서 태어났다'(né de quelque conjoncture)고 할 수 있지요.

『위기와 비판』에서 이미 언급한 것처럼, 문재인 정부 '5년동란'에 대한 의분(義憤)이 그 만큼 컸기 때문입니다. 보불전쟁 초기에 엥겔스는 프랑스혁명기 '공포정치'를 상기하면서 그 책임자를 '애국자연하면서 사익을 추구한 자'로 규정했는데, 「4·15총선 전후」에서 지적했듯이, 마르크스처럼 프롤레타리아와 부르주아지를 망라한 '모든 계급의 인간쓰레기'(Auswurf, Abfall, Abhub aller Klassen)로서 라 보엠(la bohème, 보헤미안) 내지 불량배라고 부를 수도 있겠지요. 이런 맥락에서 386세대를 주축으로 한 문재인 정부는 결국 '불량정부'(rogue government)였다고 할 수 있겠고요.

「4·7보선 전후」를 마무리하면서 『고타강령 비판』의 마지막에서 다음과 같이 말한 마르크스가 생각났습니다.

나는 고백했다. 그리하여 나의 영혼을 구원했다.

Dixi et salvavi animam meam.

말년의 알튀세르가 주목한 것처럼, 마르크스가 가톨릭 고해성사의 라틴어 성구를 인용한 것은 독일사민당을 지도하는 사이비 제자들이 스승의 비판을 무시할 것을 이미 알고 있었기 때문이지요.

그렇지만 사대부의 후예임을 자부하는 저로서는 마르크스보다는 오히려 사마천, 나아가 왕부지와 고염무를 인용하는 것이 더욱 적합하다는 생각이 듭니다. 사마천은 『사기』 '열전'(列傳)의 마지막으로 「자서」(自序)를 싣고 '발분저서'(發憤著書, 의분이 북받쳐 책을 쓰다)하는 동기에 대해 다음과 같이 말했지요.

> 이 사람들[문왕과 공자 등]은 모두 가슴속에 결실이 풍성한 바 있었으나, 그 뜻을 실현할 방도를 찾지 못했다. 그래서 과거를 서술하여 그 뜻을 밝히면서 미래를 기대한 것이다.
>
> 此人皆意有所鬱結, 不得通其道也. 故述往事, 思來者.

또 「자서」를 마무리하면서 다음과 같이 말했고요.

> 원본은 이름난 산의 사고(史庫)에 간직하고 그 사본은 서울의 서고(書庫)에 남겨두어 후세에 식견 있는 선비가 읽어주길 기다린다.
>
> 藏之名山, 副在京師, 俟後世聖人君子.

나아가 당대에는 자신의 사상이 수용될 수 없음을 안 왕부지는 다음과 같이 말했습니다.

> 나는 [내 사상을 비판적으로 발전시킬] 독자를 아침부터 저녁까지 기다린다.
>
> 此解者, 吾旦暮俟之.

고염무의 말도 역시 왕부지의 말과 일맥상통하는 것이었지요.

> 왕도로 천하를 다스릴 사람이 다시 나타난다면, 바라건대 [이 책에서] 여러 지난 일들을 되돌아봄으로써, 이 세상을 융성했던 옛날의 치세로 올려놓을 것인데, 그러나 [이 책이] 감히 요즘 사람의 치도가 될 수는 없을 것이다.
>
> 有王者起, 將以見諸行事, 以躋斯世於治古之隆, 而未敢爲今人道也.

러시아혁명과 중국혁명

베틀렘의 『소련에서 계급투쟁』

이른바 '촛불혁명'으로 문재인 정부가 출범한 2017년은 러시아혁명 100주년이었고 이른바 '조국 사태'로 문재인 정부에 대한 회의가 제기되기 시작한 2019년은 중국혁명 70주년이었습니다. 러시아혁명과 중국혁명이 현대지식인사의 분수령이었다는 것은 이론의 여지가 없는 사실인데, 한국에서도 마찬가지였지요. 신식민지국가독점자본주의론과 민중민주주의론은 러시아혁명과 중국혁명에 대한 반성에서 비롯되었거든요.

러시아혁명과 중국혁명이 중요했던 것은 국제주의적 관점에서는 '이념이 곧 조국'이었기 때문입니다. 『공산주의자 선언』에서 마르크스와 엥겔스는 '노동자에게는 조국이 없다'(Die Arbeiter haben kein Vaterland)고 갈파한 바 있는데, 그 말을 마르크스주의자의 조국은 소련과 중국이라는 뜻으로 해석했던 것이지요. 자본가와 자유주의자가 미국과 일본을 조국으로 생각했던 것처럼요.

박사논문인 『에티엔 발리바르의 '정치경제(학) 비판'』(한울, 1987)의 「서문」에서 이미 밝혔듯이, 1982년부터 알튀세르에 대한 공부를 시작하면서 처음에 만난 사람은 직계인 발리바르가 아니라 방계인 베틀렘(그리고 풀란차스)이었습니다. 그러나 베틀렘을 통해 레닌과 모택동의 사회주의혁명론과 사회주의건설론을 공부했고, 그 덕분에 박현채 선생이 제기한 한국사회성격 논쟁을 러시아사회성격 논쟁과 중국사회성격 논쟁에 결합시킬 수 있었지요.

러시아혁명과 레닌에 대한 베틀렘의 주저는 『소련에서 계급투쟁』(*Class Struggles in the USSR*)입니다. 이 책은 혁명 이후 레닌의 말년을 다룬 1917-23년, 스탈린의 부상기를 다룬 1923-30년, 독일의 소련 침공 이전까지 스탈린의 집권기를 다룬 1930-41년 세 권으로 구성되었는데, 1974년과 1977년에 마스페로(Maspero)에서 출판된 1권과 2권은 스위지의 월간평론사(Monthly Review Press)에서 1976년과 1978년에 영역되었지요. 또 1권은 문화혁명이 공식적으로 종료되기 한 해 전인 1975년에 중국에서도 번역되었고요.

그런데 2권이 출판된 1977년에 알튀세르가 '마침내 마르크스주의의 위기가 폭발했다!'(Enfin la crise du marxisme!)고 선언했습니다. 그런 와중에 베틀렘은 결국 마르크스주의를 포기했는데, 이 때문에 1982년에 역시 마스페로에서 출판된 3권(2책)과 1-2권 사이에 단절이 발생한 것이지요. 그래서 월간평론사가 3권은 영역하지 않은 것 같아요. 본래는 스탈린 사후도 계획했었는데, 스탈린 시대에 대한 작업이 대폭 확대되면서 중도반단되었던 것이고요.

베틀렘은 『소련에서 계급투쟁』을 집필한 목적이 스탈린주의에 대한 '반대와 유죄선고'(deploration and condemnation)가 아닌 '설명'(explanation)이 필요하기 때문이라고 강조한 바 있습니다. "October 1917 after One Century" (*Crisis & Critique*, 2017 No. 2)에서 발리바르가 러시아혁명(및 중국혁명)에 대한 '항변과 고소·고발'(protest and denunciation)이 아니라 '비판'(critique)이 필요하다고 한 것도 비슷한 의미였고요.

'역사적 개인'으로서 레닌의 예외성에 대한 두 사람의 평가도 역시 동일합니다. 발리바르가 말하는 정세의 변화에 대응하는 이론적 역량과 정치적 용기를 베틀렘은 '반조류'(反潮流, go against the tide)라고 불러요. '궁벽한 처지에서도 원칙을 지키고 시류에 편승하지 않는다'는 뜻이므로, '원칙을 버리고 시류에 편승하는'(順應潮流, go with the tide) '시파'(時派)가 아니라 '벽파'(僻派)라는 것인데, 이 둘은 물론 정조의 탕평정치에 대한 찬반으로 발생했던 노론의 분파이기도 했지요.

『소련에서 계급투쟁』에서 베틀렘은 마오주의, 좀 더 정확하게 말하자면 모택동 사상의 관점에서 스탈린주의를 비판하고 있습니다. 스탈린주의에 대한 흐루쇼프의 '우익적 비판'에 대한 대안을 모택동의

'좌익적 비판'에서 발견하려던 알튀세르의 시도에 호응한 것이지요. 또 『소련에서 계급투쟁』의 분석을 수용하여 프랑스에 적용하려던 발리바르의 시도가 『프롤레타리아 독재에 대하여』(*Sur la dictature du prolétariat*, Maspero, 1976; 영역: NLB, 1977)라고 할 수 있고요. 알튀세르의 또 다른 제자인 르쿠르의 베틀렘에 대한 서평은 『맑스주의의 역사』(민맥, 1991)를 참고하세요.

스탈린주의에 대한 마오주의적 비판은 스탈린주의에 대한 하나의 '반증'(反證, une preuve a contrario), 즉 그릇됨을 보여주는 반대증거가 곧 모택동 사상이라는 입장입니다. 그래서 알튀세르가 스탈린주의 철학을 비판한 모택동의 강연록 「모순론」(1937)에서 출발하여 「모순과 과잉결정」(1962)과 「유물변증법에 대하여」(1963)를 집필한 것인데, 이 두 논문이 『마르크스를 위하여』의 핵심이었지요.

스탈린주의에 대한 알튀세르-베틀렘-발리바르의 마오주의적 비판에서 핵심은 경제주의 비판과 생산력주의 비판입니다. 그러나 이것이 반(反)경제와 반(反)생산력으로 귀결되는 것은 아닌데, 마르크스에게 변증법적 비판이란 반대 내지 거부가 아니라 헤겔적 의미에서 지양이기 때문이지요. 경제학 비판과 자유주의 비판이 반(反)경제와 반(反)자유가 아닌 것처럼요.

알튀세르가 스탈린주의 대신 '스탈린적 편향'(déviation stalinienne)이라는 표현을 사용했던 이유도 설명해두겠습니다. 스탈린주의란 본래 트로츠키가 애용하던 용어였고, 흐루쇼프의 스탈린 비판 이후에는 부르주아들도 광범하게 채택했던 용어로, 스탈린주의는 스탈린에 대한 공산주의적 비판이 아니라 반공주의적 비판을 함의했기 때문이지요. 그러나 마르크스주의의 위기가 폭발하고 소련이 붕괴한 다음에는 이런 구별이 별 의미가 없다고 할 수 있어요.

문화혁명에 심취한 '철학소설가'(romancier philosophe) 사르트르의 제자인 바디우에 대해서도 언급해두겠습니다. 즈다노프-리센코의 '프롤레타리아 과학'을 넘어서 '프롤레타리아 수학'을 주창한 바 있는 그는 프랑스의 대표적 마오주의자로 생산양식론보다 계급투쟁론을 중시하면서 공산주의의 원형으로서 농민의 '종교적' 공산주의를 중시한 바 있었지요. 『루이 알튀세르, 1918-1990』(민맥, 1991)에 실린 바디우에 대한 발리바르의 서평을 참고하세요.

물론 베틀렘만으로 러시아혁명사를 정리할 수는 없습니다. 에드워드 카의 『러시아혁명: 레닌에서 스탈린까지, 1917-1929』(1979; 국역: 나남출판, 1983, 1997(개정판))와 그 제자이자 수정주의의 대표자인 쉴라 피츠패트릭의 『러시아혁명, 1917-1938』(1982; 4판(2017)의 국역: 사계절, 2017)도 참고할 필요가 있어요.

베틀렘과 카가 대상으로 하는 시기는 완전히 동일한 것입니다. 1928년에 시작된 1차 5개년계획으로 야기된 '신경제정책의 전반적 위기'를 종결하는 농업집단화가 본격화되면서 스탈린주의가 확립되는 것이 1929-30년 겨울의 '대전환'이거든요. 또 피츠패트릭은 스탈린주의가 더욱 강화되는 1936-38년 '대숙청'까지 시기를 연장하여 1928-32년의 1차 5개년계획과 '문화혁명'도 대상으로 삼은 것이고요.

그 밖에도 소련에서 나온 성과를 참고할 수 있는데, 『볼셰비키와 러시아혁명』(1977; 국역: 거름, 1985-86)과 『레닌』(1983; 국역: 백산, 1986)이 대표적입니다. 또 최신의 연구성과로는 올랜드 파이지스의 『혁명의 러시아, 1891-1991』(2014; 국역: 어크로스, 2017)이 있는데, 러시아혁명은 인민이 그 주인공, 즉 승리자인 동시에 희생자인 '인민의 비극'(people's tragedy)이었다는 입장이지요.

『소련에서 계급투쟁』에서 베틀렘은 「공산주의의 '좌익' 소아병」(1920)의 레닌을 따라 유럽과 비교할 때 러시아에서 '사회주의 혁명을 시작하는 것'은 쉬운 반면 '혁명을 계속하여 완수하는 것'은 어렵다는 '일반적 진리'(the general truth)에 주목하고 있습니다. 군사적·봉건적 제국주의였던 러시아가 그럴 정도이니 반(半)식민지반(半)봉건사회였던 중국이나 식민지반봉건사회였던 조선에서 사회주의혁명에 비해 사회주의건설이 지난한 과정일 수밖에 없었던 것은 당연한 일이었겠지요.

방금 한국사회성격 논쟁에 러시아사회성격 논쟁과 중국사회성격 논쟁을 결합시킬 수 있었다고 했습니다. 그런데 사회성격 논쟁에서 사회주의 혁명의 시작과 계속·완수, 달리 말하자면 사회주의혁명과 사회주의건설의 결합은 사실 제가 처음으로 시도해본 것이었지요. 레닌이나 모택동은 물론이고, 베틀렘이나 박현채 선생에게도 그런 시도는 없었거든요.

　레닌의 경우 군봉제국주의론과 「4월 테제」가 어떻게 연결되는지 불명확했습니다. 그런 것을 제가 모택동과 진백달의 관료자본주의론과 신민주주의론을 참고하여 신식민지국가독점자본주의론과 민중민주주의론으로 정리했던 것이지요. 민중민주주의란 부르주아 민주주의가 아닌 프롤레타리아 민주주의라는 의미인데, 레닌은 부르주아 민주주의혁명의 새로운 단계 아니면 프롤레타리아혁명과 결합되는 부르주아 민주주의혁명이라고 부름으로써 오해를 야기했어요.

　베틀렘과 발리바르가 강조한 바 있듯이, 민중민주주의혁명으로 시작된 사회주의혁명이 계속되어 완수되는 과정을 자본주의의 '사멸'(Absterben)로서 '프롤레타리아 독재 아래 국가자본주의'로 인식한 것이 곧 레닌의 사회주의관입니다. 나아가 이런 사회주의관은 마르크스의 자본주의관과 짝이 될 수 있는데, 자세한 설명은 『마르크스의 '자본'』과 『역사적 마르크스주의: 이념과 운동』을 참고하세요. 또 그런 관점에서 분석될 수 있는 소련경제사의 개요는 『역사학 비판』을 참고할 수 있고요.

　베틀렘은 레닌의 이런 사회주의관이 정립되는 과정을 세 단계로 나누어 설명하고 있습니다.

　　1917년 11월(구력 10월)부터 1918년 6월까지의 '최초의 8개월'
　　1918년 6월부터 1921년 3월까지의 '전시공산주의'
　　1921년 3월부터 1929-30년 겨울까지의 '신경제정책'

먼저 최초의 8개월에는 레닌 본래의 구상에 따라 국유화보다는 노동자통제가 강조되었고 노농동맹의 중요성 역시 간과되지 않았지요. 반면 전시공산주의에서는 노동자통제보다 국유화가 강조되는 동시에 노농동맹도 희생되었는데, '좌익 공산주의자' 그룹의 핵심인 부하린과 프레오브라젠스키는 이것을 자본주의의 '폐지'(Abschaffung)인 '공산주의로의 직접 이행'으로 이론화했어요.

레닌의 신경제정책(NEP)은 전시공산주의에 대한 반성으로 출발한 것입니다. 독일혁명이 승리할 때까지 농민에게 일시적으로 양보하는 '전술적 제휴'라는 것이었지요. 그렇지만 레닌은 곧 농민과의 '전략적 동맹'을 복원하려는 것이 신경제정책의 핵심이라는 사실을 강조하기 시작했어요.

반면 노동자통제의 복원은 유보할 수밖에 없었는데, 내전기에 노동자의 'déclassement'이 발생했기 때문입니다. 'déclassement'이란 실업과 농촌이주로 인한 낙오와 자격상실이라는 의미였지요. 물론 전사나 기근·질병으로 인한 사망도 무시할 수는 없었고요. 따라서 국가는 물론이고 기업의 관리를 위해서 부르주아지(자본가·경영자·기술자) 출신을 '전문가'로 기용할 수밖에 없었지요.

레닌은 1922년 3월 11차 당대회의 보고에서 이런 상황에 대해 설명한 바 있는데, 신경제정책 1년 후에 열린 이 당대회가 레닌이 참석한 마지막 당대회였습니다. 여기서 레닌은 '정복민족'이 오히려 '피정복민족'에게 종속될 수도 있다는 사실에 주목하면서 그 원인이 바로 문화적 격차라고 강조했어요. 중국사에서 그런 일은 비일비재했는데, 이것이 백수이가 말한 이민족의 '중국화'(sinification)였지요. 자세한 설명은 『봉건제론: 역사학 비판』을 참고하세요.

신경제정책에 대한 인식이 심화되면서 레닌이 독일을 비롯한 유럽의 혁명보다는 오히려 중국을 비롯한 아시아의 혁명에 주목하기 시작했다는 사실도 지적해두겠습니다. 이른바 '동방정책'에 대한 레닌의 관심은 1920년 중반에 시작되었는데, 그래서 1920년 말에 이동휘 선생에게 거액을 지원하기도 했던 것이지요. 또 독일혁명이 혼란을 거듭하자 그런 관심이 지속적으로 심화되어 1922년 후반에는 손문과의 국공합작으로 결실을 맺었던 것이고요.

이런 맥락에서 레닌은 스탈린의 '대(大)러시아 국수주의'를 비판하면서 그를 대신하여 '러시아 노동자들에게 진정으로 사죄한다'고 고백했습니다. 스탈린은 사실 러시아인도 아니었는데, 아마도 그런 열등감으로 인한 '반사작용'(reflex)이 과잉애국주의로 표출된 것 같아요. 그러나 적반하장으로 스탈린은 레닌의 국제주의를 '민족자유주의'(national liberalism)로 폄훼하기도 했지요. 이런 맥락에서 조국 교수나 윤미향 의원, 나아가 조정래 작가는 노무현 정부의 홍보수석이었던 조기숙 교수를 보면서 자신의 뿌리에 대해 좀 더 자세하게 살펴볼 필요가 있을 것 같아요.

'양은 적더라도 질이 좋은 것이 차라리 더 좋다'

40년 만에 베틀렘을 다시 읽으면서 1980년대 초에 처음 읽었을 때는 별로 관심을 갖지 않았던 몇 가지 문제에 대해 새삼 주목할 수 있게 되었습니다. 문재인 정부의 '5년동란'과 386세대의 '주류화' 덕분이라고 할 수 있겠는데, 사실 2012년에 『역사학 비판』을 쓸 때도 여전히 간과했던 문제들이거든요.

먼저 '피정복민족'으로서 부르주아지와 '정복민족'으로서 프롤레타리아의 문화적 격차와 관련하여 베틀렘은 공산당원, 즉 볼셰비키의 구성의 변화라는 문제를 제기하고 있습니다. 쉽게 말해서 양적 확대와 질적 하락이 나타났다는 것이지요. 이것이 문제일 수밖에 없는 것은, 다른 맥락에서 레닌이 강조한 것처럼, '양은 적더라도 질이 좋은 것이 차라리 더 좋다'(better fewer, but better), 간단하게 말해서 소수정예를 '규칙'(the rule)으로 삼아야 하기 때문이에요.

베틀렘에 따르면, 혁명 직전부터 신경제정책 직전까지 4년 동안 볼셰비키의 숫자는 다음과 같이 급증했습니다.

1917년 1월   24,000
1919년 3월   350,000
1920년 3월   612,000
1921년 3월   732,000

1916년까지 입당한 24,000명을 '고참 볼셰비키'(old Bolsheviks)라고 불렀지요. 이것은 존경의 표현이었고, 아직까지 '꼰대' 볼셰비키나 '라떼'(나 때) 볼셰비키 같은 비하는 없었어요. 반면 2월혁명과 10월혁명, 나아가 전시공산주의를 계기로 폭증한 신입 당원은 볼셰비키의 역사에 대해 무지한 이른바 '탯줄 없이 태어난 세대'(아서 쾨슬러)였지요. 또 정세의 영향으로 군사적 관점에서 혁명을 인식했는데, '동지는 곧 전우'라는 것이었어요. 게다가 '출세주의자'(careerist)와 '투기꾼'(adventurer)도 많았고요.

레닌이 신입 당원에 대한 숙청의 필요성을 제기한 것은 이런 상황을 더 이상 묵과할 수 없었기 때문입니다. 그는 1917년 혁명과정에서 대중의 열광에 감염되어 부화뇌동하던 볼셰비키를 비판한 바 있었지요. 열광에는 무지로 인한 열광(craze)과 미신으로 인한 열광(fanaticism)이 있는데, 『자본』의 「서문」에서 마르크스가 강조한 것처럼, 이런 열광이 사익(私益) 추구와 결합하면 분노와 복수로 폭발하는 법이에요.

레닌이 볼 때, 볼셰비키는 대중의 열광에 부화뇌동하면 안 되고, 과학에 근거한 이데올로기로서 '과학적 세계관'에 충실한 정치노선, 즉 정강(政綱, 정치의 줄거리 내지 정책기조)으로 대중을 지도해야만 했습니다. 모택동처럼 말하자면 '당의 영도권은 구호가 아니라 정책, 명령이 아니라 모범'이라는 것이었지요.

최초의 숙청은 1919년에 시작되었습니다. 1919년 8차 당대회의 보고에서 레닌은 이렇게 경고했습니다.

모든 혁명에는 인간쓰레기가 있기 마련이다. 왜 우리만 예외이겠는가?

Every revolution has its scum. Why should we be any exception?

그러면서 혁명 이후 공산주의자에게 '거머리처럼 달라붙어온' 출세주의자와 투기꾼이라는 '이질분자'(alien elements)에 대한 숙청을 호소했던 것이지요. 그러나 전황이 불리해지면서 숙청은 중도반단 되고 당원은 또다시 증가했습니다. 1921년 10차 당대회에서 레닌이 신경제정책을 제안하는 것과 동시에 '과다한'(excessive) 당원수를 절반으로 줄이는 것을 목표로 숙청의 재개를 제안했던 것은 이 때문이에요.

레닌에게 공산주의란 '이데오크라시'(ideocracy, 이념정)였습니다. 1922년에 당원의 0.6%와 6.4%가 고등교육과 중등교육을 이수했고, 나머지는 '기능적 문맹'(functionally illiterate)이었지요. 달리 말해서 이데올로그로 기능할 수는 없는 '무지렁이 시골뜨기'(bunglers and slobs)였다는 것이에요. 그들을 방치할 경우에는 '시골살이의 어리석음' (Idiotismus des Landlebens, 『공산주의자 선언』)이 이데올로기를 대체할 수밖에 없었던 것이고요.

이런 맥락에서 1920년에 러셀이 볼셰비키의 종교적 기질을 지적했던 까닭을 알 수 있습니다. 그는 볼셰비키 이론이 아닌 실천에서 '객관적으로 의심스런 사태에 대한 전투적 확신'(militant certainty about objectively doubtful matters)을 발견했지요. 포퍼처럼 말해서 '반증가능성'(falsifiability/refutability)을 기각하는 볼셰비즘과 '믿음은 이성을 초월한다'(credo quia absurdum, 불합리하므로 믿는다)는 테르툴리아누스의 호교론은 대동소이하다는 것이었어요.

그러나 1923년 초부터 뇌졸중으로 활동을 중지한 레닌이 1924년 초에 사망하자 '레닌 입당'(Lenin enrollment) 또는 '레닌 소집'(Lenin levy)을 명분으로 해서 신입 당원이 또다시 폭증했습니다.

　1923년 1월　499,000
　1924년　　　860,000

결국 1927년에는 당원이 100만명을 넘었는데, 그 중 고참 볼셰비키가 1/100이었고, 내전기까지의 입당자가 1/3이었어요.

그런데 레닌이 고참 볼셰비키의 15배 안팎인 30-40만명의 당원이 적정한 수준이라고 판단한 것은 이미 당의 구조가 변화했기 때문이었습니다. 더 이상 당대회가 아닌 중앙위원회와 정치국이 중요하게 되었거든요. 그래서 수정주의 역사학자인 피츠패트릭의 남편이기도 했던 수정주의 정치학자인 허프가 중앙위원회와 정치국이 의회와 내각의 역할을 대행했다고 해석한 것이고요.

당원의 폭증은 결국 스탈린의 집권으로 연결되는 것이었습니다. 피츠패트릭은 스탈린이 '대중적 토대'를 확보하기 위해 '능력주의' 대신 노동자에 대한 '우대정책'(affirmative action)을 채택했다고 주장하면서 생활수준 향상과 함께 '신분 상승'에도 주목한 바 있는데, 그 출발점이 바로 입당이었지요. 당원이 되어야 당과 국가와 기업의 간부로서 당료와 관료와 경영자가 될 수 있었거든요.

이 대목에서 '노동자주의'(workerism)가 스탈린주의의 본질임을 알 수 있습니다. 정치노선으로서 노동자주의는 노농동맹 같은 정치적 역할을 포기하고 노동자의 경제적 이익을 추구하는데, 레닌처럼 말하자면, 노동자가 '계급적 이익'(class interest) 대신 '직업적 이익'(craft interest)을 추구한다고 할 수 있어요. 이런 의미에서 노동자주의는 독일사민당으로 소급하는 것으로 스탈린주의와 독일사민당은 국가주의와 애국주의를 공유하기도 했지요. 알튀세르처럼 말해서, 스탈린주의는 제2 인터내셔널의 '사후 복수'(revenge posthume)라고 할 수 있다는 것이에요.

스탈린주의의 대중적 토대에는 여성도 포함되었습니다. 동일노동-동일임금 실행과 선거권-피선거권 부여 같은 남녀평등정책을 채택했거든요. 1차 세계전쟁과 내전에서 수많은 남성이 전사하여 1920년대 중반에 여성이 500만명이나 초과한 상태여서 1차 5개년계획과 농업집단화를 위해서는 여성을 동원할 필요가 있었기 때문이지요. 스탈린이 '여성주의자'(womanist)였는지는 몰라도 페미니스트였던 것은 아닌데, 노동자주의자가 마르크스주의자가 아닌 것과 마찬가지 이치라고 할 수 있어요.

스탈린이 중앙위원회와 정치국을 서기국(Secretariat, 사무국)으로 대체했다는 사실에도 주목해야 합니다. 그 결과 서기국의 수장인 서기장(중국의 총서기, 북한의 총비서)이 중앙위원회와 정치국을 통제했던 것이고요. 또 서기국의 부상은 아파라치키(apparatchiki, 당료를 비롯한 관료와 경영자)의 등장을 상징했는데, 그 상층이 이른바 '노멘클라투라'(nomenklatura)였지요.

스탈린은 레닌의 신경제정책과 자신의 '일국사회주의'(socialism in one country) 사이에서 친화성을 발견한 부하린과의 동맹을 통해 반대파를 순차적으로 숙청할 수 있었는데, 자세한 설명은 역시 카의 『러시아혁명』을 참고할 수 있습니다.

    1923-24년   트로츠키 반대파 숙청
    1924-25년   지노비예프-카메네프 반대파 숙청
    1926-27년   트로츠키-지노비예프-카메네프 연합반대파 숙청

마지막으로 1928-29년에 부하린을 '우익반대파'라는 명목으로 숙청하면서 결국 농업집단화를 통해 신경제정책을 폐기했던 것이고요.

레닌과 달리 스탈린에게는 정치노선이나 그것을 근거짓는 이론은 크게 중요하지 않았습니다. 대신 막후 협상으로 다수파를 형성하여 투표에서 승리하는 것이 중요했다는 것이지요. 레닌이 이론가이자 정치가였던 반면 스탈린은 심판자로서 중재자였다고 할 수 있어요. 달리 말해서 레닌이 벽파였던 반면 스탈린은 시파였다는 것이에요. 트로츠키도 벽파는 아니었는데, 레닌의 기질을 '자코뱅적 불관용의 모방'으로서 '악의적 불신'으로 폄훼했거든요. 쉽게 말해서 레닌은 의심이 많은 교조주의자였을 따름이라는 것이에요.

후계자 경쟁에서 스탈린의 주적은 트로츠키였습니다. 트로츠키가 재승박덕한 지식인이었던 반면 스탈린은 '특성 없는 회색인'(a grey blur)이었지요. 스탈린 자신은 '무교양인'(a crude man, 상놈)을 자처하기도 했고요. 물론 공통점도 있었는데, 레닌이 볼 때, 둘 다 정치가보다는 오히려 행정가였거든요. 어쨌든 트로츠키를 숙청한 다음에는 트로츠키에 비해 능력이 부족한 지노비예프와 카메네프나 이론가였을 따름인 부하린은 별로 어려운 상대가 아니었어요.

1922년 말부터 1923년 초까지 작성된 「유언」 등에서 레닌은 자신이 사망한 다음 집단지도체제의 형성에 장애가 될 것으로 예상되는 스탈린 등의 성격에 주목한 바 있습니다. 농민의 후예인 스탈린의 성격은 '너무 조야하다'(too rude)고 했는데, 스미스처럼 말하자면, 공감이라는 도덕감정과 정의와 인애(仁愛, benevolence)라는 덕성이 결여되었다는 것이지요. 게다가 스탈린은 반대자에게 '원한'(spite)을 품는 버릇이 있었는데, '정치에서 원한은 일반적으로 가장 야비한(base) 역할을 한다', 달리 말해서 원한은 정치를 가장 야비하게 만든다는 것이 레닌의 판단이었지요.

레닌이 'careerist'와 'adventurer'에 대해 언급했다고 했는데, 전자의 극단적 경우인 후자는 모험주의자보다는 투기꾼, 심지어 범죄자/악당(scoundrel)으로 번역하는 것이 정확할 것입니다. 자신의 능력과는 무관하게 온갖 수단과 방법을 가리지 않고 출세에 혈안이 된 자가 'adventurer'인데, 사실 그 대표자는 스탈린이에요. 조금 이따가 소개할 메드베제프는 스탈린의 '무한한 야망과 유한한 능력의 모순'에 주목하면서 그런 모순이 열등감으로 발전하고 또 열등감이 질투와 원한이 많은 그의 성격을 강화했다고 강조한 바 있지요.

또 레닌은 지주의 후예인 트로츠키의 성격을 '지나친 자기만족'(excessive self-assurance)으로 특징지었는데, 여기에 권위주의를 추가할 수도 있을 것입니다. 메드베제프에 따르면, 독불장군이라고 할 수밖에 없는 그런 성격적 결함이 망명기에는 '편향적 교조주의'(tendentious dogmatism)로 심화되었어요.

북조선노동당의 경우에도 주목할 수 있습니다. 『후기』에서 지적한 것처럼, 1946년 창당대회의 당원 37만명이 1948년 2차 당대회에서는 73만명으로 배증했거든요. 그래서 국내파의 수장인 박헌영 선생과 막역했던 소련파의 수장인 허가이가 1951년 초에 숙청을 단행했던 것인데, 한국전쟁 초기의 실패 책임을 물어 생존 당원 60만명 중 45만명을 책벌했지요. 그러나 이를 용납하지 못한 김일성 주석이 1951년 말에 허가이를 숙청하면서 1952년에는 결국 당원이 100만명을 돌파하게 되었어요.

나아가 김일성 주석은 '바보'를 자처하면서 '이론가' 박헌영 선생도 숙청할 수 있었습니다. 국내파를 숙청한 다음에는 그에 미달하는 연안파와 소련파를 숙청하는 것은 쉬운 일이었지요. 또 마지막에는 자신을 지지해왔던 갑산파까지 숙청했고요. 그 결과 김일성 주석이 스탈린을 능가하는 개인숭배를 통해 부자세습에 성공할 수 있었던 것이에요. 그런데 레닌은 '지도자'(leader)는 문명적인 반면 '수령'(head)은 원시적·야만적이라고 비판한 적이 있어요.

결국 문화 내지 지식이 중요하다는 것인데, 이와 관련하여 '무지는 곧 범죄다'라는 문제에 주목해보겠습니다. 2007-09년 금융위기의 와중에 진행된 사회진보연대에서의 강의 『금융위기와 사회운동노조』에서 강조한 바 있었는데, 그 후 사회진보연대의 행태를 보면 '한 귀로 듣고 한 귀로 흘린' 것 같아요.

여기서 무지는 역사적 식견과 정세적 판단에서의 결함, 또 그런 결함으로 인한 과오입니다. 그런 과오가 'blunder'인데, 무지로 인한 과오이므로 '멍청한 짓'(stupidity)이기도 하지요. 'blunder'는 'blind'에서 온 말이므로 '눈먼 길잡이', 즉 사이비 지식인의 소행이라고도 할 수 있고요. 동시에 범죄는 『고타강령 비판』에서 마르크스가 말한 'Frevel'인데, 영어로는 'sin'이라고 할 수 있습니다. 본래 'sin'은 도덕적 범죄인데, 정치적 범죄도 역시 'sin'이라고 할 수 있거든요.

제가 문재인 정부에 대해 의분을 갖지 않을 수 없었던 것은, 이미 『위기와 비판』에서 설명한 것처럼, 그들의 과오가 단지 무지로 인한 것이 아니기 때문입니다. 그래서 역사가 '비극'(tragedy)에서 '광대극'(farce, 소극)을 거쳐 '사기극'(imposture)으로 반복된다고 고발했던 것이지요. 사기꾼의 과오는 멍청한 짓이 아니므로 그들의 범죄는 'sin'이 아니라 'crime', 즉 형법상의 범죄이지요. 문재인 대통령이나 조국 교수는 'sin'이 아닌 'crime'만 아는데, 형법만 알고 도덕률이나 정치윤리 내지 정치문화는 모르기 때문이에요.

체카와 '혁명적 테러'

숙청의 필요성은 부르주아지나 프티부르주아지 출신 볼셰비키가 급증하면서 '계급의 적'(class enemy)이 당 내부로 침투했다는 의혹과도 관련되었습니다. 그러면서 체카(Cheka, 반혁명파괴분자숙청을위한전러시아비상위원회)가 당생활에 개입하기 시작했던 것이지요. 이 문제도 별로 주목하지 못했었는데, 역시 문재인 대통령과 조국 교수의 검찰개혁 덕분에 그 중요성을 깨닫게 되었어요.

혁명 초기에 레닌은 부르주아나 프티부르주아 정당과 언론에게 이데올로기투쟁, 나아가 체제내 정치투쟁을 허용했습니다. 10월혁명은 2월혁명이 '성장·전화'(growing over into)한 것으로 무장봉기나 쿠데타에 불과한 것은 아니었거든요. 그러나 계급투쟁이 격화되자 부르주아지나 프티부르주아지에 대한 관용이 포기되고 혁명적 폭력이 허용되었어요.

형사범(criminal, 常事犯)에 대해서는 교육과 교정, 쉽게 말해서 설득이 중요한데 정치범(political, 國事犯)에 대해서는 '혁명적 테러'라는 억압이 중요하게 된 것은 이런 맥락이었습니다. 그래서 정치범을 설득하여 전향시키려는 '국가보안법' 대신 형법에 정치범에 대한 별도의 조항을 포함시키게 된 것이고요. 물론 혁명적 테러는 '가장 강력하게, 그러나 가장 단기적으로 행사해야 하는' 것으로 '영구적'(permanent) 폭력이 아니라 '임시적'(temporary) 폭력이라는 단서가 붙어 있었지만요.

'법률외적'(extralegal)·'사법외적'(extrajudicial) 정의로서 '행정적'(administrative) 정의를 위한 비밀경찰 체카의 역할이 부상한 것도 이 때문이었습니다. 체카는 본래 10월혁명 직전에 결성된 군사혁명위원회의 일부였어요. 군사혁명위원회와 달리 체카는 혁명 이후에도 존속하게 되었고 전시공산주의에서 급성장했는데, 프랑스혁명기 공안위원회에 의한 공포정치를 모방하는 동시에 짜르의 비밀경찰을 계승했던 셈이에요. 급기야 체카는 혁명재판소에서 독립하여 수사권은 물론 재판권까지 확보하게 되었어요. 그 결과 '특별혁명재판소'(트로이카)와 '교정노동수용소'(굴라크)를 운영했던 것이고요.

체카의 경쟁자가 바로 검찰이었습니다. 그래서 프랑스혁명기처럼 혁명재판소로 개편된 법원과 달리 검찰은 지속적으로 쇠퇴할 수밖에 없었어요. 그러다가 신경제정책을 계기로 검찰이 잠시 부활할 수 있었지요. 그러나 신경제정책기에도 체카가 약화된 것은 아니에요. 오히려 (오)게페우((O)GPU, 국가정치(총)국)로 체계화된 체카는 당 생활에도 개입할 수 있게 되었고, 결국 1936-38년의 대숙청을 통해 고참 볼셰비키를 '절멸'시킬 수 있었거든요.

오웰이 『동물농장』(*Animal Farm*, 1945; 국역: 비채, 2010)의 모델로 설정한 쾨슬러의 『한낮의 어둠』(*Darkness at Noon*, 1940; 국역: 한길사, 1982)은 부하린 재판에 대한 알레고리였습니다. 지주 출신 고참 볼셰비키 루바쇼프는 감옥의 일기에서 이렇게 고백하고 있지요.

> 우리는 ['페어플레이'라는 자유주의적 정치윤리 대신 목적(결과)이 수단(과정)을 정당화하는 네오마키아벨리적 혁명윤리에 따라 외상(credit)으로 사고하고 행동함으로써] 마치 바닥짐(ballast) 없이 항해하고 있는 것 같아 키를 조종할 때마다 [혹시라도 배가 침몰한다면] 생사가 갈릴 수 있다.

또 스탈린의 알레고리인 '1인자'(No. 1)를 맹신하면서 고문과 처형을 선호한 빈농 출신 신참 볼셰비키 글레트킨을 '군복을 입은 인비인(人非人, brute)' 내지 '네안데르탈인'이라고 부르기도 하고요.

피츠패트릭은 볼셰비키와 자코뱅의 차이가 있었다고 주장합니다. 자코뱅과 달리 볼셰비키는 (오)게페우를 통해 혁명 동지에게 테러를 사용했다는 것인데, 논란의 여지가 있어요. 오히려 모택동처럼 말해서 '인민 내부의 모순'을 '적대화'했다고 하는 것이 옳겠지요. 아니면 무고한 사람의 처형을 최소화하려는 자기고소·고발(self-incrimination, 자백) 금지, 즉 미란다 원칙을 거부했다고 할 수도 있고요.

흐루쇼프가 스탈린을 비판하면서 '개인숭배'의 결과로 주목한 것이 바로 준법성의 파괴였습니다. 또 준법성의 파괴자가 (오)게페우였다면, 수호자는 검찰이었던 것이고요. 사회주의에서 정의에 대해 정리해두자면, 아리스토텔레스가 말하는 '보편적 정의'는 준법성이고, '특수한 정의'는 분배정의로서 능력주의인데, 『고타강령 비판』에서 마르크스는 그것을 '불평등의 권리'(ein Recht der Ungleichheit)라고 불렀습니다. 불평등한 능력과 노동에 '비례하는'(proportionell) 보수는 불평등할 수밖에 없다는 것이지요.

마지막으로 사회주의의 건설이라는 관점에서 스탈린을 비판한 베틀렘과 달리 카는 현대화라는 관점에서 스탈린을 비롯한 볼셰비키를 평가했다는 사실도 지적해두겠습니다. 트로츠키주의자 도이처가 서평에서 말한 것처럼, '돈키호테식 망상/미망(delusions)을 버리고 힘들게 애써서 경세학(statecraft)의 기초를 배움으로써 결국 러시아를 구했다'는 것으로, 레닌과 트로츠키의 사회주의 관념을 실현할 수 있었던 사람이 바로 스탈린이었다고 주장한 셈이에요.

카의 후계자이기도 한 데이비스에 따르면, 카는 '역사적 개인'으로서 스탈린이라는 문제를 제기했다고 합니다. 홉스봄과 발리바르가 영웅으로서 레닌에 주목했던 반면 카는 비(非)영웅 내지 반(反)영웅으로서 스탈린에 관심을 가졌던 것이지요. 그러나 카 자신도 지적한 것처럼, 레닌이 53세인 1924년이 아니라 73세인 1944년까지 살았고 반면 스탈린이 73세인 1953년이 아니라 53세인 1933년에 죽었다면, 소련사회주의의 역사는 분명 달라질 수 있었겠지요.

피츠패트릭에 따르면, 옐친 대통령은 소련사를 전면적으로 부정하여 '망각의 피안'(dustheap of history, 트로츠키)으로 내던졌다고 합니다. 반면 푸틴 대통령은 소련사를 부분적으로 복원했는데, 다만 '혁명가 레닌'이 아니라 '국부(nation-builder) 스탈린'을 주인공으로 격상시켰지요. 하기야 푸틴 시대에는 전두환 대통령의 '5공'을 추격의 모델로 삼자는 쿠르바노프 같은 역사학자도 출현했는데, 자세한 설명은 『'한국의 불행'』을 참고하세요.

푸틴 대통령이 2017년 11월 7일 러시아혁명 100주년 기념식을 거부했다는 사실도 지적해두겠습니다. 혁명이 아니라 '진화'(evolution)가 옳았다는 것이고, 게다가 혁명도 아니고 '동란'(prevorot)이었을 따름이라는 것이에요. 프랑스혁명 200주년을 전후해서 수정주의적 입장이 제기된 것 같은 상황도 없었는데, 그 만큼 러시아 역사학계가 침체했다는 방증이라고 할 수 있겠지요.

그런데 파이지스에 따르면, 소련이 해체된 이듬해인 1992년에 옐친 대통령이 신설된 헌법재판소에 소련공산당을 고발했다고 합니다. 소련공산당이 범죄자/악당(scoundrel)이라면 '일당국가'(party-state)인 소련은 클렙토크라시(kleptocracy)였던 셈이지요. 그래서 고르바초프의 페레스트로이카와 글라스노스치를 이론화했던 야코블레프가 '우리는 당이 아니라 우리 자신을 재판하고 있는 중이다'라고 공개적으로 비판했던 것이고요.

이런 맥락에서 헌재는 '정치의 사법화'를 훨씬 초과하여 '과거사'를 심판할 수 있는 권한은 없다는 입장에서 소련공산당을 해산하되 러시아연방공산당 결성을 허용한다고 판결했습니다. 결국 소련이 러시아연방으로 재편됨에 따라 소련공산당도 러시아연방공산당으로 재편되었던 셈이지요. 푸틴 대통령이 러시아혁명 100주년 기념식을 거부한 것은 이듬해 3월 대선을 앞두고 제1야당 러시아연방공산당을 지원하는 셈이었기 때문이고요.

메드베제프의 『역사가 판단하게 하라』

로이 메드베제프의 『역사가 판단하게 하라』(*Let History Judge: The Origins and Consequences of Stalinism*, Columbia University Press, 1989; 국역: 새물결, 1991)에 대해서도 보론 삼아 소개해두겠습니다. 『역사학 비판』에서도 지적한 것처럼, 로이는 소련의 유명한 반체제 역사학자였는데, 반체제 생물학자인 쌍둥이 동생 조레스는 리센코 비판으로 유명했지요.

『역사가 판단하게 하라』는 스탈린주의의 역사를 분석한 1부 '당내에서 스탈린의 부상'과 2부 '스탈린의 권력 찬탈과 대숙청'만 번역되고, 3부 '스탈린주의의 본성과 원인들'과 4부 '스탈린주의의 결과들'

은 생략되었습니다. 『레닌주의와 현대사회주의의 제문제』(*Leninism and Western Socialism*, Verso, 1981; 국역: 새물결, 1990)에 이어 번역에 착수했다가 소련이 붕괴하자 중도에 포기했던 것 같아요.

흐루쇼프의 지지자였던 메드베제프는 1968년 이른바 '프라하의 봄'을 계기로 시작된 스탈린 복권운동에 반발하여 『역사가 판단하게 하라』의 초판을 1972년 미국에서 출판하면서 가택연금되었습니다. 영역과 국역의 원본은 페레스트로이카의 절정기인 1989년의 증보 개정판이었는데, 페레스트로이카 실패 이후 메드베제프는 우여곡절을 거쳐 푸틴 지지자로 전향했다고 하지요.

『역사가 판단하게 하라』 중의 압권은 고참 볼셰비키를 절멸시킨 대숙청의 분석입니다. 고참볼셰비키협회(Society of Old Bolsheviks)의 가입 조건은 18년의 당활동 경력이었지요. 그래서 1922년 창립 시에는 1905년 혁명 이전 입당이 조건이었고, 1935년 해산 직전에는 1917년 혁명 이전 입당이 조건이었어요.

베틀렘도 인용한 바 있듯이, 레닌은 고참볼셰비키협회 창립 직후 고참 볼셰비키를 다음과 같이 정의한 바 있습니다.

> 현재 당의 프롤레타리아적 정책은(…)당의 고참 호위병(the old guard)이라 부를 수 있는 소집단에 의해 향유되는 거대하고 통일된 권위(the enormous undivided prestige)에 의해 결정된다.

달리 말해서 공산당의 프롤레타리아적 본질을 담보하는 것이 바로 고참 볼셰비키의 권위였다는 것인데, 1921년 10차 당대회에서 분파 형성을 금지한 정세적 이유를 상기시키려는 의도도 있었지요.

스탈린은 자신의 권력 찬탈에 장애가 되는 고참 볼셰비키에 대해 적대적이었습니다. 그래서 1934년의 키로프 암살 직후에 고참볼셰비키협회를 해산하고 1936-38년의 대숙청을 통해 고참 볼셰비키를 절멸시켰던 것이에요. 물론 스탈린에게 위협이 되지 않은 고참 볼셰비키는 일부 생존할 수 있었는데, 마치 '참새로 살아남은 공룡' 격이었다고 할 수 있겠지요.

스탈린이 레닌보다 위대하다는 아첨으로 유명했던 카가노비치가 대표자였는데, 그는 1991년에 98세로 사망한 최장수 고참 볼셰비키였습니다. 카가노비치는 대숙청 이후 몰로토프·미코얀·보로실로프와 함께 스탈린의 '4인방'을 형성하여 정치국을 대체했던 인물이지요. 어쨌든 스탈린 저작집의 분량을 레닌 저작집의 2.5배, 마르크스-엥겔스 저작집의 10배로 조정하려는 소극까지 연출되었는데, 교황이 바울로는 물론이고 예수보다도 위대하다는 격이었어요.

스탈린을 이론가로 데뷔시킨 계기는 강의록 『레닌주의의 기초』 (1924)였는데, 여기서 레닌의 공적은 마르크스주의의 '러시아화'가 아닌 제국주의와 프롤레타리아 혁명의 시대에 마르크스주의를 한층 발전시킨 마르크스주의의 '레닌적 단계'라는 테제가 제시되었지요. 달리 말해서 '레닌 사상'이 아니라 '레닌주의'라는 것이에요. 그러나 문제는 『레닌주의의 기초』가 20대 초반의 청년 저널리스트 출신의 이론비서 크세노폰토프(Ksenofontov)의 『레닌의 혁명학설』(1925)을 표절했다는 것이 메드베제프의 주장이에요.

그 밖에 스탈린의 유명한 저작으로는 14년 터울로 발표된 『소련공산당사: 단기교정』(1938)과 『소련에서 사회주의의 경제적 문제』 (1952)가 있습니다. 이것들에 대해서는 표절 시비가 없었던 대신 집단 작업의 결과를 대표 집필했다는 것이 메드베제프의 평가이지요. 물론 표절 시비를 제기할 수 있는 상황도 아니었겠지만요.

1917년 8월(신력)에 뒤늦게 볼셰비키에 가담한 트로츠키도 역시 고참 볼셰비키에 대해서는 호의적이지 않았습니다. 메드베제프에 따르면, 소련과 우호관계에 있었던 터키로 추방된 직후인 1930년에 레닌의 '무서운 농담'(grim jest)을 소개하며 은연중 고참 볼셰비키에 대한 자신의 적개심도 드러냈거든요.

50세가 된 혁명가는 저승(hereafter)으로 보내야 한다.

트로츠키의 전언을 액면 그대로 받아들이면, 결국 스탈린은 레닌의 '유언'을 집행한 셈이 되겠지요.

메드베제프에 따르면, 일국사회주의론이 레닌과 무관한 스탈린의 발명품이라는 트로츠키의 주장은 근거가 없습니다. 일국에서 사회주의혁명이 가능하다는 데서 출발한 레닌이 일국에서 사회주의건설도 가능하다는 결론에 도달했기 때문이지요. 그리고 그런 과정에서 핵심적 역할을 한 것이 바로 신경제정책론이었고요.

쉽게 말해서 일국사회주의론은 신경제정책론의 필요조건이었고 신경제정책론은 일국사회주의론의 충분조건이었다고 할 수 있습니다. 레닌의 일국사회주의론에 대한 최근의 연구성과는 Erik van Ree, "Socialism in One Country: A Reassessment" (*Studies in East European Thought*, June 1998)를 참고하세요.

신경제정책이야말로 '사회주의운동의 이론과 실천에서 레닌의 가장 본질적(most vital) 기여'였고 그런 기여를 계승한 사람이 바로 부하린이었다는 메드베제프의 주장은 『역사학 비판』에서 소개한 코언이나 레빈 같은 수정주의자의 주장과 일치하는 것입니다. 반면 스탈린은 신경제정책론 없는 일국사회주의론을 추진했고, 트로츠키는 일국사회주의론을 부정함으로써 신경제정책론도 기각했던 것이지요.

대숙청의 특징은 스탈린에 대한 반대자와 함께 지지자도 숙청한 데 있습니다. 이른바 '승리자들의 대회'였던 1934년 17차 당대회에서 선출된 중앙위원과 후보위원 139명에서 110명(흐루쇼프에 따르면 98명)이 처형되었지요. 1939년 18차 당대회에서 선출된 중앙위원과 후보위원 84명에서 24명만이 '승리자들' 중의 생존자였고, 나머지는 초선이었고요.

1980년대 운동권 일각에서는 스탈린시대보다 모택동시대에 사람이 더 많이 죽었다면서 중국사회주의가 소련사회주의보다 열등하다는 주장이 제기되기도 했었습니다. 그러나 스탈린과 달리 모택동은 자신의 동지를 처형한 적이 없는데, '병을 치료하여 사람을 구한다' (治病求人)는 것이 그의 모토였지요. 대표적인 사례를 들어보자면, 유소기는 병사했고 임표는 사고사였어요. 게다가 등소평은 '오뚝이' (不倒翁)처럼 살아남아 결국 개혁·개방을 추진할 수 있었고요.

대숙청을 주도한 것은 1934년에 엔카베데(NKVD, 내무인민위원회)로 개편된 (오)게페우였습니다. 대숙청 전후 비밀경찰은 '온갖 종류의 투기꾼과 출세주의자의 집결지(a rallying point)'였지요. 베틀렘은 출세주의자에게 주목했고, 메드베제프는 투기꾼에게 주목했는데, 스탈린주의의 심화에 따라 볼셰비키도 더욱 타락했기 때문이에요.

그런데 아이러니한 것은 당료와 관료에 대한 숙청의 전제조건이 바로 비밀경찰 자체에 대한 숙청이었다는 것입니다. 비밀경찰조차 자신의 동지였던 당료와 관료에 대한 숙청에 주저했기 때문이에요. 그 결과 레닌의 동지이자 체카의 창설자였던 제르진스키가 1926년에 요절한 다음 줄곧 비밀경찰을 지배해온 야고다 자신이 숙청되고 그 대신 예조프가 대숙청을 주도했던 것이지요.

제르진스키가 자유주의를 지양하려는 공산주의자였다고 한다면, 예조프는 자유주의에 반대하는 인민주의자였다고 할 수 있습니다. '무고한 한 사람을 유형 보내는 것보다는 천 번이라도 자유주의로 길을 잘못 드는 것이 낫다'는 것이 제르진스키의 지론이었던 반면 '스파이 한 명이 달아나는 것보다는 무고한 인민 열 명이 죽는 것이 낫다'는 것이 예조프의 지론이었거든요.

예조프는 콜론타이와 함께 노동자반대파를 지도한 쉴랴프니코프의 양자였습니다. 쉴랴프니코프는 물론 대숙청기에 처형되었는데, 예조프 자신도 역시 대숙청 말기에 숙청되었어요. 과유불급(過猶不及, 지나침은 모자람과 같다)이라는 말처럼, 지나친 예조프는 모자란 야고다와 같았다고 할 수 있겠지요. 예조프를 대체한 사람이 1917년 2월혁명 직후에 볼셰비키에 입당한 대표적 투기꾼인 베리야였는데, 그는 스탈린 사후 흐루쇼프에 의해 숙청되었지요.

대숙청에 개입한 법률가로는 예조프와 베리야에 비견되는 인물인 검찰총장 비신스키가 있습니다. '법은 [정치범에 대한] 계급투쟁의 수단이다', 따라서 '시대에 뒤지게 된 법은 무시해야 한다'는 것이 그의 지론이었지요. 쉽게 말해서 자유주의적 법치인 '법의 지배'(rule of law)를 기각하고 인민주의적 법치인 '법에 의한 지배'(rule by law)

를 주장했던 것이에요.

그런 상황에서 희생된 사람이 바로 신경제정책기에 마르크스주의 법학을 정초한 파슈카니스였는데, 그는 그로스만의 사질(師姪) 격인 루빈과 비견되던 전도유망한 소장 마르크스주의자였습니다. 1980년 5월 마르크스주의로 전향하고 제가 처음으로 공부한 사람이 바로 루빈과 파슈카니스, 그리고 그들의 후예인 서독 '형태분석가'였지요. 형태분석이란 상품-화폐형태에서 출발하여 자본형태를 거쳐서 국가형태를 도출하려는 시도였고요.

파슈카니스의 출발점은 『고타강령 비판』에서 마르크스가 제시한 다음과 같은 테제였습니다.

> 법(Recht, 권리)은 사회의 경제적 구조와 그것이 조건 짓는 문화적 발전을 초과할 수 없다.

또 『국가와 혁명』에서 레닌이 제시한 다음과 같은 테제였지요.

> 부르주아 법은 물론 불가피하게 부르주아 국가도 전제한다.

이미 설명한 것처럼, 신경제정책기에 레닌은 '프롤레타리아 독재 아래 사멸 중인 자본주의로서 국가자본주의'라는 사회주의관을 제시한 바 있습니다. 레닌을 따라 파슈카니스가 사회주의에서 국가와 법이란 '프롤레타리아 독재 아래 사멸 중인 부르주아 국가와 부르주아 법'에 다름 아니라고 주장했던 것이에요. 이런 주장은 혁명 직후에 레닌이 강조한 바 있는 혁명적 '법의식'(pravosoznanie)과 '양심'을 대체하는 것이기도 했는데, 부르주아적 정의와 도덕감정에 미달할 가능성이 농후했기 때문이지요.

요컨대 레닌과 파슈카니스는 이렇게 사회주의 자체를 과도기로 인식했던 것입니다. 반면 스탈린은 과도기로서 사회주의관을 '허무주의적'이라고 비판하면서 사회주의는 독자적 생산양식이라고 주장했지요. 달리 말해서 '사회주의적 자본'(le capital socialiste, 샤방스)과 함께 '사회주의적 국가와 사회주의적 법'이 존재한다는 것인데,

사회주의적 자본·국가·법은 마르크스주의적 관점에서 형용모순일 수밖에 없어요.

『반뒤링』에서 엥겔스는 '광의의 경제'와 '협의의 경제'를 구별한 바 있습니다. 달리 말해서 초역사적 의미에서 경제 일반이 존재하는 동시에 봉건제 또는 자본주의에 고유한 역사적으로 특수한 경제도 존재한다는 것이지요. 그러나 광의의 국가·법과 협의의 국가·법을 구별할 수는 없어요. 국가는 계급사회에 고유하고 (서유럽에서) 법은 자본주의에 고유하기 때문이지요. 달리 말해서 무계급사회에 국가는 존재하지 않고 (서유럽의) 봉건제에 법은 존재하지 않아요.

『후기』에서 지적한 것처럼, 페레스트로이카를 계기로 김도균 교수는 자유주의로 전향한 반면 조국 교수는 인민주의로 전향했습니다. 흐루쇼프가 스탈린주의를 '사회주의적 준법성(socialist legality)의 침해'라고 비판한 것에서 한 걸음 더 나아가 고르바초프는 '전인류적 가치'(universal human value, 인류보편적 가치)로서 '법의 지배 내지 법치국가(Rechtsstaat)의 침해'라고 비판했는데, 석사논문에서 파슈카니스를 연구한 바 있는 김 교수는 고르바초프의 비판을 수용했던 반면 조 교수는 거부했기 때문이지요. 하기야 조 교수는 주체사상파에 버금가는 극단적 스탈린주의자였던 사노맹(남한사회주의노동자동맹)의 이론가를 자임하기도 했었고요.

메드베제프는 대숙청 직후 브레히트가 쓴 「인민은 잘못이 없는가?」(Ist das Volk unfehlbar?, 1939)라는 시를 소개했는데, 마지막 6연과 7연만 인용해보겠습니다.

6
오천 명이 건설한 것을 한 사람이 파괴할 수 있다.
유죄선고된 오십 명 중
한 사람은 무죄일 수 있다.
가령 그가 무죄라면?

7
가령 그가 무죄라면,
그는 어떻게 죽음을 맞이할까?

브레히트의 시는 '인민의 적'이라는 사이비 개념에 대한 통렬한 비판이었습니다. 공포정치기에 '자유롭도록 강제한다'(forcer d'être libre)는 루소를 좇아 로베스피에르가 발명한 'ennemi du peuple'로 소급하는 인민의 적은 '인민 내부의 모순'을 적대화함으로써 대숙청을 상징한 구호였어요. 이 구호가 인민주의적이었던 증거가 바로 그것에 호응한 인민이 많았다는 사실이지요. '구차하게 목숨을 부지하기 위해 기꺼이 충성스런 [고참] 볼셰비키들의 시체의 산을 기어 올라갔던' 인민 말이에요.

　마지막으로 대숙청으로 인해 코민테른의 중국·인도부서와 함께 조선부서가 와해되었다는 사실도 지적해두겠습니다. 그래서 김단야 선생이 희생되었던 것인데, 박헌영 선생과 동갑인 그 역시 국제레닌학교(ILS)에서 수학했었지요. 박 선생이 1933년에 상해에서 체포된 반면 그는 소련으로 탈출할 수 있었는데, 임경석 교수에 따르면, 결국 ML파의 고발로 인해 '일제의 고용간첩'으로 숙청되었던 것이에요. 물론 박 선생도 결국에는 ML파의 후예인 장안파의 협력으로 인해 '미제의 고용간첩'으로 숙청되었고요. 영남인이 중심인 ML파-장안파에 대한 설명은 『종합토론』을 참고하세요.

파스테르나크의 『닥터 지바고』

　메드베제프와도 인연이 있었다는 시인 파스테르나크의 자전소설 『닥터 지바고』(1957; 국역: 문학동네, 2018)에 대해서도 언급해두겠습니다. 1917년부터 1921년까지 혁명과 내전을 배경으로 한 『닥터 지바고』는 복잡다단한 플롯으로 유명한데, 저 역시 이번에 처음으로 읽었습니다. 저를 포함한 대부분의 사람에게 『닥터 지바고』는 사실 데이비드 린이 감독하고 오마 샤리프와 줄리 크리스티가 주연했던 영화(1965)인 셈이에요.

　위키피디아나 나무위키에서는 『닥터 지바고』가 1978년에 개봉되었다고 하는데, 잘못입니다. 1968년 크리스마스에 1차로 수입되어 개봉된 이후 1971년까지 매년 두세 차례나 재상영되었다가 1978년 신정에 2차로 수입되어 1981년까지 또 거의 매년 재상영되었거든요. 제가 처음으로 본 것은 고등학교 2학년 때인 1971년이었는데, 너무 감동하여 이튿날 또 한 번 볼 정도였어요. 중학교 시절 도서관에서 국역본을 발견했지만, 읽어볼 엄두를 내지는 못했고요.

『닥터 지바고』는 1958년에 노벨문학상을 수상했는데, 흐루쇼프 시대였음에도 수상을 포기할 수밖에 없었던 파스테르나크는 1년 반 후에 사망했습니다. 그러나 페레스트로이카가 진행 중이던 1988년에 소련에서도 출판이 허가되면서 1989년에 아들이 대리 수상할 수 있었지요. 또 소련이 붕괴한 직후인 1994년에는 영화도 개봉이 허가되었고요. 스탈린주의의 대중적 토대가 그 만큼 강고했다고 할 수도 있고 소련사회주의가 그 만큼 취약했다고 할 수도 있겠지요.

『닥터 지바고』의 13장에는 스탈린주의의 본질이라고 할 수 있는 전시공산주의를 비판하는 다음과 같은 구절이 나옵니다.

> '인간은 인간에게 늑대다'라는 옛말을 실증한 시대였다.(…)인간이 만든 문명의 법칙은 자취를 감췄다. 야수의 법칙이 세상을 지배했다. 인간은 선사시대 혈거인(穴居人)의 꿈을 꾸고 있었다.

또 15장에서는 1929년 대전환 전야의 소련에서 '불행을 가져다주는 것에 기뻐하는' '체제순응주의'(conformism) 내지 '정치적 신비주의'(political mysticism, 이론적 근거 없는 정치적 신념)를 비판하고 있고요. 16장 에필로그에서는 결국 '러시아계몽운동이 러시아혁명으로 타락했다'고 결론짓는데, 마치 프랑스계몽운동이 프랑스혁명으로 타락한 것과 마찬가지였다고 한 셈이에요.

영화는 지바고와 라라의 사랑을 중심으로 플롯을 단순화하면서 '이념보다 인간/개인'이라는 주제를 부각시켰다는 장점이 있습니다. 영화는 1966년에 오스카 각색상과 함께 음악상도 수상했는데, 관현악곡의 라이트모티브(Leitmotiv)였던 「라라의 테마」에 가사를 붙인

팝송이 레이 카니프의 합창단에 의해 취입되어 1967년 그래미상에서 비틀즈의 「미셸」과 경합하기도 했지요.

우리나라에서는 송창식-윤형주의 듀오인 트윈폴리오가 번안하여 「내 사랑 어디로」(Somewhere, my love, 1970)라는 제목으로 소개한 바 있는데, 그러나 제목부터 너무나 엉뚱하게 번역한 것 같아 새로 번역해보겠어요.

> 어딘가엔 노래가 있다오,
> 여긴 아직 눈 덮여 있어도.
> 어딘가엔 언덕에 꽃 피고,
> 가슴 깊이 꾼 꿈도 있다오.
>
> 다~시~만나요, 내 사랑,
> 봄~이~또다시 오면은.
>
> Somewhere, my love, there will be songs to sing,
> Although the snow covers the hope of spring.
> Somewhere a hill blossoms in green and gold,
> And there are dreams all that your heart can hold.
>
> Someday we'll meet again, my love,
> Someday whenever the spring breaks through.

조금 이따가 소개할 중국영화 『푸른색 연』의 주제가 「까마귀노래」는 '사람이 사람이기 위해 마지막으로 기댈 곳(最後の據所)'(후지이 쇼조)은 바로 모자(母子)의 사랑이라는 주제를 표현한 것입니다. 반면 『닥터 지바고』의 「라라의 테마」는 연인의 사랑이 최후의 지주(last resort)라는 주제를 표현한 것이고요. 역시 동서양의 문화적 차이를 무시할 수는 없다는 생각이 드는 대목이라고 할 수 있겠지요.

그러나 라라를 모국 러시아의 알레고리로 해석해야 한다고 주장하는 문학비평가도 있습니다. 그래서 지식인 지바고와 함께 혁명가 파샤와 자본가 코바룝스키가 모두 라라를 사랑했던 것이고요. 노벨문학상을 둘러싼 스캔들의 와중에 '반역자'의 국적을 박탈하라는 비난에 맞서 몇몇 친구의 도움을 받아 파스테르나크는 다음과 같이 항의했는데, 지바고도 라라를 코마롭스키와 함께 연해주로 떠나보낸 다음 모스크바로 돌아오지요.

> 태어난 이래 나의 삶과 일은 러시아와 결부되어 있다. 러시아와 분리되어 러시아의 외부에 존재하는 내 운명이란 상상할 수조차 없는 것이다.

> I am bound to Russia by my birth, my life, and my work. I cannot imagine my fate separated from and outside Russia.

'나는 우리나라를 사랑하오. 그렇지만 나는 누가 사랑해준단 말이오?'(我愛咱們的國呀. 可是誰愛我呢?)라는 노사의 유언을 연상시키기도 하는 이 말이 파스테르나크의 유언이었어요.

파이지스의 『속삭이는 사회』와 유르착의 『모든 것은 영원했다』

메드베제프의 『역사가 판단하게 하라』와 대조되는 책이 파이지스의 『속삭이는 사회』(*The Whisperers: Private Life in Stalin's Russia*, Allen Lane, 2007; 국역: 교양인, 2013)입니다. 반체제적(dissident) 지식인으로서 메드베제프가 스탈린주의를 비판한다면, 파이지스는 파스테르나크가 말한 체제순응주의자 내지 정치적 신비주의자로서 대중의 '방관자적'(spectatorial) 태도 내지 '협력자적'(collaborationist) 태도에 주목하기 때문이지요.

파이지스의 작업은 1917-25년생 세대, 좀 더 간단하게 말해서 '17세대'(the generation of 1917)의 구술사(oral history)를 활용하여 소련에서 '주체로서 시민'(citoyen sujet, 발리바르)이 국민(nation)을 형성하는 역사적 과정을 묘사하는 것입니다. 17세대란 스탈린주의의 절정기인 1930-40년대에 청년기를 보낸 세대인데, 반체제적 지식인의 대표자였던 사하로프(1921-89)와 메드베제프(1925-), 그리고 솔제니친(1918-2008)도 17세대이지요.

세대 분석을 창시한 만하임은 청년기를 17-25세로 정의한 바 있습니다. 물론 청년기를 좀 더 연장할 수 있는데, 예를 들어 콤소몰

(Komsomol, 공산주의청년동맹)의 가입자격은 14-28세였거든요. 또 공자처럼 '열다섯 살에 학문에 뜻을 두고 서른 살에 자신의 입장을 세운다'(十有五而志于學, 三十而立)고 하면, 청년기는 15-29세였고요. 따라서 최대한 17-29세를 청년기로 간주할 수 있겠지요.

17세대를 특징짓는 것이 바로 볼셰비키의 교육정책이었습니다. 그 핵심은 '가족의 유해한 영향력'과 '학교의 유익한 영향력'을 대조하면서 '공산주의 세대'를 육성하려면 '어머니가 자신의 아이를 소비에트 국가에게 바치는 어린이의 국유화'가 필요하다는 것이었지요. 이렇게 국유화된 '1917년의 어린이'(the children of 1917)가 자라서 17세대가 되었던 것이에요.

가족을 학교로 대체하여 어린이를 국유화한다는 교육정책이 그 자체로 문제는 아닙니다. 오히려 마르크스주의의 교육이념이 유가의 교육이념과 친화성을 갖는다는 증거라고 할 수 있거든요. '세상을 다스리는' 군자가 되려면 혈연과 지연을 학연과 진리로 지양할 수 있어야 하는 법이에요. 그런데 레닌도 볼셰비키를 귀족에 비유하곤 했다고 하지요. 볼셰비키도 노블레스 오블리주(Noblesse oblige, 귀족/엘리트의 책임)가 있어야 하는 것인데, 유가에서는 그런 사람을 군자라고 부른 바 있어요.

문제는 공산주의의 타락이었습니다. 그리고 그 절정이 대숙청이었는데, 그 결과 '속삭이는 사람'(whisperer)이 출현했던 것이지요. 속삭이는 사람이란 '남이 엿들을까 봐 속삭이는 사람'인 동시에 '남의 말을 엿듣고 밀고하는 사람'이라는 이중적 의미를 갖고 있어요. 전자가 스탈린주의의 방관자였던 반면 후자는 스탈린주의의 협력자였다고 할 수 있지요.

파이지스에 따르면, 소련의 시민 주체는 정치적으로 무관심하거나 정치를 의식적으로 회피한다는 의미에서 조병옥 선생이 말했던 '묵종'(默從, acquiescence)하는 수동적 협력자였거나 최소한 방관자였습니다. 물론 능동적 협력자도 있었는데, 1935년에 '형사책임연령'(age of criminal responsibility)을 12세로 하향 조정하면서 아버지를 밀고한 14세 소년 모조로프에 대한 숭배를 조장했기 때문이지요.

그래서 대숙청기인 1936-38년에 형사책임연령에 도달한 1917-25년생부터 부모나 선생을 밀고하는 풍조가 출현했던 것입니다. 『후기』에서 소개한 것처럼, 히틀러와 스탈린은 밀고를 통해 적을 발명했는데, 그 최고 형태가 바로 청소년이 자신의 부모와 선생을 고발하는 것이었지요. Sheila Fitzpatrick and Robert Gellately, "Introduction to the Practices of Denunciation in Modern European History" (*Journal of Modern History*, Dec. 1996)를 참고하세요.

이것은 공산주의의 타락에 대한 방증이기도 합니다. 부모와 선생에 대한 사랑과 국가에 대한 사랑의 관계는 지양이지 대립이 아니거든요. 『후기』에서 소개했듯이, 공자와 맹자는 '아들이 아버지의 범죄를 숨겨준다'(子爲父隱)고 했는데, 효를 부정하는 인(仁, 타인에 대한 사랑)이란 존재할 수 없기 때문이에요. 마르크스주의도 미움이 아닌 사랑을 추구한다면, 예외일 수 없는 것이고요.

흐루쇼프의 스탈린 비판 이후 밀고자 같은 가해자에 대해 피해자가 용서하는 것이 일반적이었다는 사실도 지적해두겠습니다. '과거에 대한 무관심이나 과거를 망각하려는 욕망' 때문이 아니라 '체제가 인민에게 한 추잡한 짓이라는 자각' 때문이었지요. 누구든 밀고자가 될 수 있었거든요. 물론 비밀경찰이나 굴라크요원 같은 '투기꾼'은 또 다른 문제였고요.

나아가 알렉세이 유르착은 『모든 것은 영원했다, 사라지기 전까지는』(*Everything Was Forever, Until It Was No More*, Princeton University Press, 2005; 국역: 문학과지성사, 2019)에서 '소련 마지막 세대'(the last Soviet generation)에 주목하고 있습니다. 이 책을 파이지스의 『속삭이는 사회』의 속편으로 간주할 수 있겠지요.

1950년대부터 1970년대 초까지 출생한 소련 마지막 세대는 대체로 브레즈네프가 집권한 1964년부터 고르바초프가 집권한 1985년까지의 시기에 청년기를 보낸 세대였습니다. 유르착은 17세대와 마지막 세대 사이에 '60세대'(Sixtiers)를 설정하는데, 그들은 흐루쇼프의 집권기인 1953-64년에 청년기를 보낸 세대였지요. 다만 흐루쇼프가 실각한 1964년과 스탈린 복권의 계기가 된 1968년 프라하의 봄 사이는 과도기라고 할 수도 있고요.

유르착의 '영원하다'는 말은 '소멸하지 않는다', 좀 더 일반적으로 말해서 '변화하지 않는다'는 뜻입니다. 저자도 속하는 마지막 세대는 소련사회의 '역사동역학'(historical dynamics), 특히 '흥성'(rise and advance)보다는 오히려 '쇠망'(decline and fall)의 동역학에 대해 무지했는데, 스탈린주의에서 비롯된 무지몽매한 대중을 위한 도식적 마르크스주의, 즉 과학적 근거가 없는 속류화된 이데올로기의 귀결이라고 할 수 있겠지요.

하기야 마지막 세대의 특징은 그런 속류화로 인해 이데올로기가 오작동하거나 심지어 소멸했다는 사실일 것입니다. 유르착에 따르면, 마지막 세대는 열성분자(activist)나 반체제분자(dissident)를 모두 '정상적'(normal)이지 않은 사람으로 간주했거든요. 달리 말해서 마르크스주의 이론을 둘러싼 그들의 논쟁 자체에 무관심했다는 것인데, 그래서 유르착도 마르크스주의 이론의 대안을 자임하던 푸코-들뢰즈-데리다의 포스트모더니즘을 원용한 것이지요.

『위기와 비판』을 집필하면서 관심을 가졌던 세대 분석을 유르착의 책을 읽으면서 좀 더 정리할 수 있었습니다. 세대에는 혈연이나 학연 같은 수직적 유대로서 '계보'(lineage)의 측면과 동일 연령 같은 수평적 유대로서 '동년배'(cohort)의 측면이 존재하는데, 세대별로 양자의 비중에 차이가 있다고 할 수 있지요.

예를 들어 동년배의 유대가 계보의 유대를 압도하면 '부모를 닮지 않은 귀신의 자식'이라는 의미에서 '이태'(異胎)/'귀태'(鬼胎)가 출현하고 심지어 부모와는 아무런 관련도 없는 '에일리언'이 출현한다고 할 수 있습니다. 소련의 17세대와 한국의 386세대가 이태/귀태라면 마지막 세대와 '바링허우'(八零后, 1980년대생) 세대는 에일리언이라고 할 수 있겠지요. 60세대와 X세대는 과도기라고 할 수 있고요.

1997-98년 경제위기가 포스트모더니즘을 소멸시키기는커녕 그

수명을 연장해주었던 까닭도 유르착을 읽으면서 깨달을 수 있었습니다. 1980년생이 17세가 된 것은 1997년이었고 1989년생이 29세가 된 것은 2018년이었지요. 그런데 2000년대 이후 이데올로기가 오작동 내지 소멸하면서 포스트모더니즘이 확산된 것이에요. 그 결과 포스트모더니즘으로 전향한 386세대가 포획했던 바링허우 세대가 386세대를 대체하려던 X세대를 '패싱'할 조짐이 나타난 것이고요.

물론 에일리언의 출현이 진화이고 발전일 수도 있습니다. 그래서 바링허우 세대가 부모와 선생을 배울 것 없는 꼰대라고 비하하는 것인데, 이것은 386세대가 주류 교체를 표방하면서 적폐라고 고발하던 것과도 전혀 차원이 다른 일이지요. 다만 문제는 에일리언의 출현을 계기로 쇠망의 동역학이 흥성의 동역학으로 반전될 수 있는가라는 것이에요. 하기야 에일리언에게 역사동역학이 있을 리 없겠지만요.

마이스너의 『모택동』과 와일리의 『모택동 사상의 출현』

아쉽게도 베틀렘의 『소련에서 계급투쟁』에 해당하는 중국혁명사는 없습니다. 베틀렘의 『중국에서 문화혁명과 산업조직: 경영과 분업의 변화』(*Cultural Revolution and Industrial Organization in China: Changes in Management and the Division of Labor* (1973; 영역: MRP, 1974; 중역: 2009)와 『모택동 이후의 중국』(*China after Mao* (1978; 영역: MRP, 1978)은 결함이 있는데, 문화혁명을 대약진운동의 계속으로 간주하기 때문이지요. 아마도 4인방과의 교류 때문인 것 같은데, 조금 이따가 설명하겠어요.

발리바르는 문화혁명 20주년이자 모택동 사망 10주기인 1986년에 발표한 논문 「마오: 스탈린주의의 내재적 비판?」(국역: 『맑스주의의 역사』에 실림)에서 대약진운동과 문화혁명의 구별을 시도했습니다. 문화혁명기 모택동에게 '반역은 정당하다'(造反有理)는 구호 이외에 정치노선이나 그것을 근거짓는 이론이 없었다는 것이지요. 그러나 결국에는 '혁명적 위험'(risque révolutionnaire) 또는 모택동 자신의 말처럼 '대중의 공포'(害怕群衆, la crainte des masses)라는 식으로 문화혁명을 옹호했는데, 다만 1989년 천안문사건 이전이었던 사정을 고려해줄 수는 있겠지요.

대신 마이스너의 책이 있는데, 1977년에 초판인 『마오의 중국』(*Mao's China*, Free Press), 1986년과 1999년에 개정판인 『마오의 중국과 그 이후』(*Mao's China and After*, Free Press)가 출판되었고, 최종3판이 2004년에 이산에서 국역되었습니다. 그도 대약진운동의 계속으로서 문화혁명이라는 관점을 채택했는데, 그러나 신민주주의의 조기 종식이라는 측면에서 비판적 입장이었지요. 모택동의 농민적 인민주의 내지 유토피아적 의지주의에 주목하는 마이스너에 대한 발리바르의 서평은 역시 『맑스주의의 역사』를 참고하세요.

마이스너는 2007년에 『모택동: 정치·사상적 평전』(*Mao Zedong: A Political and Intellectual Portrait*, Polity)을 출판했는데, 국역본은 아직 없습니다. 앞의 책에서 혁명 이후의 모택동에 집중한 반면 여기서는 혁명 이전의 모택동에도 주목했지요. 박사논문 『이대교와 중국마르크스주의의 기원』(*Li Ta-chao and the Origins of Chinese Marxism*, Harvard University Press, 1967; 국역: 지식산업사, 1992)과 짝인 셈인데, 이대교는 중국 최초의 마르크스주의자이자 모택동의 스승 격이었거든요.

그러나 '마르크스주의의 중국화'에 대해서는 소략하다는 결함이 있었습니다. 레이먼드 와일리(Raymond Wylie)의 박사논문 『모택동사상의 출현: 모택동·진백달과 중국적 이론의 탐구, 1935-1945』(*The Emergence of Maoism: Mao Tse-tung, Chen Po-ta, and the Search for Chinese Theory, 1935-1945*, Stanford University Press, 1980)가 여전히 최선의 연구서인데, 한국사회성격 논쟁에서 베틀렘의 『소련에서 계급투쟁』과 함께 제가 참고한 주요 문헌이었어요.

와일리는 모택동에 대한 비판적 연구의 개척자인 슈람(Stuart Schram)의 제자였는데, 그의 기념비적 저작이 바로 『모택동』(*Mao Tse-tung*, 1967; 국역: 두레, 1979)입니다. 마르크스주의를 중국화한 모택동 사상의 배후 인물인 진백달에 대해 최초로 주목한 와일리는 「에필로그」에서 혁명 이후, 특히 문화혁명기 진백달의 역할이라는 문제를 제기하기도 했지요. 대약진운동과 문화혁명의 관계, 나아가 문화혁명이라는 '10년동란'의 과오를 모택동과 진백달 사이의 관계를 통해 해명할 수 있는데, 역시 차차 설명하겠어요.

마이스너가 신민주주의의 조기 종식이라는 관점에서 대약진운동과 문화혁명을 비판했다고 했는데, 신민주주의를 '중국식 신경제정책'으로 해석했기 때문입니다. 혁명 직후의 중국사는 다음과 같이 시기 구분할 수 있지요.

    1949–52년   신민주주의
    1953–57년   1차 5개년계획
    1958–60년   대약진운동

자세한 설명은 허척신 감수의 『중국자본주의의 변혁과정』(1958–61; 국역: 지평, 1989)을 참고할 수 있는데, 진백달과 동년배의 경제학자인 그는 관료자본론을 이론화한 공적이 있어요. 또 윤정분 교수 등이 번역한 북경대 경제사 주임교수 리떠삔(이덕빈)의 『중화인민공화국 경제사』(1987; 국역: 교보문고, 1989)도 참고할 수 있고요.

신민주주의의 핵심은 국가자본주의와 토지개혁이었는데, 반제국주의적 혁명으로서 국가자본주의는 외국자본과 관료자본을 국유화하면서 민족자본 내지 민간자본을 육성한 것이었고, 반봉건적 혁명으로서 토지개혁은 지주의 토지 전체와 부농의 토지 중 상한 초과분을 몰수·분배함으로써 빈농을 중농화한 것이었지요. 또 1차 5개년계획은 소련처럼 중화학공업화를 추진하는 동시에 처음에는 농업합작화/협동조합화를 추진했다가 나중에는 농업집단화/집단농장화를 추진한 것입니다. 그 결과 민족/민간자본이 소멸했고 중농화도 중도반단되었지요.

반면 대약진운동은 1차 5개년계획의 반성으로 시작된 것이었습니다. 중화학공업화와 농업집단화가 노동자와 농민의 모순을 심화시켰다는 입장에서 소련식 사회주의에 대한 비판이 시도되었는데, 가장 중요한 시도가 바로 인민공사, 즉 농촌코뮌을 채택한 것이었어요. 또 인민공사를 중심으로 중화학공업화에 대한 대안으로 경공업화를 추진하기도 했고요.

그러나 중소분쟁으로 인한 경제·기술원조 중단, 나아가 기상이변으로 인한 자연재해 등으로 대약진운동은 조기 중단될 수밖에 없었습니다. 또 대약진운동 자체의 결함도 있었는데, 인민공사화를 통해 농장의 규모가 오히려 점차 확대되었거든요. 그래서 농업집단화를 '소약진운동'이라고 불렀던 것이고요. 협동조합이 집단농장을 거쳐 인민공사로 대규모화되었는데, 농업도 기계제대공업을 모방해야 한다는 잘못된 이론 때문이었어요.

 협동조합   26가구
 집단농장   250가구 (곧 170가구로 하향 조정)
 인민공사   5000가구

그런데 모택동과 진백달이 추진한 문화혁명이 대약진운동의 계속인 것은 아니었습니다. 자세한 설명은 뒤로 미루고, 일단 문화혁명이 유소기와 등소평이 중심인 '주자파'(走資派)와의 이데올로기투쟁이었음을 지적할 수 있지요. 이런 맥락에서 문화혁명은 농업집단화가 추진되는 것과 동시에 제기된 1956-57년의 쌍백운동(인문학적 사상의 자유를 위한 백화제방운동과 자연과학적 사상의 자유를 위한 백가쟁명운동)의 반전으로서 1957년의 반(反)우파투쟁의 부활이라고 할 수도 있어요. 여기서 반우파투쟁과 문화혁명의 공통점으로 반(反)지식인주의를 발견할 수도 있고요.

'군사' 모택동과 '수재' 진백달

일반 독자를 위한 평전으로 유명한 『마오쩌둥』(1999; 국역: 푸른숲, 2003)에서 조너선 스펜스는 모택동을 'Lord of Misrule'이라고 불렀습니다. 이것은 가톨릭축제인 '멍청이들의 축제'(Festum Stultorum)

의 주재자, 즉 '멍청이들의 대장'(Praecentor Stultorum)이라는 의미이지요. 또 'misrule'에는 'unreason'이라는 의미도 있으므로 '무질서의 지배자'나 '미친 지배자'를 의미한다고 할 수도 있고요.

또 중국어로 번역되어 베스트셀러가 된 방대한 평전 『마오쩌둥』(1980; 증보개정판(1999)의 국역: 이룸, 2008)에서 로스 테릴은 모택동의 기질적 이중성에 주목했습니다. 문화혁명 초기에 모택동이 자신의 부인 강청에게 보낸 편지에서 '나라의 큰 어지러움을 거쳐 나라의 큰 다스림에 이른다'(天下大亂達到天下大治)고 말하면서 자신은 크게 다스리는 '호랑이기질'(虎氣)과 크게 어지럽히는 '원숭이기질'(猴氣)을 갖고 있는데, 앞의 기질이 주요한 반면 뒤의 기질은 부차적이라고 언급한 바 있거든요.

사실 레닌과 달리 모택동은 문자 그대로 '모순적 인간'이었습니다. 그 때문에 마이스너가 사회경제적 해방을 실행한 혁명가인 동시에 정치적 독재를 자행한 '폭군'(tyrant)이라고 불렀던 것이에요. 마치 진시황이 노예제를 변혁한 다음 폭정을 펼친 것처럼 모택동도 역시 반식민지반봉건사회를 변혁한 다음 폭정을 펼쳤다는 것이지요.

이런 맥락에서 1935-36년 겨울 연안에서 모택동이 창작한 사(詞)인 「눈」(雪)에 주목할 수 있습니다. 진시황, 한무제, 당태종, 송태조, 칭기스칸의 문재(文才)를 비판하면서 이렇게 마무리하거든요.

모두가 지난 일이니,	俱往矣,
정녕 문무겸전의 영웅을 찾으려면,	數風流人物,
역시 오늘을 보아야 하리라.	還看今朝.

1945년 8월부터 45일간 중경에서 장개석과 회담하고 10월 10일 쌍십협정에 조인한 모택동이 11월 4일에 중경의 『신민보』에 「눈」을 발표하자마자 작의(作意, 창작의도)를 둘러싼 논란이 분분했습니다. 1946년 3월에 쌍십협정이 번복되면서 6월에 전면 내전이 재개되는 과정에서 중요한 일화였는데, 자세한 설명은 치크(Timothy Cheek)가 편집한 *A Critical Introduction to Mao* (Cambridge University Press,

2010)에 실린 바르메(Geremie Barmé)의 논문을 참고하세요.

모택동은 자신의 사상감정을 표현하는 사와 시(詩)의 창작에 집착한 바 있습니다. 시에 비해 사는 좀 더 자유로운 형식인데, 모택동은 예를 들어 곽말약과 달리 자신이 시에는 조예가 깊지 못하다는 콤플렉스가 있었어요. 『모택동 시집』(중국외문출판사, 1979; 복각판: 실천문학사, 1989), 『모택동 시집』(문원북, 2000), 『노래하듯 이야기하고 춤추듯 정복하라』(다산책방, 2007) 등을 참고하세요.

모택동의 시사에는 주자파에 대한 비판도 있는데, 사람이 아니라 벌레, 그것도 쉬파리와 말개미 같은 해충(害人蟲)으로 비유하거나 붕새(鯤鵬)의 뜻을 알 수가 없는 안작새(蓬間雀, 쑥덤불 속 참새)로 비유하기도 했습니다. 또 원숭이를 칭송하기도 했는데, 삼장법사를 유혹하려고 인간으로 둔갑한 백골요괴를 물리친 손오공, 즉 공산주의 건설을 위해 주자파를 물리치려고 문화혁명이라는 동란을 야기한 자신을 가리키는 것이었겠지요.

그런데 아이러니한 사실은 모택동 사후 강청에게 붙여진 별명이 바로 백골요괴였다는 것입니다. 따라서 모택동은 손오공이 아니라 삼장법사였던 셈인데, 하기야 모택동은 백골요괴가 유혹한 삼장법사에 대한 곽말약의 비판을 수용하지 않았지요. 게다가 강청의 취미 중 하나가 원숭이를 기르는 것이었다고 하고요. 테릴의 평전 『장칭』(1984; 증보개정판(1999)의 국역: 교양인, 2012)의 부제가 바로 백골요괴인데, 그는 강청에 대해 얼마간 동정적이에요.

중국의 신좌파는 문화혁명기의 모택동을 중시하는데, 모택동을 문무겸비의 영웅, 즉 군사(君師, 군주이자 스승)로 추앙하는 셈입니다. 하기야 모택동의 거처는 자금성 서쪽 인공호수인 중남해의 근정전(勤政殿), 즉 강희제의 편전이었지요. 그런데 군사란 결국 간군(奸君, 나라를 어지럽히는 임금)이었고, 왕권을 최대화하고 신권을 최소화함으로써 외척의 세도와 조선의 망국을 예비한 정조가 대표적 사례였다고 할 수 있어요.

물론 모택동이 '경애하는 지도자 겸 교사'(the beloved leader and

teacher)라는 스탈린의 호칭을 선망했을 수도 있습니다. 발리바르가 지적했듯이, 마르크스주의의 역사를 특징지어온 '정치의 중심'과 '이론의 중심'을 결합한 전위당과 그것을 대표하는 마르크스와 레닌같이 '모든 것을 다 아는'(omniscient, 全知的) '지도자 겸 이론가'(dirigeant-théoricien)라는 개념 때문이었지요. 물론 이런 개념은 그 시효가 이미 만료되었는데, 자세한 설명은 『역사적 마르크스주의』를 참고하세요.

어쨌든 모택동은 스스로 지식인이면서 지식인에 대한 콤플렉스를 갖고 있었던 것 같습니다. 그런 콤플렉스는 진백달과의 관계에서도 드러난다고 할 수 있고요. 진백달에 대해서는 앞서 인용한 와일리의 박사논문 외에 전기작가 예융례(엽영열)의 『모택동과 그의 비서들』(1994; 국역: 화산문화, 1995)을 부족한 대로 일부 참고할 수 있지요. 그는 『진백달 전(傳)』을 집필하기도 했고요.

모택동보다 11세 연하인 진백달은 국학대사(國學大師) 장병린의 손(孫)제자였습니다. 1927년에 입당하여 1927-30년에 모스크바중산대학에서 유학한 그는 1937년에 중일전쟁이 발발하자 연안에 합류하여 간부의 이론교육을 담당하던 마르크스레닌주의학원 등에 소속되었지요. 그러다가 1939년에 모택동의 이론비서로 발탁되어 1970년에 숙청될 때까지 30여년 동안 그의 최측근으로 활동했어요.

레닌과 달리 모택동의 경우에는 개인저작이 아니라 집단저작이 많았습니다. 그래서 그 주위에 '수재'(秀才)가 많았는데, 비서로 활동하는 지식인이라는 의미였지요. 여기서 비서는 공산당 중앙위원회 서기국 소속의 서기가 아닌 개인비서, 즉 서생이라는 의미였고요. 그런데 수재란 본래 과거제에서 대학입시 격인 원시(院試)에 합격한 선비라는 의미였어요. 따라서 군사를 자부한 모택동이 자신의 수하로 수재를 육성한 것은 마치 정조가 규장각에서 초계문신(抄啓文臣)을 육성한 것과 비슷했다고 할 수도 있겠지요.

수재 중에서도 물론 진백달이 가장 중요했습니다. 그런데 모택동 자신의 생각도 있었고 진백달 이외의 기여도 있어 사태가 복잡해질 수밖에 없었지요. 예를 들어 진백달이 제안했던 쌍백운동이 반우파투쟁으로 변질된 데는 등소평의 기여가 있었고, 진백달이 중시했던 '인민 내부의 (비적대적) 모순'이 '자본주의적 길과 공산주의적 길의 (적대적) 모순'으로 변질된 데는 모택동의 생각은 물론이고 4인방의 기여가 있었던 것처럼요.

게다가 진백달에 대한 모택동의 콤플렉스도 있었습니다. 모택동은 철학과 역사학과 문학에 대한 인문학적 식견은 있었으나 경제학에 대해서는 문외한이었던 반면 진백달은 이대교처럼 경제학에 조예가 깊었다고 할 수 있거든요. 모택동이 진백달을 숙청하면서 다음과 같이 비판한 것이 그 증거라고 할 수 있겠지요.

항상 경제[학]를 제일로 생각하고 계속혁명론을 제일로 생각하지 않는다.

總是把經濟放在首位而不是把繼續革命論放在首位.

모택동이 강조한 바 있는 '정치가 지휘권을 갖는다'(政治掛帥)는 테제에 대해서도 주목해두겠습니다. 이것은 본래 레닌의 'politics in command'를 번역한 것으로 '정치는 경제의 집중적 표현이다'(Politics is concentrated economics)라는 레닌의 또 다른 테제에 배치되는 것은 아니었어요. 엥겔스의 말처럼 정치는 '최종심(the last instance, 대법원)인 경제'에 의해 결정되고, 또 발리바르의 말처럼 '정치의 진리(la vérité)'는 경제이거든요.

그러나 모택동은 결국 정치의 지휘를 정치적 지배로 오해했습니다. 게다가 정치적 지배를 군사적 지배로 환원하기도 했는데, 그는 종종 혁명을 전쟁에 유비하여 '우리의 혁명은 전쟁과 같다'(我們的革命和打仗一樣)고 주장했거든요. 문화혁명에서 모택동의 후계자를 자임한 임표가 계속혁명론을 인민전쟁론으로 해석한 것은 우연이 아니었는데, 그러나 인도네시아판 여순사건과 4·3사건이라고 할 수 있는 1965년 9·30사건과 1967년 칼리만탄사건처럼 결과는 처참한 것이었지요. 바바 기미히코, 『세계사 속의 중국 문화대혁명』(2018; 국역: AK커뮤

니케이션즈, 2020)을 참고하세요.

역사에 대한 모택동의 관심도 예를 들어 전백찬과 달리 경세학이 아니라 전쟁, 그것도 농민전쟁에 편향되었습니다. 하기야 사마천의 6가와 반고의 10가에 포함되지 않았던 병가를 제자백가의 일원으로 격상시킨 장본인이 곧 모택동이었어요. 또 농민전쟁에서 승리하여 창업에 성공한 유맹(流氓, 불량배) 출신 황제 한고조 유방과 명태조 주원장을 옹호하기도 했고요.

모택동은 '권력은 총에서 나온다'(槍杆子裏面出政權)고 주장한 바 있습니다. 그런데 리쩌허우는 '정치의 계속으로서 전쟁'이라는 클라우제비츠의 전쟁관을 전도시킨 '전쟁의 계속으로서 정치'를 법가의 정치관으로 특징지은 바 있어요. 모택동은 유가보다는 오히려 법가의 후예라는 것이었지요.

동시에 역사소설 『삼국지연의』와 무협소설 『수호전』, 특히 전자가 아닌 후자가 청소년시절부터 모택동의 애독서였다는 사실도 간과할 수만은 없습니다. 여기서 류짜이푸가 『쌍전』(雙典, 2010; 국역: 글항아리, 2012)을 통해 『삼국지연의』와 『수호전』이 '지옥문'이라고 비판했던 까닭을 비로소 깨달을 수 있거든요.

예융례에 따르면, 문화혁명 전야에 진백달은 모택동과 유소기 사이의 '좁은 길'을 걷고 있었던 것 같습니다. 유소기보다는 모택동 쪽에 더 가깝기는 했지만요. 문화혁명을 시작할 때 모택동은 진백달의 '투기'(投機)를 의심하면서도 중용할 수밖에 없었는데, 대신 강청 등 4인방을 통해 견제했지요. 4인방 세력이 확립될 때까지 한시적으로 진백달을 활용할 생각이었던 것인지도 모르고요.

1967년 초에 유소기가 실각하자 진백달과 4인방의 갈등이 본격화되었습니다. 진백달이 볼 때 4인방은 자격 미달이었는데, 그들 중에서 그나마 지식인이라고 할 수 있는 장춘교는 고참 저널리스트였고 요문원은 신예 문학비평가였을 따름이거든요. 그래서 임표와 연대하여 4인방과의 대결을 선택한 것인데, 1968년 여름에 최종적으로 패배했지요. 결국 강청을 비롯한 4인방을 선택한 모택동은 진백달이 유소기에 대해 타협적이었다는 의심을 버리지 못한 것 같고, 그래서 계속혁명론자보다는 경제학자라고 비판했던 것이에요.

진백달이 걸었던 좁은 길이 실은 '벼랑길'이었다는 대목에서 이백의 악부시「촉도난」(蜀道難, 촉나라 가는 험한 길) 마지막 세 구가 생각났습니다.

촉나라 가는 길이 험하기는	蜀道之難
푸른 하늘 오르는 것보다 어려우니	難於上靑天
몸을 돌려 서쪽 바라보며 길게 한숨짓는다네.	側身西望長咨嗟.

한 쪽은 높은 벼랑이고 다른 쪽은 빠른 여울인 잔도(棧道)라는 것이에요. 1950년 2월 중소우호조약을 체결할 때 모택동이 소련과 미국이라는 양대국 사이의 처지를 빗대「촉도난」을 읊었다고 하지요.

모택동은 두보의 리얼리즘 시보다 오히려 이백의 낭만주의 시를 좋아했는데, 두보의 칠언율시「촉상」(蜀相, 촉나라 승상 제갈량)의 전·결에 해당하는 마지막 두 연도 소개해두겠습니다.

번거로이 세 번 찾음은 나라를 위함이고,	三顧頻煩天下計,
대를 이은 충성은 늙은 신하의 마음일세.	兩朝開濟老臣心.
군사를 내어 못 이기고 몸이 먼저 죽으니,	出師未捷身先死,
길이 영웅이 눈물 흘려 소매자락 적시네.	長使英雄淚滿襟.

진백달이 장병린의 손제자였다고 했는데, 와일리처럼 1936–37년에 그가 발의한 '신계몽운동'에 주목할 수 있을 것입니다. 1934년에 장개석이 발의했던 '신생활운동'에 대응한 것인데, 장개석이 유가의 예의염치라는 덕목에 주목한 반면 진백달은 유가 경세학의 비판적 계승으로서 마르크스주의에 주목했거든요.

유가사상과 마르크스주의의 친화성을 주장한 것은 사실 곽말약도 마찬가지였습니다. 노신의『고사신편』(故事新編, 1936; 국역:『루쉰 소설전집』, 을유문화사, 2008에 실림)에 대항하는『족발』(豕蹄, 1936; 국역: 사회평론, 1995)은 '역사적 개인'에 대한 콩트집이었지요. 그 중에「마르크스가 공자를 방문하다」(馬克思進文廟, 1925)가 실려 있는데, 공자와 마르크스의 대화를 통해 유가사상과 마르크스주의의 공통점으로서 경세학적 관심을 부각시키는 것이 작의였어요. 알다시피 노신은 유가사상과 마르크스주의에 대해 반감이 컸거든요.

문화혁명기의 '비림비공'(批林批孔, 임표와 공자를 비판하자)이라는 구호는 진백달(그리고 곽말약)을 목표로 했던 것이기도 합니다. 또 4인방의 '평법비유'(評法批儒, 법가를 칭찬하고 유가를 질책하자)라는 구호는 1915년에 진독수가 '신문화운동'에서 제기했던 '타도공가점'(打倒孔家店, 공자네 가게, 즉 유가를 쳐부수자)이라는 구호를 계승한 것이었고요.

모택동이 진백달을 숙청한 것을 농민군 수령 이자성이 수재 이암을 숙청한 것에 비유할 수 있습니다. 『후기』에서 소개했던 다음과 같은 다짐을 저버림으로써 『중국의 운명』(1943)에서 모택동을 이자성에 유비한 장개석의 판단을 정당화한 셈이거든요.

> 오늘이 과거 보러 서울 가는 날이군. 우리는 결코 이자성처럼 되면 안 된다네.
>
> 今天是進京趕考的日子. 我們決不當李自成.

역시 『후기』에서 소개했던 드 포지(Roger V. Des Forges)의 *The Mythistorical Chinese Scholar-Rebel-Advisor Li Yan: A Global Perspective, 1606 - 2018* (Brill, 2020)도 참고하세요.

예용례는 진백달이 어용지식인이었다는 증거로 그가 고향 친구에게 했다는 말을 인용하고 있습니다.

> 가장 중요한 일은 사람을 따르는 것, 한 사람만을 어김없이 따르는 것이다.
>
> 最要緊的是跟人, 跟准一個人.

그런데 사람을 가르침으로 해석하면, 진백달의 말은 유가에서 말하는 사승(師承, 스승의 학문을 이어받음)의 도리를 가리키는 것이에요.

한 학파의 이론과 방법을 견지하려면, 스승 한 분을 정해놓고 따라야지 다른 스승으로 옮겨서는 안 된다.

墨守(…)家法, 定從一師而不敢他徙.

마르크스주의도 마찬가지인데, 그래서 제가 40년을 줄곧 알튀세르와 박현채 선생이라는 두 분 스승을 따르는 것이지요. 하기야 마르크스도 헤겔과 리카도라는 두 분 스승을 따랐던 것이고요.

사승의 도리를 상징한 사례는 중국보다 오히려 조선에 더 많았다는 사실을 지적해두겠습니다. 정몽주-길재의 경우가 그런데, 정몽주가 죽고 고려가 패망한 다음 낙향한 길재의 오언절구 「한거」(閑居, 속세를 떠난 한가한 삶)에서 전구과 결구를 보면,

어른 아이 찾아와 글을 배우니	冠童來問字
애오라지 한가한 즐거움일세.	聊可與逍遙.

조광조는 사림파의 도통(道統)을 정몽주와 연결해줄 전도(傳道)의 '잃어버린 고리'로 길재에 주목한 바 있습니다. 그가 안처순에게 준 오언배율의 1-4구를 보면,

정통이 오래 적막하니	大道久寂寞
이단이 오늘 험준하네.	異議今崢嶸.
도도한 천 길의 물줄기	渾渾千丈波
탁류가 청류를 덮치네.	黃流欲挽淸.

또 제 12대조인 월정(윤근수)이 경상감사 시절 선산(해평)의 길재 묘지를 정비하고 바친 제문을 보면,

직접 포은께 가르침 받아	親承圃隱
깊은 도리를 들을 수 있어	得聞道蘊
더욱 소중히 지켜냈다네.	持守益謹.

사림파의 후예가 왕권을 중시한 동인-남인이 아니라 신권을 중시한 서인-노론-벽파였다는 사실은 이런 맥락에서 자명한 것이지요.

문화혁명 '10년동란'

　문화혁명기의 모택동은 노망은 아니더라도 정상이 아니었습니다. 대약진운동이 시작되기 이전인 1956년에 64세의 모택동은 공자가 말한 '70세에는 마음 내키는 대로 해도 어긋남이 없었다'(七十而從心所欲不踰矩)는 말을 '허풍'(吹牛皮)으로 간주했습니다. 또 대약진운동기인 1959년에는 성인(聖人)이 아니므로 과오가 없을 수 없었고, 외국어를 전혀 몰라서 마르크스주의에 대해서도 잘 몰랐으며, '경제건설사업은 이제 막 학습을 시작했다'(經濟工作現在剛剛開始學習)는 등의 고백도 했다고 하는데, 더 자세한 내용은 김승일, 『마오쩌동의 인물관』(경지출판사, 2018)을 참고하세요.

　그러나 문화혁명이 시작되던 1966년에 74세의 모택동은 스스로 공자에 비견되는 성인의 경지에 이르렀다고 생각한 것 같습니다. 또 여러 가지 비정상적 행태를 보이기도 했지요. 예컨대 1966년 여름에 학생조반파인 홍위병이 출현하자 노익장을 과시하려고 우한에서 65분 동안 15km를 수영한—실은 강물을 따라 떠내려간(順流漂浮)—다음 천안문광장에서 홍위병운동을 승인했어요. 그러나 육체만큼 정신도 건강한 것은 아니었는데, 1967년 이후 공식발언이 거의 없었다는 것이 증거이지요. https://www.marxists.org/reference/archive/mao/의 저작 목록을 보면 1966년과 1967-76년이 18건으로 동일하거든요.

　나아가 강청을 비롯한 4인방이 그를 보필해온 측근 지식인들을 제거하는 것을 방조하기도 했습니다. 예융례는 이론비서 진백달과 더불어 정치비서 호교목과 일상(日常)비서 전가영에게도 주목하고 있는데, 그들이 바로 모택동의 3대 비서였지요. 3대 비서말고 기요(機要, 비밀)비서 엽자룡과 생활비서 강청을 더해 5대 비서라고도 하는데, 그들은 논외로 하겠어요.

　진백달과 달리 호교목과 전가영은 대약진운동부터 모택동과 소원해졌다고 합니다. 대약진운동을 '기차의 탈선·전복'으로 간주한 호교목은 그 와중에 실질적으로 '면직'되었어요. 그러나 아직 실각한 것은 아니었는데, 문화혁명이 시작되자마자 본래 호교목과 소원했던 강청이 개입했지요. 강청이 호교목을 오함의 역사극 『해서의 파면』(海瑞罷官, 1961)과 연루시킴으로써 모택동으로 하여금 실각시키도록 설득한 것이에요. 그런데 호교목을 통해 오함에게 『해서의 파면』을 창작하도록 지시한 장본인이 바로 모택동이었어요.

전가영의 경우는 더욱 비극적이었습니다. 대약진운동부터 모택동과 거리가 생긴 그에게 모택동이 '비교적 우경'이라고 공개 비판하기도 했지요. 그러나 역시 강청과의 갈등이 더 크게 작용했는데, 문화혁명이 시작되자마자 강청이 정직반성(停職反省, 직무정지·징계청구) 처분을 내린 데 대해 자살로써 저항했던 것이에요. 그런데 모택동은 당원의 자살을 엄금한 바 있지요.

물론 문화혁명은 평범한 지식인 대중에게는 더욱 처참한 비극이었습니다. 그래서 「마오: 스탈린주의의 내재적 비판?」에서 발리바르도 지식인에 대한 탄압이 '파시즘화 경향'(tendance fascisante)으로 귀결되었음을 인정하지 않을 수는 없었던 것이지요. 이론을 구호로 대체하는 반(反)이론주의가 반(反)지식인주의와 결합한 것이 바로 파시즘의 특징이었기 때문이에요.

중국영화에 『푸른색 연』(藍風箏, 1993)이 있는데, 「4·15총선 전후」에서 소개한 노사의 희곡 『찻집』(茶館, 1957; 국역: 지만지, 2009)의 후예라고 할 만합니다. 북경 내 가상의 후통(胡同, 골목)에서 태어난 문혁세대의 막내 격인 1954년생 주인공의 성장과정을 역시 세 개의 에피소드로 묘사했는데, 1956-57년의 쌍백운동과 반우파투쟁, 1958-60년의 대약진운동, 1966-68년의 문화혁명이 그것이에요.

주인공은 지식인 부모의 외아들로 태어났습니다. 아버지가 반우파투쟁으로 희생되자 어머니가 재혼과 삼혼을 거듭하며 그를 키웠는데, 상황은 점점 악화되기만 했지요. 제목에 나오는 푸른색 연은 아버지가 만들어준 장난감으로 희망을 상징한 것인데, 찢겨진 연이 나무에 걸려 있는 것이 마지막 장면이에요.

처음부터 끝까지 8번이나 「까마귀노래」(烏鴉歌)가 나오는데, 어린 주인공이 엄마에게 배웠던 동요였습니다.

나무 위에 까마귀 잘~도~난다네.	烏鴉烏鴉在樹上, 烏~鴉~眞能飛.
날지 못해 엄마는 울~기~만 하네.	烏鴉老了不能飛, 圍~着~小鴉叫.
까마귀가 먹이를 엄마 먼저 먹이네.	小鴉每天打食回, 打食回來先喂母.
이미 전에 먹어서 저는 참고 안 먹네.	自己不吃忍耐着, 母親曾經喂過我.

'반포지효'(反哺之孝, 되갚아 먹이는 효도)라는 말이 있듯이 까마귀는 '효조'(孝鳥)이지요. 반면 부엉이는 불효조로 어미를 잡아먹어요. 역시 동서양의 차이가 있는데, 서양에서는 부엉이가 까마귀를 대신하여 지혜의 여신 미네르바(아테나)의 상징이 되었거든요.

발리바르가 지적한 것처럼, 문화혁명기 모택동의 최대의 문제는 이론에 근거한 정책 대신 구호만 있었다는 것입니다. 그러나 이미 지적한 것처럼, 모택동은 '당의 영도권은 구호가 아니라 정책이다'라고 선언한 적이 있는데, 이것은 항일전쟁 중인 1940년에 근거지에서 내린 「지시」였지요. 이런 반전은 모순 이상의 것으로 역시 설명과 비판이 필요한 것이에요.

마이스너가 신민주주의의 조기 종결을 문제삼았다고 했는데, 이 문제부터 설명해보겠습니다. 개혁·개방을 신민주주의로의 복귀로 해석하는 시도에 대해서는 이남주, 「마오쩌둥 시기 급진주의의 기원: 신민주주의론의 폐기와 그 함의」(『동향과 전망』, 78호, 2010)와 유용태, 「현대중국의 혼합경제 구상과 실천, 1940-56」(『중국근현대사 연구』, 74집, 2017) 등을 참고할 수 있지요.

신경제정책에 대한 인식이 심화되면서 레닌의 동방정책도 심화되어 결국 손문과의 국공합작으로 결실을 맺었다고 했습니다. 그런데 손문 역시 '러시아를 스승으로 삼자'(以俄爲師)고 하면서 신경제정책을 모방한 절제자본론과 평균지권론을 채택했지요. 그 핵심은 민간자본을 조절·제어하여 국가자본을 발전시키고, 토지를 국유화하되 '경자유전'(耕者有田, 농민이 토지의 사용권으로서 경작권을 갖는다)으로 중농을 육성한다는 것이었지요.

모택동은 레닌의 신경제정책과 손문의 절제자본론을 계승한다는 입장에서 신민주주의론을 채택하고 국공합작을 다시 추진했던 것입니다. 그래서 손문의 부인 송경령이 모택동을 지지했던 것이고요. 반면 손문의 후계자를 자임했던 장개석은 절제자본론과 정반대인 관료자본론을 실천했던 셈이지요. 물론 대만으로 패주한 다음에는 절제자본론을 실천했다고 할 수 있겠지만요.

장개석에 대한 비판의 선봉은 물론 진백달이었습니다. 1943년에 장개석의 『중국의 운명』을 비판하여 전국에 필명을 떨친 그는 1946년에 『중국 4대가족』을 출판하여 장개석에 대한 비판을 집대성했지요. 비판의 핵심은 반식민지반봉건사회가 실은 매판적·봉건적 국가독점자본주의이고 그 핵심이 관료자본이라는 주장이었고요.

물론 신경제정책과 절제자본론 사이의 차이는 엄존했는데, 그것이 바로 프롤레타리아 독재와 부르주아 독재의 차이였습니다. 그래서 마르크스주의적 입장에서는 손문이 옳았다거나 심지어 대만으로 패주한 이후의 장개석이 옳았다고 할 수는 없는 것이지요. 그러나 모택동이 신민주주의를 조기 종결한 것도 사실이었는데, '3년 회복, 10년 발전'이라는 구호 아래 중일전쟁 이전의 공업과 농업 생산이 회복되자마자 5개년계획을 개시했거든요.

신민주주의가 조기 종결된 데는 한국전쟁의 영향도 작용했다고 합니다. 최초의 8개월에서 전시공산주의로 이행할 수밖에 없었던 소련처럼 중국에서도 내우외환이 발생할지 모른다는 우려가 컸었던 것이지요. 그래서 한국전쟁 중인 1951-52년에 관료의 부패·낭비·관료주의에 반대하는 3반운동과 그것이 발전한 민간자본가의 뇌물공여·세금포탈·부실생산·국가재산절취편취·국가경제정보절취에 반대하는 5반운동을 통해 민간자본의 국유화를 유도했던 것이고요.

그러나 당시 모택동이 스탈린을 추종했다는 것은 이론의 여지가 없습니다. 스탈린이 1928-37년의 1-2차 5개년계획을 통해 확립한 이른바 '사회주의적 생산양식'을 모택동도 역시 1953-1962년의 1-2차 5개년계획을 통해 추구했다고 할 수 있거든요. 물론 모택동은 금방

사회주의적 생산양식의 본질인 중화학공업화와 농업집단화의 결함을 인식했고 그것을 해결하기 위해 신민주주의로 복귀하는 대신에 대약진운동을 추진했지만요.

대약진운동기에 모택동이 '경제건설사업은 이제 막 학습을 시작했다'고 했는데, 이것은 진백달 등과 함께 소련과학원 경제연구소의 『경제학 교과서』 독서소조를 결성한 사실을 가리키는 말이었습니다. 그 결과가 바로 *A Critique of Soviet Economics* (1958-60; 영역: MRP, 1977)였는데, 독서소조에서 모택동이 한 담화를 기록한 것이었지요.

스탈린주의와 소련경제학에 대한 모택동의 비판은 마이스너의 "Stalinism in the History of the Chinese Communist Party" (in *Critical Perspectives on Mao Zedong's Thought*, Humanities Press, 1997)와 레비(Richard Levy)의 "Mao, Marx, Political Economy and the Chinese Revolution: Good Questions, Poor Answers" (in *ibid.*)를 참고할 수 있습니다.

*A Critique of Soviet Economics*의 출판에도 참여한 바 있는 레비의 입장은 베틀렘과 친화성이 있습니다. 그는 특히 4인방의 이론적 무능력에 주목하고 있는데, 그래서 '훌륭한 질문과 서투른 대답'이라고 한 것이지요. 자세한 설명은 Peer Christensen and Jorgen Delman, "A Theory of Transitional Society: Mao Zedong and the Shanghai School" (*Bulletin of Concerned Asian Scholars*, 1981 No. 2)을 참고하세요.

1970-71년에 임표와 진백달을 숙청한 다음 장춘교를 중심으로 한 4인방은 복단대학 경제연구소를 동원하여 소련과학원 경제연구소의 『경제학 교과서』에 대한 대안으로 문화혁명의 『경제학 교과서』를 집필하기 시작했습니다. 그렇지만 1972년의 원고는 소련 교과서와 본질적으로 동일했지요. 달리 말해서 문화혁명에는 이론적 근거가 없었을 뿐만 아니라 오히려 대약진운동보다도 이론적으로 후퇴했다는 것이에요.

장춘교는 결국 베틀렘과 교류하면서 큰 도움을 받을 수밖에 없었습니다. 이미 언급한 것처럼, 1975년에는 『소련에서 계급투쟁』 1권을 번역하기도 했던 것이고요. 그러나 너무 늦었고 게다가 이론적 수준도 베틀렘에게는 미달했던 것이지요. 베틀렘 역시 잘 모르면서 먼 나라의 일에 개입했던 셈인데, 문화혁명과 관련하여 발리바르가 고백한 것처럼, 이것은 1968년 학생운동 전후로 프랑스 좌파지식인 모두에게 해당한 일이었어요. 바디우처럼 여전히 반성할 줄 모르는 경우도 있지만요.

또 소련의 반비판은 *A Critique of Mao Tse-tung's Theoretical Conceptions* (Progress, 1972)를 참고할 수 있습니다. 모택동 사상을 인민주의와 의지주의로 특징짓고, 나아가 혁명 이전으로 소급하는 이 경향이 혁명 이후에 더욱 강화되어 대약진운동과 문화혁명으로 귀결되었다는 것이 비판의 핵심이에요. 마이스너와 비슷한 입장이라고 할 수 있는데, 그와 달리 스탈린주의에 대한 비판은 미약할 수밖에 없었지요. 마이스너에게 스탈린주의는 '슬프고 괴로운'(regretful) 역사였고요.

알렉산더 판초프의 『마오쩌둥 평전』(2007; 국역: 민음사, 2017)은 소련의 모택동 연구를 집대성한 것입니다. 유소영 교수와 중국문학 내지 인문학을 번역·소개한 것으로 유명한 심규호 교수가 번역한 것인데, 이번에는 중국어 아닌 영어를 번역한 탓인지 오역이 간간이 눈에 띄어 아쉬워요. 물론 심 교수가 중국마르크스주의나 중국혁명의 전공자인 것도 아니고요.

판초프는 인민주의자이자 의지주의자로서 모택동이라는 소련의 전통적 입장을 고수하고 있습니다. 그래서 대장정 이전의 모택동에 책의 절반을 할애하면서 토비주의(banditism)와의 관계를 천착하고 있지요. 토비(土匪)/토적(土賊)/토구(土寇)는 산속의 근거지에 정주하는 산적(stationary bandit)과 근거지 없이 유랑하는 유구(roving bandit)로 구별되는데, 모택동은 후자가 아니라 전자라는 것이에요. 이 때문에 그가 빈농과 고농, 또 객가(客家) 출신 농민을 중시했다는 것이고요. 장개석이 비판한 것처럼, 모택동의 공산당이란 결국 빈농·고농·객가 출신의 토비, 즉 공비(共匪, 공산비적)일 따름이라는 것이 판초프의 주장이지요.

나아가 대장정 이후에도 마르크스주의의 중국화에 대한 설명은 소략합니다. 모택동의 신민주주의란 코민테른 7차대회 이후 스탈린의 인민민주주의와 본질적으로 동일했기 때문이라는 것이고, 게다가 모택동 자신이 혁명 이후에 곧 신민주주의를 포기했기 때문이라는 것이지요. 모택동의 중국이 스탈린과 흐루쇼프의 소련에 대한 대안일 수 없다는 예단 탓인 것 같아요. 판초프가 볼 때 모택동의 중국은 '빈농·고농·객가가 주인이 된 나라'일 따름이거든요. 마치 김일성 주석의 북한이 '머슴이 주인이 된 나라'인 것과 비슷한데, 이재명 지사가 대통령이 되면, '중인이 주인이 된 나라'인 박정희 대통령의 남한도 곧 그렇게 될 수 있겠지요.

'바보배'와 '바라크 공산주의'

알다시피 박근혜 대통령 탄핵과 문재인 대통령 당선의 발단이 된 것이 바로 세월호의 침몰 사고였습니다. 2016년 12월의 민주당 대선 후보 경선 중에 박원순 시장은 팽목항에 들려 방명록에 다음과 같은 글을 남겼지요.

> 아이들아 너희들이 대한민국을 다시 세웠다.
> 참 고맙다.

그리고 2017년 3월에 헌법재판소가 박 대통령의 탄핵을 결정한 날 문재인 후보도 역시 팽목항에 들려 방명록에 박 시장과 비슷한 글을 남겼고요.

> 애들아 너희들이 촛불광장의 별빛이었다. 너희들의 혼이 천만 촛불이 되었다.
> 미안하다. 고맙다.

그런데 침몰하는 것은 세월호만이 아니라는 데 문제가 있습니다. 세월호 침몰을 기화로 집권에 성공한 문재인 정부 때문에 '대한민국호'도 침몰할 지경이거든요. 서양에서는 국가를 배에 비유해왔는데, 플라톤이 그 효시라고 할 수 있지요. 동양에는 없는 그런 전통에서 배울 것이 많다는 생각이 들어요.

『후기』에서 설명했듯이, 아리스토파네스의 희극은 펠로폰네소스 전쟁기 아테나이의 인민정에 대한 풍자였습니다. 그런데 플라톤은 '소크라테스의 대화' 중 하나인 『국가』(Politeia, 폴리스의 관리)에서 아리스토파네스의 희극적 풍자를 대체할 철학적 대안을 모색했지요. 키를 조종하는 조타술(操舵術)을 배운 적이 없는 선원, 즉 데마고그를 철학자로 대체해야 한다는 것이 그의 주장이었어요.

물론 철학자도 조타술을 배운 경세가는 아닌 만큼 데마고그의 대안일 수는 없습니다. 데마고그가 반비판한 것처럼, 철학자는 '몽상가'(stargazer)나 '공론가'(chatterer)였을 따름인데, 스피노자도 철학자의 사변을 '망상'(délire, 미망)이나 '객설'(bavardage)로 간주했지요. 동양과 달리 서양에서는 기축시대가 경세학의 출현으로 귀결되지 못했다는 결함에 대한 설명은 『봉건제론』을 참고하세요.

인민정에 대한 대안은 플라톤의 '철인왕'(philosopher king)이 아니라 『위기와 비판』에서 소개한 바 있는 폴리비오스의 로마 공화정이었습니다. 원로원(senate, 상원)을 중심으로 한 공화정은 본질적으로 귀족정이면서도 군주정적 요소인 집정관(consul, 통령)과 민주정적 요소인 민회(popular assembly, 하원)를 결합한 혼합정체(mixed constitution)였지요.

또 『재론 위기와 비판』에서 소개한 것처럼, 몽테스키외가 영국의 입헌군주정에서 혼합정체의 현대적 부활을 발견한 다음, 우여곡절을 거쳐 현대경세학으로서 경제학을 '항해학'(science of navigation)에 비유한 사람이 바로 마셜이었습니다. 경제학자라는 현대경세가는 국가라는 배의 선장으로서 '[물리학자처럼] 정확한 지식을 제공하는 것이 아니라 더 큰 재난을 회피하는 가능한 한 최선의 방법을 제공해야' 한다는 것이 마셜의 주장이었지요.

어쨌든 플라톤의 비유에서 '바보문학'(Fool's literature), 즉 바보가 주인공인 풍자문학이 유래했다는 사실에도 주목할 수 있습니다. 그 효시가 바로 제바스티안 브란트의 『바보배』(*Das Narrenschiff*, 1494; 국역: 안티쿠스, 2006)였는데, 그 뒤를 이었던 에라스무스의 『우신 예찬』(*Moriae Encomium*, 1511; 국역: 열린책들, 2011)처럼 『바보배』도 역시 종교개혁 전야의 가톨릭을 풍자했지요.

바보나라(Narragonia)로 가는 바보배에 탈 수 있는 자격이 바로 '무지와 범죄'였는데, 브란트가 장장 114장에 걸쳐 묘사한 바보에는 멍청이와 함께 온갖 불량배가 포함되었습니다. 『재론 위기와 비판』에서 주목한 바 있는 *The Basic Laws of Human Stupidity* (1976; Mulino, 2011)에서 치폴라(Carlo Cipolla)가 멍청이(stupid)의 일종인 불량배에게 주목한 것처럼요. 물론 바보배는 목적지에 도착하지 못하고 침몰하고 말았지만요.

바보나라, 즉 일은 하지 않고 놀고 먹을 수 있는 '게으름뱅이 천국'(Schlaraffenland)에 대한 풍자화로는 브뢰걸의 그림이 유명합니다. 『바보배』를 번역한 노성두 작가가 번역한 닐스 요켈의 『브뢰겔』(1995; 국역: 랜덤하우스중앙, 2006)이 그 그림의 해설이지요. 브뢰걸에 대한 전반적 소개는 월터 기브슨의 『브뢰겔』(1977; 국역: 시공아트, 2001)을 참고할 수 있고요.

브란트가 주목했던 바보의 성격 중 하나가 질투와 원한이었는데, 롤프 하우블의 『시기심』(2001; 국역: 에코리브르, 2002)을 참고할 수 있습니다. 하우블은 타인의 소유에 대한 'envy'(독일어 'Neid')를 건설적인 것과 파괴적인 것으로 분류하는데, 건설적 'envy'는 경쟁을 자극하는 선망(부러움), 파괴적 'envy'는 원한을 자극하는 질투(시새움)로 번역할 수 있지요. 역자는 'envy'를 시기, 파괴적 'envy'를 질투로 번역하는데, 그러나 시기와 질투는 같은 말이거든요. 시기나 질투는 원한과 짝이 되는데, 그래서 시원(猜怨)이나 투한(妬恨) 같은 말도 있는 것이에요.

하우블에 따르면, 라이프니츠는 타인의 소유 중에 '프레스코 벽화처럼 과연 파괴할 수는 있어도 결코 탈취할 수는 없는' 것이 질투와 원한의 대상이라고 갈파한 바 있습니다. 그런 소유를 대표하는 것이 바로 자유주의자 로크가 말하는 '자기소유'와 공산주의자 마르크스가 말하는 '개인적 소유', 곧 능력이라고 할 수 있는데, 라이프니츠는 여기에 외모도 추가하고 있어요.

니체는 그런 파괴적 질투와 원한에 사로잡힌 사람을 '세계절멸자'(Welt-Vernichter)라고 불렀습니다.

> 내가 가질 수 없는 어떤 것이 있으므로, 전세계는 아무것도 가지면 안 되고, 전세계는 소멸해야만 한다.

반면 헤겔에 따르면,

> 위대하고 탁월한 인간[역사적 개인] 때문에 슬퍼져서 질투하는 인간은 그를 왜소하게 만들 결함을 찾기 위해 노력한다.(…)그러나 자유로운 인간은 질투하지 않고, 위대하고 탁월한 인간을 기꺼이 인정하면서 그의 존재를 기뻐한다.

나아가 쇼펜하우어는 바보의 질투와 원한이 잔혹을 초래한다는 사실에 주목하기도 했습니다. 그런데 잔혹에는 세 가지 종류가 있고, 발리바르가 말하는 잔혹에도 이 세 가지 종류가 혼재한다고 할 수 있어요.

> cruelty: 일반적 질투와 원한, 즉 타인의 고통에 대한 무관심 내지 쾌락
> savagery/barbarity: 시빌리티(civility)의 결여로 인한 원시적/야만적 잔혹
> brutality: 인간성(humanity)의 결여로 인한 동물적 잔혹

'cruelty'로 인해 원시인·야만인으로 퇴화되고, 'savagery/barbarity'로 인해 짐승으로 퇴화되며, 'brutality'로 인해 결국 벌레로 퇴화된다고 할 수 있겠지요.

질투와 원한을 현실의 차원에서 설명할 수도 있을 것입니다. 예를 들자면, 중상주의적 국제관계의 '민족간 원한'(national animosity)을

홉즈는 '국가의 질투'(jealousy of state)로 설명하고 흄은 '무역의 질투'(jealousy of trade)로 설명했지요. 전기중상주의와 후기중상주의의 차이에도 불구하고 공통점이 존재하는데, '목적이 수단을 정당화'하는 질투는 모두 불공정하고 파괴적이기 때문이에요. 쉽게 말해서 질투는 열전이든 냉전이든 전쟁으로 귀결된다는 것이지요. 그래서 배링턴 무어가 '수단이 목적을 소진시키고 왜곡시킨다(swallow up and distort)'고 비판한 것이고요.

중상주의적 전쟁에 대해 자유주의적 평화라는 대안을 제시한 것이 스미스가 정초한 경제학이라고 할 수 있습니다. 아리스토텔레스를 따라 질투의 대안으로 경쟁(emulation)을 제안한 것이 바로 스미스 경제학의 핵심이었는데, '페어플레이'를 지향하는 경쟁은 공정하고 건설적인 것이어서 전쟁이 아니라 평화를 통한 경제성장을 의미한다는 것이에요.

이 대목에서 자유주의의 구호가 '기회의 평등'인 반면 공리주의 내지 인민주의의 구호는 '결과의 평등'이라는 사실에 주목해야 합니다. 양자의 차이가 바로 능력주의(meritocracy)를 인정하는가 여부인데, 결과의 평등이란 결국 능력에 대한 질투와 원한을 전제하는 동시에 능력/기여와는 무관한 분배를 요구하는 것이기 때문이지요.

마르크스주의는 공리주의나 인민주의보다는 오히려 자유주의와 친화성이 있다고 할 수 있습니다. 마르크스와 엥겔스는 자유주의에 미달하는 '조야한'(crude) '바라크 공산주의'(barracks communism)를 명시적으로 비판한 바 있는데, '하향평준화'(leveling down) 내지 '바보만들기'(dumbing down)를 통해서 무능력주의(mediocracy)를 지향하기 때문이지요. 반면 마르크스의 지론은 『공산주의자 선언』 이래 '개인의 [능력의] 자유로운 발전'이었어요. 『자본』에서 말하는 '자유인들의 연합'으로서 노동자연합이란 '각자의 자유로운 발전이 모두의 자유로운 발전의 조건이 되는 [개인들의] 연합'이에요.

질의와 응답

푸틴 시대의 러시아

― 소련의 반체제운동에 대해서 설명해주세요.
― 제가 소련의 반체제운동에 대해 알게 된 것은 『혁명 이후의 사회에서 권력과 반체제』(*Power and Opposition in Post-revolutionary Societies*, Ink Links, 1979)를 읽은 다음이었습니다. 이미 언급했던 알튀세르의 강연록 「마침내 마르크스주의의 위기가 폭발했다!」가 실린 것이 바로 이 책이었거든요.

1978년에 이탈리아어로 출판된 다음 즉각 9개 언어로 번역된 이 책은 알튀세르의 친구였던 로산다의 '마니페스토 그룹'이 러시아혁명 60주년 기념주간이던 1977년 11월 11-13일에 베네치아에서 주최한 회의의 결과였습니다. 알튀세르와 로산다를 비롯해 프랑스 마르크스주의자와 이탈리아 마르크스주의자의 관계에 대한 설명은 『역사적 마르크스주의』를 참고하세요.

이 회의가 개최된 이유는 그 다음 주로 예정된 베네치아 비엔날레가 채택한 주제가 소련의 반체제운동이었기 때문입니다. 비엔날레의 그런 결정에는 1976년에 이탈리아사회당(PSI)의 당권을 장악한 신자유주의자 크락시의 작용이 있었지요. 그래서 이탈리아공산당(PCI)이나 프랑스공산당(PCF)과 관련이 있는 비판적 마르크스주의자들이 결집했던 것이에요.

기조발제에서 로산다는 소련사회성격 논쟁을 촉구했는데, 역시 소련사회에 대한 고소·고발이나 유죄선고가 아니라 비판과 설명이 필요하다는 취지였습니다. 회의에 참석한 베틀렘은 「소련사회의 성격」(The Nature of Soviet Society)이라는 제목의 발제에서 『소련에서 계급투쟁』의 논지를 소개했고요.

'conformist'의 반대말이 'dissident'인데, 본래 영국의 국교도와 비국교도라는 의미였다가 체제순응자와 체제반대자라는 의미로 일반화되었다는 사실에도 주목해두겠습니다. 이탈리아어 원본과 영역본은 'opposition'이라고 했는데, 불역본에서는 'dissident'라고 했지요. 소련에서 반체제인사를 'dissident'라고 불렀기 때문인데, 'opposition'이 1920년대의 다양한 반대파를 연상시켰기 때문이에요. 정당정치가 존재할 경우에 'opposition'은 물론 야당을 의미하고요.

1968년 프라하의 봄을 계기로 본격화된 소련 반체제운동을 상징한 인물은 역시 사하로프였습니다. 소련을 대표하는 물리학자였던 그는 마르크스주의에서 자유주의로 전향하면서 반체제운동을 주도했지요. 물론 반체제운동에는 메드베제프 형제가 대표하는 마르크스주의자도 있었고, 솔제니친이 대표하는 슬라브주의자도 있었지만요.

소련의 반체제운동은 본질적으로 인권운동이었는데, 인권은 영국의 관습법에서 유래한 '신체의 자유에 대한 보호'(habeas corpus)와 '정신의 자유에 대한 보호'(habeas animam)라는 의미였습니다. 양자를 상징하는 것이 '개인의 생명과 자유와 안전에 대한 권리'(right to life, liberty and security of person)와 '사상의 자유'(intellectual freedom), 즉 '양심과 표현의 자유'(freedom of conscience/thought and expression/speech)에 대한 권리였고요.

소련의 반체제운동과 한국의 재야운동을 비교하면서 그 차이점에 주목해볼 수 있을 것입니다. 일단 한국에는 사하로프나 메드베제프 형제 같이 학문적 권위까지 갖춘 자유주의자나 마르크스주의자가 없었지요. 대신 솔제니친 같은 문학가와 예술가가 많았고 특이하게도 개신교 목회자나 신학자도 많았는데, 그래서 재야운동이 인민주의의 온상이 되었던 것 같아요. 물론 김대중 대통령처럼 '권력의지'의 화신인 정치적 야심가가 재야운동에 투신한 문학예술가 등을 지배했다는 사실이 더 큰 원인이라고 해야겠지만요.

소련의 반체제운동과 한국의 재야운동의 유사점도 있습니다. 인권운동의 외곽에 인권침해에 항의하면서 법치를 요구한 인권변호사가 존재했기 때문이지요. 그래서 반체제/재야운동(dissident movement)

을 민주화운동(democratic movement)이라고 불렀던 것인데, 인권과 법치를 통칭한 것이 민주화였어요. 서울대 경제학과 출신인 김근태 의원의 민청련(1983)이 민통련(1985)으로 발전하면서 그와 경기고 동기동창이었던 서울대 법학과 출신의 조정래 변호사가 민변(1988)을 조직한 것이 민주화운동의 상징적 사건이었습니다. 물론 노무현 대통령이라는 또 다른 정치적 야심가로 인해 민변이 정치화되면서 아이러니하게도 민주화를 부정하기에 이르렀지만요.

소련의 반체제운동과 한국의 재야운동의 또 다른 유사점은 사미즈다트(samizdat, 자가출판)라고 불리던 '지하'(검열받지 않은) 출판물이었습니다. 예를 들어 이호열 씨와 조희연 교육감 같은 서울대 사회학과 75학번들이 1980년 광주항쟁 직후 관악캠퍼스 입구에서 시작한 복사점이 출판사로 발전한 것이 한울이었고, 1980년대 후반에 한울이 변질되자 조 교육감과 그의 사회학과 2년 후배인 고훈석 씨가 새길을 창업한 것이지요. 또 1990년대 초반에 새길이 변질되자 과천연구실이 공감을 창업할 수밖에 없었던 것이고요.

사미즈다트와 비견되는 것은 마그니티즈다트(magnitizdat, 녹음출판)라고 불리던 '지하' 음반이었습니다. 2016년에 노벨문학상을 수상한 밥 딜런 같은 싱어-송라이터, 러시아어로는 바르트(bard, 음유시인)의 포크 음반이었는데, 김민기 선배를 추종하던 서울대 노래패 메아리와 그것이 발전한 민문연(민중문화운동연합)/노문연(노동자문화예술운동연합)의 노래패 새벽이 있었지요. 새벽이 흔적도 없이 소멸해버린 것이 늘 아쉬웠는데, 조국 교수가 뜬금없이 상기시킨 「죽창가」는 새벽의 레퍼토리에서 주변적이었어요. 관심이 있으시면 베토벤의 관점에서 새벽의 레퍼토리를 설명한 『일반화된 마르크스주의 개론』을 참고하세요.

요즘 베토벤보다 발자크에게 관심을 갖는 까닭도 설명해두겠습니다. 베토벤에게 주목한 것은 1997-98년 경제위기 직전이었는데, 그 결과 '영웅 없는 영웅주의'라는 관점에서 베토벤을 해석한 솔로몬의 『베토벤』을 번역하여 소개하기도 했지요. 그러나 촛불혁명과 문재인 정부를 계기로 일체의 영웅주의가 소멸했음을 문득 깨닫고 영웅이라는 '최선의 인간'이 아니라 반영웅/비영웅이라는 '최악/차악의 인간'에게 관심을 갖게 되었어요. 물론 제가 베토벤에게 관심을 가졌을 때는 40대여서 아직 이상주의적이었고 발자크에게 관심을 가졌을 때는 60대여서 현실주의적이 될 수밖에 없었다고 할 수도 있겠지만요.

북한인권 문제에 대해서도 한 마디만 해두겠습니다. 이 문제를 둘러싼 논쟁에 대한 정리는 서보혁 박사의 『코리아 인권: 북한 인권과 한반도 평화』(책세상, 2011)를 참고할 수 있고, 또 이 문제를 둘러싼 현안에 대한 소개는 허만호 교수의 『북한의 인권: 인민의 천국에서 벌어지는 인권 유린』(살림, 2012)이나 오경섭 박사 등의 『북한인권백서』(통일연구원, 2021)를 참고할 수 있지요.

노무현 정부 시절부터 국제연합(UN)을 비롯해서 미국·일본·유럽연합(EU) 등 국제사회가 북한인권 문제를 제기하자 이명박 정부에 와서 한국도 드디어 '인류보편적 가치로서 인권 내지 법치'라는 관점에서 '북한민주화' 문제에 접근하게 되었습니다. 반면 재야운동 계승을 자임한 민주당은 이런 관점을 거부했는데, 급기야 문재인 정부에 와서는 북한의 핵무장을 빌미로 아예 북한인권이나 북한민주화 문제 자체를 부정하고 있는 실정이지요.

이런 맥락에서 1977년 기조발제에서 로산다가 제기한 질문에 주목할 필요가 있을 것입니다. 소련에서 '신체와 정신의 자유'가 부재하는 것은 소련이 사회주의이기 때문인가 아니면 사회주의가 아니기 때문인가라는 질문인데, 이 질문에 대한 대답은 당연하게도 소련사회가 프롤레타리아 독재가 타락한 권위독재정이기 때문이라는 것이지요. 또 북한사회는 권위독재정에 미달하여 반체제운동 자체가 불가능한 클렙토크라시라고 할 수밖에 없고요.

— 푸틴 시대의 러시아에 대해서도 설명해주세요.
— 고르바초프의 페레스트로이카가 옐친에 의해 좌절되고 푸틴이 등장하는 과정에 대해 일별하려면 에이브러햄 애셔의 『러시아 역사』

에서 출발할 수 있는데, 다만 2012년에 아이비북스에서 출간된 국역은 2009년의 2판을 대본으로 한 것이어서 러시아혁명 100주년 기념판인 2017년의 3판을 참고할 필요가 있지요. 1차 집권기인 2000-08년에는 감춰져 있던 푸틴의 본색이 드러난 것은 2차 집권기인 2012년 이후였기 때문이에요.

1차 집권기와 2차 집권기 사이인 2008-12년에는 드미트리 메드베제프가 대통령이었는데, 1978년 선진사회주의 헌법을 대체한 1993년 헌법이 대통령의 3연임을 금지했기 때문이었습니다. 그러나 실권은 총리 푸틴이 장악하여 대통령 메드베제프가 오히려 '부하'(subordinate)였던 셈이지요. 2차 집권에 성공한 푸틴은 임기를 6년으로 연장한 2008년 개헌, 나아가 4연임을 허용한 2020년 개헌으로 2036년까지 집권이 보장된 셈이에요. 만일 그렇게 된다면 스탈린의 집권 기록 24년과 타이를 이루게 될 것이고요.

애셔는 푸틴이 독재정(autocracy)의 이데올로그로 일리인을 숭배한다는 사실을 강조하고 있습니다. 솔제니친이 복권시킨 슬라브주의 사상가인 일리인은 '독일의 볼셰비키화'를 저지한 히틀러를 찬양한 바 있는데, 그러나 1930년대 독일에서 망명 중이면서도 나치에 입당하지는 않았지요. 아마 나치의 반공주의에 찬성하면서도 무신론에는 반대했기 때문인 것 같아요.

이미 언급한 것처럼, 푸틴은 레닌을 격하하고 대신 스탈린을 격상했습니다. 레닌의 공산주의 대신 그가 비판했던 스탈린의 대러시아 국수주의를 수용했기 때문이지요. 그러나 스탈린은 무신론자이기도 했기 때문에 스탈린 격상에는 한계가 있을 수밖에 없었어요. 슬라브주의자 일리인을 숭배하는 푸틴은 무신론을 기각하고 기독교 변종인 러시아정교를 복권시켰거든요.

애셔는 푸틴의 주요 정책으로 2014년 크리미아 침공과 우크라이나 내전 개입, 2015년 시리아 내전 개입, 2016년 미국의 대선 개입과 트럼프 당선 직후 발트3국, 특히 폴란드와 가까운 리투아니아에 대한 군사 위협 등에 대해 서술하고 있습니다. 이를 통해 바이든 정부가 푸틴 대통령의 러시아를 시진핑 주석의 중국 같은 '전략적 경쟁자'가 아니라 '파괴자/교란자'로 규정한 이유를 알 수 있겠지요.

애셔가 별로 주목하지 않는 푸틴 시대의 러시아경제에 대해서는 일단 옐친 시대에 출현한 마피아경제를 계승했다는 『역사학 비판』의 설명을 참고할 수 있습니다. 프롤레타리아 독재가 소멸한 국가자본주의에서 국가적 소유가 노멘클라투라의 사적 영유로 반전되었다면 마피아경제에서는 그런 사적 영유에 적합한 사적 소유가 출현했다고 할 수 있겠지요. 쉽게 말해서 노멘클라투라가 국가자본을 강탈하는 마피아로 변모했다는 것이에요.

푸틴의 러시아가 역사상 최대의 연고자본주의 내지 클렙토크라시로 간주되는 것은 이 때문입니다. 예를 들어 스웨덴 경제학자 안데쉬 오슬룬드(Anders Åslund)의 *Russia's Crony Capitalism: The Path from Market Economy to Kleptocracy* (Yale University Press, 2019)를 참고할 수 있지요. 다만 옐친의 '충격요법'에 경제고문으로 참여한 적이 있는 그의 말은 에누리해서 들을 필요가 있어요.

오슬룬드에 따르면, 러시아경제가 2007-09년 금융위기에서 회복하지 못한 이유는 클렙토크라시에 있었습니다. 2000년대의 성장세에 제동이 걸린 것은 금융위기로 인한 유가 하락 때문이었지요. 그러나 금융위기가 진정되면서 유가가 회복된 다음에도 성장세가 회복되지 않은 것은 클렙토크라시 때문이었다는 것이에요. 그 결과로 푸틴이 인접국에 대한 군사적 모험을 감행했다는 것이고요.

아까 로이 메드베제프가 우여곡절 끝에 푸틴 지지자로 전향했다고 언급했는데, 1차 집권기까지 푸틴에 대한 저서를 네 권 출간했습니다. 그 중 한 권이 2005년에 성서전문출판사 굿뉴스에서 번역한 『한국, 푸틴의 리더십을 배우다』(2003)였는데, 여기서 푸틴이 『갈릴레이의 생애』에서 브레히트가 말한 '영웅'이라고까지 찬양한 바 있지요.

메드베제프가 볼 때 푸틴은 옐친 시대에 출현한 마피아경제를 지배하는 과두제라는 적폐의 청산에 적합한 '역사적 개인'이었습니다. 레닌그라드대학/페테르스부르크대학 법학부를 졸업한 다음 16년간 줄곧 카게베(KGB, 스탈린 사후의 비밀경찰인 국가보안위원회) 요원으로 활동하다가 대령으로 예편한 그가 정치로부터 독립한 사법부, 특히 검찰을 통해 '법의 지배'를 실현할 것으로 기대한 것이지요.

그러나 2차 집권기에 처참하게 배신당한 것인데, 옐친과도 달리 푸틴은 스스로 마피아 두목이 되었기 때문입니다. 옐친 시대는 자유방임적 마피아경제였다면, 푸틴 시대는 국가가 규제하는 마피아경제였는데, 국가권력을 사유화한 푸틴과 그의 측근에 의해 마피아경제가 오히려 강화·발전되었던 것이지요.

푸틴의 독재정에 대해서 소련 마지막 세대는 어떻게 생각하는지 궁금해지는 대목입니다. 소련이 붕괴한 1989–91년에 10대 말이었던 1970년생과 30대 말이었던 1950년생이 푸틴의 2차 집권이 시작된 2012년에는 이미 40대와 60대에 접어들었지요. 20여년의 세월이 지나 그들도 중장년층이 되었다는 것이에요.

그래서 1962년생으로 마지막 세대에 속하는 대표적 작가 빅토르 펠레빈의 포스트모더니즘 소설을 몇 권 읽었는데, 한 마디로 황당했습니다. 옐친 시대에 나온 『벌레처럼』(1993; 국역: 책세상, 1998)과 『P세대』(1999; 국역: 문학동네, 2012), 푸틴 시대에 나온 『아이퍽10』(2017; 국역: 걷는사람, 2020)이 그것이었지요.

그나마 원제가 '벌레의 삶'인 『벌레처럼』이 읽을 만했는데, 소련 붕괴 이후 러시아 사회를 특징짓는 다양한 인간 유형에 대한 포스트모더니즘적 알레고리라고 할 수 있겠습니다. 모기 2마리와 그 친구 1마리(초민족자본가인 미국 모기), 쇠똥구리 부자, 개미 한 쌍과 그 딸(여왕개미 대신 똥파리가 되어 미국 모기에게 성매매를 하는 딸), 반딧불나방 쌍둥이형제, 빈대 2마리, 바퀴벌레 1마리 등 13마리의 벌레가 등장했지요.

특히 이준석 대표를 닮은 바퀴벌레에 주목할 수 있는데, 컴퓨터 프로그래머 출신 초민족지식인의 알레고리였기 때문입니다. 그의 목적은 먼저 '최대한 많은 돈을 그러모으는 것'(dig up as much cash as [he] can), 그 다음에 모스크바를 떠나 뉴욕으로 가 매미가

되는 것이었지요. 이 대목에서 문득 이 대표도 어쭙잖은 대권 꿈은 버리고 빨리 코인이나 많이 채굴하여 미국으로 이민이나 가는 것이 어떨까 하는 생각이 들었어요. 물론 서울대나 의대로 진학할 능력이 안 되어 하버드대로 유학했고, 또 미국에서는 컴퓨터 프로그래머로 성공할 능력이 안 되어 한국으로 돌아와 정계에 입문했던 말 못할 속사정이 있을지도 모르겠지만요.

『P세대』의 P는 '펩시콜라'와 '피즈데츠'(pizdets, 영어 'fucked')의 약자라고 합니다. 따라서 '천하태평으로 살다가'(carefree) '망하게 된'(face catastrophe) 소련 마지막 세대를 의미하는 것 같아요. 또 『아이퍽10』은 잘 모르겠지만 2017년에 출시된 '아이폰X'을 패러디한 것 같고요. 그런데 카피라이터가 주인공인 『P세대』나 수사관 겸 탐정소설가인 인공지능(AI)이 주인공인 『아이퍽10』을 읽고서 옐친 시대나 푸틴 시대의 러시아 현실에 대해 알 도리는 없어요. 하기야 포스트모더니즘 소설에 그런 기대를 한 것이 제 불찰이라고 할 수도 있겠지만요.

애서는 고르바초프의 페레스트로이카에 대해 평가하면서 다음과 같이 토크빌을 인용하고 있습니다.

> 나쁜 정부(mauvais gouvernement)에게 가장 위험한 순간은 보통 개혁을 시작하는 순간이다.

그런데 페레스트로이카를 좌절시킨 옐친이 발탁한 푸틴의 독재정에 대해서는 드 메스트르를 인용할 수 있을 것 같아요.

> 모든 국민은 자신의 능력(民度)에 적합한 정부를 갖는다.
>
> Toute nation a le gouvernement qu'elle mérite.

푸틴이 2036년까지 집권을 연장한 까닭은 1952년생인 자신도 속한 소련 마지막 세대의 무능에 대한 불신 때문이라는 설이 있거든요.

― 슬라브주의에 대한 추가적 설명이 필요할 것 같습니다.
― 애셔의 책은 러시아 통사로서 서구주의(Westernism)와 슬라브주의의 갈등에 대해서도 상세하게 설명하고 있습니다. 먼저 비잔티움 봉건제국의 변경에서 시작된 러시아 봉건제의 역사를 일별해 보면 다음과 같아요.

 9세기　류릭 왕조의 키예프 공국 출현
13세기　몽골의 킵차크 칸국에 의한 지배, 서구와 분리되어 아시아로 통합
15세기　류릭 왕조의 모스크바 공국에 의한 독립
16세기　이반 뇌제(雷帝)가 상급귀족 보야르(boyar)를 제압하고 '러시아의 차르'를 자임하면서 '공포정치'(Reign of Terror)를 시행
17세기　이반 뇌제 사후 동란기(Time of Troubles, 내란기)를 거친 다음 로마노프 왕조 개창

세계 최초의 계몽절대군주(enlightened despot)인 로마노프왕조의 표트르 대제(재위 1682-1725)에 의해 400여년 동안 서구와 분리된 러시아가 서구로 재통합되었습니다. 그 상징적 정책이 러시아제국 선포와 모스크바에서 페테르스부르크로의 천도였는데, 유럽의 열강 중 하나였던 스웨덴과의 전쟁에서 승리한 덕분이었지요.

표트르 대제가 시작한 서구주의 내지 계몽주의를 계승·발전시킨 사람은 손자며느리인 예카테리나 여제(재위 1762-1796)였습니다. 그녀는 폴란드를 합병하고 오스만 투르크와 대결함으로써 러시아제국의 국력을 신장하는 동시에 볼테르를 비롯한 프랑스 계몽주의자와도 교류하여 '소울 메이트'(kindred soul) 대접을 받았지요. 그래서 예카테리나 여제가 표트르 대제의 실천적 서구주의 내지 계몽주의를 이론적으로 심화시켰다는 평가를 받는 것이에요.

그러나 표트르 대제는 물론이고 예카테리나 여제도 이반 뇌제 같은 절대군주였을 따름입니다. 예카테리나 여제는 프랑스혁명뿐만 아니라 몽테스키외의 입헌군주정에도 반대했거든요. 결국 계몽절대군주에게 중요한 것은 실천적이든 이론적이든 계몽주의가 아니라 절대군주정이었기 때문이에요. 2018년 4월 1차 남북정상회담 직후

부터 김정은 위원장을 계몽절대군주로 칭송하기 시작했던 유시민 작가의 무지가 드러나는 대목이지요. 아니면 동인의 거두 유성룡의 후손다운 역사관이든가요.

프랑스혁명과 나폴레옹 전쟁 이후 서구주의자 내지 계몽주의자의 후예인 인텔리겐치아가 출현하고, 그들 중에서 슬라브주의자가 분기했던 것은 이런 맥락이었습니다. 인텔리겐치아의 후예가 바로 합법 마르크스주의자와 사회민주주의자였고 슬라브주의자의 후예가 바로 인민주의자였는데, 전자가 후자에게 승리하면서 러시아혁명이 시작되었던 것이에요. 러시아혁명을 동란으로 규정하는 푸틴 대통령은 전자를 격하하고 후자를 격상하는 것이고요.

시진핑 시대의 중국

— 시진핑 시대의 중국은 어떤가요?

— 시진핑 주석에 대해서는 이미 『후기』에서 설명한 바 있습니다. 그런데 중국몽의 핵심인 강군몽에서 푸틴 대통령과 유사한 고민을 발견할 수 있겠지요. 성장세가 부진한 가운데 인접국에 대한 군사적 모험을 감행할 수도 있기 때문인데, 대만을 포함한 제1도련으로의 진출이 그런 모험의 상징이에요. 아까 설명한 시진핑 주석의 건당 100주년 기념사가 그 증거이고요.

중국경제의 경착륙 내지 장기침체에 대한 퍼킨스의 예측을 논외로 하더라도 이른바 '중진국 함정'(middle-income trap)에서 벗어나는 것은 쉽지 않을 것입니다. 실제로 건당 100주년인 2021년에 1인당 국민소득 13,000달러를 달성하겠다는 약속은 지킬 수 없을 것 같은데, 세계은행(WB)에 따르면, 12,000달러를 넘어야 중진국 함정을 벗어날 수 있지요. 물론 코로나19 탓을 할 수도 있겠지만요.

1953년생인 시진핑 주석도 푸틴 대통령처럼 장기집권을 시도하고 있습니다. 2018년 개헌으로 '국가주석의 2기 초과 연임 불가' 조항을 삭제함으로써 3기 이상의 연임, 심지어 종신집권도 가능하게 되었다고 하거든요. 물론 단기적 목표는 건군(建軍, 홍군/인민해방군 창건) 100주년인 2027년 직후까지의 3연임(2023-28)인데, 그래서 강군몽에 주목할 수밖에 없는 것이지요.

시진핑 주석의 장기집권에는 1961년 이후에 태어난 문화혁명 이후 세대의 무능에 대한 불신도 얼마간 작용했다고 합니다. 『조선일보』에 따르면, 올해 중국의 유행어는 '탕핑'(躺平)인데, '평평하게 눕다' 내지 '아무 일도 하지 않는다'는 뜻이므로 욜로와 같은 말이지요. 그래서 당국에 의해 소셜미디어 검색 금지어로 지정되었다고 하고요. 하기야 탕핑이 '시진핑 타도'를 뜻할 수도 있지만요.

조금 다른 맥락에서 리쩌허우는 '나이 든 세대가 죽게 되면 분열과 내전의 위험성이 극대화될 가능성도 있다'고 경고한 바 있습니다. 천안문사건 이후에 문화혁명식 '홍위병 정서'가 소멸한 것이 아니라 복류(伏流)한다는 판단 때문이었는데, 시진핑의 라이벌 보시라이가 '충칭 모델'을 주장한 것을 보면 기우는 아니었지요.

이준석 대표가 볼 때는 푸틴 대통령과 시진핑 주석은 척결해야 할 '꼰대'의 표본일 것입니다. 그런데 이 대표보다 불과 1년 3개월 연상인 1984년생 김정은 위원장은 이미 20대에 권력을 장악한 바 있지요. 김 위원장이 이 대표보다 능력이 월등한 것인지 아니면 이 대표의 조부나 부친이 김 위원장의 조부나 부친보다 능력이 열등한 것인지 과연 본인의 생각은 무엇일까 궁금할밖에요.

— 바링허우 다음 세대에 대한 연구는 없나요?
— 중국의 '주링허우'(九零后, 1990년대생) 세대에 대한 분석으로 동북아역사재단 연구위원인 김인희 박사의 『중국 애국주의 홍위병, 분노청년』(푸른역사, 2021)이 있습니다. 주링허우 세대가 애국주의 '홍위병'의 원천이라는 사실에 주목한 김 박사는 그 기원을 1990년대 중반에 출현한 네티즌(網民)인 애국주의 '분노청년'으로 소급하지요.

분노청년이 주목받게 된 계기는 자유주의 지식인과의 논쟁이었습니다. 이 논쟁에는 1997-98년 동아시아 경제위기와 2001년 세계무역기구(WTO) 가입을 계기로 중국경제가 급성장할 수 있었다는 배경이 있지요. 물론 2008년 베이징올림픽이 성공적으로 개최되었다는 배경도 있고요.

그런 배경에서 탄생한 '베이징 컨센서스'에 대해 대표적 자유주의 지식인인 리쩌허우는 국수주의(國粹主義, chauvinism)와 민수주의(民粹主義, populism)가 결합한 파시즘이라고 비판한 바 있습니다. 자유주의자가 볼 때 분노청년이란 아Q가 부활한 '인터넷 불량배'일 따름이었지요. 애국을 빌미로 욕설을 퍼붓는 폭민(暴民)이라는 것인데, 그래서 분청(憤靑, 분노청년)을 '펀칭'(糞靑), 즉 '입(또는 머리)에 똥만 가득 찬 젊은이'라고 부르기도 했던 것이에요.

그러나 시진핑 주석이 집권하면서 자유주의 지식인은 소멸했는데, 문화혁명기의 '아홉 번째 반혁명분자인 구린내 나는 늙은이'(臭老九)의 부활로 취급했기 때문입니다. 그에 따라 개혁·개방 세대(1960-70년대생)나 바링허우 세대 중심의 분노청년도 주링허우 세대 중심의 '샤오펀훙'(小粉紅, 작은 분홍색)으로 대체되었지요. 그리고 그들이 바로 문혁기의 홍위병이 부활한 격인 '인터넷 홍위병'이에요.

그런데 김인희 박사에 따르면, 분노청년이 샤오펀훙으로 대체되고 주적도 미국이나 일본에서 한국으로 교체되었다고 합니다. 그들은 한국을 '중국·일본·미국의 종노릇을 해온 만년 속국'(萬年屬國, 三姓家奴)이라고 비하한다고 하지요. 한국인에 대한 전통적 욕설 '가오리 방쯔'(高麗棒子, 앞잡이 노릇을 하는 고려 놈)도 부활했다고 하고요. 한국의 주링허우 세대의 반응은 무엇인지 김 박사가 전혀 언급하지 않아 궁금해지는 대목이에요.

클렙토크라시란 무엇인가: 필리핀의 사례

— 클렙토크라시에 대해 좀 더 설명해주세요.
— 국가자본주의가 타락하면 관료자본주의라고 하는데, 내전에서 패배하기 이전의 장개석 정부나 이승만 정부가 대표적 사례입니다.

대만으로 도주한 장개석 총통은 국가자본주의를 재건했고, 그 아들인 장경국 총통은 문민화를 준비하여 중소기업 중심의 민간자본주의로 이행하는 데 성공했지요. 그러나 박정희 정부는 관료자본주의가 육성한 재벌을 더욱 발전시켰고, 전두환 정부의 재벌개혁과 노태우-김영삼 정부의 문민화가 모두 실패하면서 김대중-노무현 정부 이후 노동자국가로 전락했고요.

클렙토크라시는 관료자본주의에도 미달하는 것인데, 러시아의 푸틴 정부가 등장하기 이전의 대표적 사례는 인도네시아의 수하르토 정부(1967-98)와 필리핀의 마르코스 정부(1965-86)였습니다. 리비아의 가다피 정부(1969-2011)와 이집트의 무바라크 정부(1981-2011)도 클렙토크라시였다고 할 수 있고요. 나아가 바이든 대통령의 지적처럼, 북한의 김정은 정부도 클렙토크라시라고 할 수 있지요.

윤석열 후보가 '이권카르텔에 의한 국민약탈'을 언급한 바 있는데, 그러나 문재인 정부를 클렙토크라시라고 할 수는 없습니다. 불량배와 악당/범죄자는 구별할 필요도 있거든요. 오히려 모종린 교수와 와인개스트가 주장한 것처럼, 노태우-김영삼 정부의 문민화를 계기로 재벌과 군부의 지대공유제(rent sharing)가 재벌과 민주노총의 지대공유제로 이행하면서 금권주의(plutocracy)와 인민주의(populism)가 공존하게 되었고, 그로 인해 결국 문민화가 실패했다고 하는 것이 좋겠지요. 물론 김대중-노무현 정부 이후 노동자민족으로 전락했으니 노동자민족에서 금권주의와 인민주의의 공존이라고 하는 것이 더욱 정확할 것이고요.

어쨌든 우리의 관점에서 가장 중요한 클렙토크라시는 필리핀의 마르코스 정부라고 할 수 있습니다. 필리핀에 대한 교과서적 설명은 양승윤 교수 등이 집필한 『필리핀』(한국외국어대학교출판부, 1998; 제2개정판, 2007)을 참고하고, 정치경제론적 분석은 노스와 와인개스트 등이 편집한 *In the Shadow of Violence: Politics, Economics, and the Problems of Development* (Cambridge University Press, 2013)에 실린 몬티놀라(Gabriella Montinola)의 기고문을 참고할 수 있지요.

『한국자본주의의 역사』에서도 지적한 것처럼, 필리핀이 대만과 한국에게 추월당한 것은 1970년대 이후였습니다. 신국제분업에 따라 신흥공업국(NICs)으로 변모하는 데 실패했기 때문이에요. 물론 신흥공업국으로서 대만과 한국도 차이가 있었는데, 대만이 직접투자를 도입하여 중소기업을 육성했다면 한국은 외채를 도입하여 재벌을 강화했기 때문이지요.

필리핀과 대만·한국의 분기는 식민지 경험의 분기로 소급하는 것이기도 합니다. 필리핀은 300여년 동안 아시아에서 유일한 스페인 식민지였어요. 그런데 필리핀의 식민통치는 가톨릭교회를 매개로 한 것이었고, 그 결과 필리핀은 완전한 종교국가가 되었지요. 현재 인구 중 가톨릭 신자는 81%, 개신교 신자는 8%, 기타 종교 신자는 11%(그 중 절반이 무슬림), 무신론자는 0.1%라고 하거든요.

1898년 미서전쟁에서 승리한 미국이 2000만달러의 대가로 스페인에게 할양받은 필리핀에 대한 식민통치의 역사는 다음과 같습니다.

    1898-01년   군정총독이 신탁통치하는 보호령
    1901-35년   시어도어 루즈벨트 정부 시절에 민정총독이 대중교육을 통해
                영어와 세속적 시민문화를 보급, 그 결과 윌슨 정부 시절인
                1916년에 자치령으로 전환
    1935-46년   프랭클린 루즈벨트 정부 시절에 독립과도정부 성립

미국의 식민통치가 이른바 '식민지 현대화'의 모범 사례라는 것은 논란의 여지가 없습니다. 다만 정치현대화에 비해서 경제현대화가 미진했다는 결함이 있다고 할 수 있겠지요. 토지개혁을 시도한 적도 있는데, 그러나 별 성과가 없었거든요. 독립 당시의 필리핀경제는 스페인 식민지 시절과 대동소이한 반봉건적 농업경제였고, 독립정부의 일차적 과제는 그런 반봉건적 농업경제를 자본주의적 산업경제로 대체하는 것이었지요. 또 2차 세계전쟁의 피해로부터 재건하는 것도 필요했고요.

경제의 재건과 현대화를 위해 필리핀은 우선 수입대체산업화를

추진했습니다. 산업화를 위한 자금으로 미국의 경제·군사원조 이외에도 일본의 배상이 중요했는데, 5.5억달러의 배상금은 동남아시아 전체에 대한 배상금 10.1억달러의 과반이었지요. 그 만큼 필리핀의 전쟁 피해가 컸고 필리핀에는 몰수할 만한 적산, 즉 일본 정부와 민간의 재산도 별로 없었거든요. 적산 몰수와 배상 청구 여부에는 네 가지 유형이 있었는데, 한국의 사회성격은 관료자본주의, 대만과 인도의 사회성격은 국가자본주의, 필리핀의 사회성격은 곧 설명할 것처럼 과두정이라고 할 수 있지요.

	적산 몰수	배상 청구
한국	○	○
대만	○	×
필리핀	×	○
인도	×	×

경제현대화를 위해서는 단지 자금만 필요한 것이 아니었고 토지개혁을 통한 반봉건제의 해체도 필요했습니다. 그러나 독립정부도 식민정부처럼 토지개혁에 성공하지는 못했지요. 그 결과 필리핀의 민주정은 형해화되었는데, 다만 폴리비오스의 '정체순환론'과 달리 민주정의 타락한 형태로서 인민정이 아니라 귀족정의 타락한 형태로서 과두정이 출현했어요.

과두정에서는 자유주의나 보수주의 같은 현대적 정치이념 대신 보호-피보호관계(patronage)에 따른 연고주의(cronyism) 내지 정실주의(favoritism)가 지배적이었습니다. 또 수입대체산업화를 통해 지대를 추구하면서 과두정 아래 연고자본주의 내지 정실자본주의가 출현한 것이었고요. 다만 독재정 아래 클렙토크라시는 아니었는데, 오슬룬드와 달리 클렙토크라시와 연고/정실자본주의를 구별하는 것이 타당할 것 같아요.

필리핀의 클렙토크라시는 마르코스 정부였습니다. 특히 과두정을 독재정으로 대체한 1972년 9월 계엄령 선포 이후의 마르코스 정부였는데, 박정희 정부의 '10월 유신'보다 한 달 정도 빨랐지요. 계엄령 선포 이후 수입대체산업화가 수출지향산업화로 변모하면서 지대의 원천도 변화했습니다. 소농이 생산한 야자와 플랜테이션이 생산한 사탕수수 같은 주요수출품에 대한 수요독점(monopsony)이 지대의 새로운 원천이었는데, 야자와 사탕수수를 수출하려면 야자유와 설탕으로 가공할 필요가 있었기 때문이에요.

마르코스 대통령은 독재정의 확립을 위해 지대와의 교환을 통해 군부를 동원하기도 했습니다. 군부는 미국적 전통에 따라 문민통제와 정치적 중립성의 원칙을 지켜왔는데, 문민통제가 정치적 중립성을 위한 충분조건이 아니라 필요조건이라는 사실을 알 수 있는 대목이에요. 마르코스 대통령은 군인 출신이 아니라 필리핀대학 법학부를 졸업한 변호사 출신이었거든요.

몬티놀라는 필리핀이 중진국 함정에서 탈출하여 선진국으로 이행할 수 있는 조건에 대해 검토하고 있습니다. 다만 그런 조건은 세계은행이 제시하는 1인당 국민소득 12,000달러 초과가 아니라 노스와 와인개스트의 정치경제론이 제시하는 조건인데, 『후기』에서 설명한 것처럼, 폭력과 지대의 교환이라는 '폭력의 함정'(violence trap)에서 탈출하는 것이 핵심입니다. 또 정당을 비롯한 정부기구나 비정부기구 같은 제도가 정착되고 '법에 의한 지배'가 아니라 '법의 지배'가 실현되어야 하는 것이고요.

그러나 마르코스 정부에서 정치화된 군부가 점차 선거정치에도 참여함으로써 폭력의 함정에서의 탈출은 요원한 일이 되었습니다. 마르코스 대통령의 퇴진 자체가 군부의 분열과 이반, 결국 쿠데타에 의한 것이었고, 1986년 민주화 이후 아퀴노 정부에서도 6-7차례의 쿠데타가 시도되었으며, 급기야 쿠데타 진압에 공헌한 육군참모총장 출신의 라모스 대통령이 1992년에 집권에 성공했던 것이지요.

이런 상황에서 제도가 정착되었을 리 없는데, 정당의 이합집산은 다반사(茶飯事, 차를 마시거나 밥을 먹는 것처럼 예사로운 일)였고 비정부기구는 물론 정부기구조차 조변모개(朝變暮改, 아침저녁으로 뜯어고침)였다고 합니다. 또 군부에 이어 법원도 정치화되어 정치인과 여론의 영향을 받아 판결이 예측불가능하게 되었다고 하고요.

몬티놀라는 민주화 이후 필리핀이 중진국 함정에서 탈출할 전망은 마르코스 정부보다는 개선된 반면 과두정보다는 악화되었다는 놀라운 결론을 도출하고 있습니다. 그 근거는 과두정에서는 없었던 군부와 법원의 정치화였는데, 급기야 군부는 선거정치에도 참여하게 되었지요. 언젠가는 법원도 선거정치에 참여할지 모르겠고요.

몬티놀라의 분석을 원용하면, 한국도 중진국 함정에서 벗어나는 것이 결코 쉽지 않습니다. 문민화를 계기로 군부 대신 민주노총이 폭력과 지대의 교환에 참여했고, 또 군부 대신 법원이 정치화되어 선거정치에 참여하게 되었거든요. 윤석열 후보가 말한 이권카르텔에 의한 국민약탈이란 클렙토크라시가 아니라 중진국 함정에 대한 경고로 해석할 수 있겠지요.

『입소스(Ipsos) 리포트』 62호(2019)의 직업신뢰도 조사를 소개해두겠습니다. 신뢰도가 보통사람(전세계는 37, 한국은 22)보다 높은 직업은 과학자(60, 42), 의사(56, 28), 교사(52, 27)이고 낮은 직업은 판사(32, 15), 아나운서(24, 17), 공무원(23, 14), 기업인(22, 12), 정치인(9, 8)이었지요. 대부분의 경우에 전세계와 한국에서 신뢰도 순위가 유사했는데, 다만 군인(43, 18), 경찰(38, 21), 기자(21, 24)에서는 차이가 있었어요.

그런 상황에서 문재인 정부가 이른바 '언론개혁'을 명분으로 언론중재법 개정안을 추진하자 8월 내내 국내외 언론이 일제히 반대를 표명한 바 있습니다. 가짜뉴스의 원천인 소셜미디어는 포함하지 않은 채 언론에 '재갈'(윤석열 후보)을 물려 언론의 자유를 말살하려는 의도를 보이면서 급기야 유엔인권고등판무관사무소(OHCHR)까지 개입하여 국제인권규약을 위배하고 권위독재정으로 이행할 조짐에 대한 우려를 제기했지요. 게다가 2021년의 노벨평화상이 러시아와 필리핀의 기자에게 수상되었는데, 1935년 나치 시대에 독일의 기자에게 수상된 이후 최초라고 하고요.

― 1인당 국민소득이 3만달러가 넘는 한국이 여전히 중진국 함정에서 벗어나지 못했다는 설명은 납득하기 어려운데요.
―『한국의 불행』에서 설명한 것처럼, 1인당 국민소득 3만달러는 2015년 광복절 70주년 경축사부터 박근혜 대통령이 고대하고 고대하던 것이었습니다. 그런데 얄궂게도 박 대통령이 탄핵·파면에 이어 영어의 몸이 된 2017년에야 1인당 국민소득 3만달러가 달성되면서 오히려 문재인 대통령이 그 과실을 즐길 수 있었지요. 게다가 2017년부터 2차 반도체호황까지 발생했고요.

그런데 중진국 함정에서 벗어나는 기준이 12,000달러라는 것은 세계은행의 주장이고, 이 기준에 맞는 나라는 2020년 현재 국제연합 193개 회원국의 30%인 59개국이나 됩니다. 따라서 1인당 국민소득만으로는 '고소득국'(high-income country)의 기준일 따름이고 선진국(advanced country)이 되는 다른 조건이 있다는 주장이 제기되는 것이지요. 노스와 와인개스트가 제시하는 폭력의 함정으로부터의 탈출 등의 조건을 만족하는 선진국은 20여개국이에요.

나아가『한국자본주의의 역사』에서 소개한 아이켄그린은 선진국을 위한 1인당 국민소득의 기준을 상향조정하기도 합니다. 2011년 주요국 중앙은행총재 연례심포지엄(잭슨홀회의)의 경제성장정책에 관한 종합토론 발제문 "Escaping the Middle-Income Trap" (https://www.kansascityfed.org/)에서 4만달러를 제시하거든요. 그 기준에 따르면 한국은 이탈리아와 함께 '고소득 중진국'인 셈이지요.

게다가『현대경제학 비판』에서 이미 지적한 것처럼, 국민소득과 경상수지에 대한 한국은행의 통계에 의문을 제기할 수도 있습니다. 아일랜드처럼 한국에서도 국내총생산(GDP)과 국민총소득(GNI) 사이에 괴리가 클지도 모르기 때문이에요. 2007-09년 금융위기 직후 아일랜드의 국민총소득은 국내총생산의 80%였는데, 그 후 괴리가 확대되어 2017년에는 60%까지 하락했거든요. 그 결과 아일랜드의 경상수지도 실제로는 흑자가 아니라 적자라는 것이고요.

아일랜드에서 이런 괴리가 발생한 것은 애플 같은 초민족기업이 조세회피를 위해 회계를 조작했기 때문이었다는 것이 통설입니다. 그래서 크루그먼이 'leprechaun economics'라고 비판한 것인데, 레프러콘(레프라혼)이란 아일랜드 민간전승 속 요정이므로 '요술경제학' 정도로 번역할 수 있겠지요. 한국이 아일랜드 같은 '조세피난처'(tax haven) 정도는 아니어도 금융세계화에 포섭되어 있는 정도는 대동소이할 것이므로 한국에서 요술경제학이 작용하지 않는다고 단언할 수는 없을 것 같아요.

'이병주 역사소설의 3부작': 『관부연락선』

— 「4·15총선 전후」에서 횡보(염상섭)와 백릉(채만식)이 그립다고 하셨는데요.

— 김윤식 선생은 『관부연락선』(1968–70), 『지리산』(1972–78), 『별이 차가운 밤이면』(1989–92)을 '이병주 소설의 3부작'으로 주목했는데, 아마도 '이병주 문학의 3부작'인 「소설·알렉산드리아」(1965), 「겨울밤」(1974), 「그 테러리스트를 위한 만사(挽詞)」(1983)와의 관련을 염두에 두었기 때문인 것 같습니다. 자세한 설명은 『재론 위기와 비판』을 참고하세요.

다만 그럴 경우에는 소설 3부작의 배경이 모두 해방을 전후한 1940–50년이 됩니다. 그러나 『지리산』과 『별이 차가운 밤이면』 대신 『산하』(1974–79)와 『그해 5월』(1982–88)을 3부작에 포함하면 해방을 전후한 시기에서 이승만 정부와 박정희 정부까지의 시기를 아우르는 셈이 되므로, 『관부연락선』, 『산하』, 『그해 5월』을 '이병주 역사소설의 3부작'이라고 부를 수도 있겠다는 생각이 들어요.

1972년에 신구문화사에서 단행본으로 출간된 『관부연락선』은 1980년의 '서울의 봄'에 기린원에서 재출간되었습니다. 또 1985년에 동아일보사에서 단행본으로 출간된 『산하』는 1989년에 늘푸른에서 재출간되었고, 『그해 5월』도 『장군의 시대』라는 제목으로 1989년에 기린원에서 단행본으로 출간되었지요.

『관부연락선』, 『산하』, 『그해 5월』의 재출간과 출간은 1980년대의 정치상황에 대한 이병주 작가 나름의 개입이었다고 할 수 있습니다. 물론 1985년에 기린원에서 단행본으로 출간된 『지리산』에 압도되어 비평계에서는 주목받지 못했지만요. 그러나 해방정국에서 '지식인의 타락과 파산'을 증언했던 『관부연락선』의 후속작으로는 『지리산』과 『별이 차가운 밤이면』(문학의숲, 2009)보다 오히려 『산하』와 『그해 5월』이 적합하다는 생각이 들어요.

횡보와 백릉을 그리워하다가 『관부연락선』, 『산하』, 『그해 5월』을 중심으로 이병주 작가를 읽어볼 수도 있겠다는 생각이 들었습니다. 올해가 이 작가의 탄생 100주년인데, 비평계의 홀대가 지나치다는 생각도 들었고요. 김윤식 선생이 돌아가시니 이 작가에 대한 관심도 원래대로 무화된 것 같은데, 하기야 김 선생에게도 제대로 된 제자는 별로 없는 것 같거든요.

『관부연락선』의 재출간을 위한 「서문」에서 작가가 지적한 것처럼, 지식인의 '흐느끼는 소리'와 '외치는 소리'를 기록한 이 자전소설을 '그 자유주의자를 위한 만사'라고 할 수 있을 것입니다. 『관부연락선』은 1995년에 김윤식 선생과 박완서 작가가 감수한 동아출판사 '한국소설문학대계'에도 포함되었는데, 다만 1980년판 「서문」과 「부기」가 삭제되고 김종회 교수의 「해설」이 추가되었어요.

『관부연락선』에는 단일한 플롯 속에서 두 개의 서사가 교차하고 있습니다. 해방 이후 이 선생의 회고와 해방 이전인 일본유학생 시절 유태림의 수기가 그것이지요. 이 선생의 회고는 신탁통치 논쟁 전후가 중심인데, 반탁에서 단선·단정을 거쳐 한국전쟁에 이른 일련의 과정의 불가피성을 전제하기 때문이겠지요. 물론 이승만 대통령의 마키아벨리즘, 특히 선거정치를 활용한 그의 권모술수를 지적하기도 하지만요.

『재론 위기와 비판』에서 지적한 것처럼, 이병주 작가에게 고유한 역사관으로서 해방정국에서 반탁의 중요성에 대한 강조에는 일리가 있습니다. 다만 반탁은 단선·단정의 충분조건이 아닌 필요조건이었고 단선·단정 역시 한국전쟁의 충분조건이 아닌 필요조건이었다는 사실을 지적해둘 필요가 있겠지만요.

반탁이 단선·단정으로 진화하는 과정에서 선거제의 '매력'을 활용한 이승만 대통령의 마키아벨리적 권모술수에 주목했던 것은 이병주 작가의 탁견이었다고 할 수밖에 없습니다. 당시의 민도로 볼 때 독립과 건국의 의미를 1인1표의 보통·평등선거보다 더 쉽게 설명할 수 있는 길은 없었거든요. 물론 선거정치로 인해 민주정이 인민정으로 타락한다는 것은 차후의 문제였고요.

직접·비밀선거를 논외로 할 때 선거정치의 문제는 보통·평등선거로 집약되는 것입니다. 특히 징병제, 즉 '피의 세금'(blood tax)이라고 불리는 병역의 보편화에 대한 대가로 정치참여 역시 보편화한 보통선거는 불가피하다고 해도 평등선거는 역시 문제가 있거든요. 예를 들어 러시아혁명에서 레닌이 제헌의회를 평의회(소비에트)로 대체한 다음 존 스튜어트 밀이 제안한 바 있는 차등선거를 도입하기 위해 도시와 농촌의 선거구 주민 규모를 1:5로 조정한 것은 선거정치의 폐해 때문이었어요. 직접·비밀선거와 함께 평등선거를 도입한 것은 1936년 스탈린 헌법이었고요.

선거구 규모를 2016년부터 3:1에서 2:1로 조정한 한국은 여전히 선거정치의 폐해를 조장하고 있습니다. 2:1 이하로 조정한다고 해도 별다른 차이가 없을 것인데, 의원내각제가 아니라 대통령제, 그것도 제왕적 대통령제이기 때문이지요. 한국전쟁의 와중에 발췌개헌으로 대통령직선제를 강행한 이승만 대통령이 간파했듯이, 대통령제에서 1인1표를 조정할 도리는 없거든요.

반면 대구·경주·상주와 함께 진주에 산재하던 '영남서인'의 후예로 추정되는 유태림의 수기는 조선의 쇠망, 일진회와 의병운동의 출현 등에 대한 회고로 소급하는 것입니다. 「부기」에서 작가는 한반도의

2차 세계전쟁은 한국전쟁으로 종결되었다고 지적했는데, 청일전쟁과 러일전쟁으로 소급하지 않을 이유도 없겠지요. '해방은 도둑같이 뜻밖에 왔다'(함석헌)는 것은 '학식이 없다'(無其學, 박은식)는 고백일 따름이에요. 나아가 유태림의 수기를 통해 한국 지식인의 불화와 대비되는 한일 지식인의 우정에도 주목할 수 있고요.

『관부연락선』을 한국판 『닥터 지바고』로 읽을 수 있겠다는 생각도 들었습니다. 『관부연락선』이 연재되는 중인 1968년 크리스마스에 영화 『닥터 지바고』가 최초로 상영되었지요. 소설 『닥터 지바고』는 노벨문학상을 수상한 1958년에 이미 동아출판사 등 여러 출판사에서 국역되었고요. 이렇게 빨리 국역된 것은 영역본에서 중역했기 때문인데, 러시아 원본을 번역한 일역본은 이듬해에 나왔어요.

그러나 『관부연락선』과 『닥터 지바고』에는 차이도 있었습니다. 『닥터 지바고』에서는 라라의 남편인 파샤가 혁명에 투신한 반면 『관부연락선』에서는 라라에 해당하는 서경애가 혁명에 투신하거든요. '혁명의 상황이 반인간적인 처사, 반도덕적인 방법까지를 함께 섞어 흐르는 탁류를 닮았다'는 것을 알면서도 마치 목적이 수단을 정당화한다는 듯이 말이에요.

『관부연락선』에는 영화 『닥터 지바고』의 클라이맥스에 해당하는 바리키노의 이별에 해당하는 장면도 없습니다. 대신 빨치산 가담을 포기하고 해인사에서 수도하던 서경애를 뒤쫓아간 유태림이 오히려 빨치산에게 징용당하여 실종되는데, 이것은 작가 자신이 북한군에게 징용당한 경험을 반영한 것이었지요. 「나의 6·25 체험」(『군사』(軍史), 9호, 1984)을 참고하세요.

김윤식 선생이 이병주 작가와 해후하여 『지리산』을 연구하게 된 계기로 종종 언급했던 『비창』(문예출판사, 1984)에 대해서도 언급해 두겠습니다. 제목 '비창'(The Pathetic)은 에토스(ethos, 윤리)에 대비되는 파토스(pathos, 감정)이고, 줄거리는 좌파지식인 부부의 아들인 철학 교수가 대구에서 명창 부부의 딸인 술집 마담과 만나 사랑하게 된다는 것이에요. 이것만 보면 김 교수처럼 통속소설이나 연애소설이라고 부를 수도 있겠지요.

그러나 이병주 작가는 철학 교수가 친부를 찾아서 출생의 비밀을 풀어가는 형식으로 10월항쟁 전후 대구에서 좌파 역사를 복원하고 있습니다. 또『관부연락선』의 배경인 진주에 버금가는 색향(色鄕)이었던 대구의 기생 역사도 복원하고 있고요. 1983년에 1년 동안『비창』을 연재한 대구『매일신문』은 이문열 작가가 1977년에 신춘문예에 입선하여 그 인연으로 이듬해부터 기자생활을 하게 된 대구를 대표하는 가톨릭계 일간지이지요.

『산하』

― 『산하』는 어떤 작품인가요?
― 역사소설 3부작 중 가장 재미있는 작품으로 1985년에 단행본으로 출간되자마자 베스트셀러가 되어 1987년 6·29 직후 문화방송(MBC)에서 월화드라마로 극화되기도 했지요. 물론『관부연락선』도 1972-73년에 동양방송(TBC)에서 주말드라마로 극화되었고『지리산』조차 1989년에 한국방송(KBS)에서 특집극으로 극화되었지만요.

『산하』에서 다루는 시대는 8·15부터 4·19까지로, 한국전쟁까지가 상세하고 전후는 소략합니다. 또『관부연락선』과 비교할 때『산하』는 진주·경남이 아니라 서울이 배경이고, 더 이상 자전소설도 아니지요. 그 결과 개별성보다는 오히려 보편성이 더욱 부각된다는 것이고요. 마치 박현채 선생에 대해 조정래 작가처럼 개별성의 측면에서 소년빨치산에 주목하는 것이 아니라 저처럼 보편성의 측면에서 마르크스주의 지식인에 주목하는 것과 마찬가지이지요.

『산하』는 김해의 노름꾼 이종문이 해방이 되자 '새 세상 마중할라꼬' 서울에 올라와 토건업자와 방적업자로 성공하고 결국에는 국회의원으로 출세하는 줄거리입니다. 머슴의 아들인 이종문은 분순이에게 장가가려면 논 3천평 내지 6천평을 소유한 중농이 되어야 하겠다는 생각으로 오사카에서 노가다 노릇을 했지요. 3년 만에 논 5천평을 살 돈을 벌었으나 분순이가 이미 시집을 가버려서 결국 노름꾼으로 전락하게 되었다는 것이고요.

낫 놓고 기역자도 모르던 이종문은 삼랑진에서 탄 기차를 비롯해 여기저기서 귀동냥과 눈동냥으로 해방정국에 대한 기초지식을 얻게 되었습니다. 가장 큰 교훈은 정치를 포함한 세상사는 본질적으로 노름과 같다는 것이었지요. 좀 더 구체적으로 말해서 '강도적 원리와 사기적 술수가 판을 치고 있는' 해방정국은 그 본질에서 노름판과 닮았다는 것이에요.

『산하』에는 유태림과 이 선생의 화신이라고 할 수 있는 서울대 철학과 출신의 지식인 이동식이 등장합니다. 여운형 선생의 암살에 즈음한 그의 일기는 역사유물론은 이론이 아닌 시론일 따름이라고 비판하면서 역사의 주체로서 불량배라는 문제를 제기하고 있어요. 올바른 목적으로 정당화되는 잘못된 수단에 대한 '역사의 보복'이 곧 불량배라는 주체의 등장이라는 것인데, 이병주 작가다운 탁견이라고 할 수 있지요.

또 이동식의 친구 송남수도 등장하는데, 그는 여운형 선생과 좌우 합작운동을 추진하다가 나중에 김구 선생과 남북합작운동을 추진한 김규식 선생의 측근으로 1980년대에 해방정국 연구자로 유명했던 송남헌 선생이 모델이라고 합니다. 송남수는 '일종의 전쟁'이라고 할 수 있는 해방정국에서는 '페어플레이'가 아닌 '마키아벨리즘'이 필요할 따름이라고 개탄하고 있지요.

『산하』에 등장하는 불량배는 물론 주인공 이종문이 대표격입니다. 그러나 그를 능가하는 불량배도 있는데, 이종문의 고향 이웃의 아들이자 사이비 동경유학생인 임형철이에요. 적산을 탈취하려고 청년운동에 투신한 그는 급기야 이종문 회사의 탈취도 시도하다가 실패하고 말지요. 임형철은 사기꾼이라는 불량배에서 마침내 강도라는 악당/범죄자로 타락하는 것이에요.

『산하』에서도 단독정부 수립을 가능케 했던 제헌국회의원선거인 5·10총선의 의미가 강조되고 있습니다. 보통·평등선거를 통해 인민이 '반만년 역사 동안 처음으로 주인 행세한' 5·10총선의 투표율은 유권자 기준 71%, 유권자의 75%인 등록자 기준 95%였지요. 한역연 (한국역사연구회)처럼 경찰과 정치깡패의 개입 등을 강조하는 것은 민족해방파의 잘못된 역사관일 따름이에요.

5·10총선의 패배를 상쇄하기 위해 좌파와 좌우합작파는 9–10월에 반민특위(반민족행위특별조사위원회)를 출범시켰습니다. 특위 산하 특별경찰관은 '민족의 적'을 숙청하기 위한 한국판 체카였는데, 인민의 호응 부족으로 반년 만에 실패했지요. 뿐만 아니라 5·10총선에서 이미 한국전쟁에 대한 인민의 호응 부족도 예상할 수 있었고요. 5·10총선 전후의 4·3 제주사건이나 10·19 여순사건은 논외로 하겠는데, 군사모험주의의 발로로 결국 한국전쟁에서 좌파의 실패에 기여했을 따름이거든요.

이런 맥락에서 비로소 전후의 반공에 대한 대중적 토대도 이해할 수 있습니다. '반(反)이승만'을 '용공'으로 오해한 주인공 이종문의 경우처럼 '기분적 반공이 의식적 반공으로 굳어져갔고 아울러 정치의식이 비로소 싹텄다'는 것이지요. 이미 『관부연락선』에서도 주목했듯이, 그런 상황에서 '시민적 반공'이 아닌 '경찰적·군대적 반공', 시빌리티적 반공이 아닌 폭력적 반공이 횡행하게 되었던 것이고요.

이병주 작가가 이승만 정부를 옹호하는 것은 물론 아닙니다. 한국전쟁기에 자행된 부산정치파동과 대통령직선제를 위한 발췌개헌 등을 회고하면서 한국전쟁 이후에 이승만 정부는 일종의 '범죄집단', 즉 클렙토크라시로 타락했다고 비판하거든요. 또 한국정치에서는 '결국 공자도 [마르크스도] 만화일 수밖에 없다'고 개탄하지요. 이정재 같은 정치깡패가 지식인을 대신했기 때문이에요.

『산하』에서 전후의 상황은 주로 총선을 중심으로 소략하게 다뤄집니다. 먼저 1954년 5·20총선에서 이종문이 국회로 진출하는데, 11월에는 초대대통령의 중임제한을 철폐하는 사사오입개헌이 강행되지요. 또 1958년 5·2총선을 전후로 이종문이 이기붕과 거리를 두자 사업도 부진하게 되고요. 클라이맥스는 1960년 3·15부정선거인데,

작가는 '지능은 비상하게 발달되어 있는 반면 교양은 빈약하기 짝이 없는 자'의 모의라고 비판하고 있어요.

4·19 이후 이종문도 결국 몰락하고 맙니다. 7·29총선에서 낙선하면서 사업체도 모두 부도가 나거든요. 또 5·16 이후 혁명재판에서 부정축재 등으로 10년형을 선고받았는데, 2년 만에 사면되어 이듬해 병사하고요.『산하』의 마지막 구절은 다음과 같아요.

> 태양에 바래면 역사가 되고,
> 월광에 물들면 신화가 된다.

어떤 인물과 사건에 대한 평가에는 '시간의 여과작용', 특히 월광이 아닌 태양과 같은 비판이 필요하다는 의미이지요.

이종문의 18번이 '노세 노세 젊어서 놀아, 늙어지면~ 못 노나~니'였다는 사실도 지적해두겠습니다. 2차 세계전쟁기와 한국전쟁 직후의 유행가로 저도 어렸을 적에 많이 들었어요. 그런데 이것의 원곡은 경판(京板) 16장본『춘향전』에 나오는 초야 장면의 권주가 '노자 젊어 노자, 늙어지면~ 못 노난~니'였고, 잠저(潛邸, 집권 이전) 시절 홍선대원군의 18번이기도 한 경기민요였다고 하니, 욜로라는 세태의 역사에 대해서도 좀 더 연구해야 할 것 같아요.

『그해 5월』

―『그해 5월』도 설명해주시죠.

―『그해 5월』은 이병주 작가가 말하는 '실록소설'의 대표작인데, 1989년에 단행본으로 출판할 때『장군의 시대』라는 제목을 선택한 것은 '정치의 군사화'에 대한 비판을 위해서였지요. '나라의 운명이 해도를 읽을 줄 모르는 선장에 의해 이끌려가는 꼴이 될지도 모르는 일이 아닌가'라는 것이었어요. 당시에 이미 '스트롱맨'이라는 용어도 유행했다고 하는데, '힘이 법'이던 시절이었거든요.

『그해 5월』은 자전소설은 아니어도 자전적 요소가 많습니다. 5·16

직후 혁명재판에서 필화사건으로 10년형을 선고받고 2년 반을 복역했던 경험 때문이지요. 1960년 12월 『새벽』에 기고한 「조국의 부재」라는 글에서 '조국이 없다. 산하가 있을 뿐이다'라는 구절이 문제였는데, 조국을 건설하려면 현대화된 자유주의인 사민주의 같은 적합한 정치이념이 필요하다는 논지였지요. 김윤식 선생이 『지리산』으로 대표되는 이병주 소설의 주제를 '이념보다 산하'로 규정한 것은 정치이념을 보수주의나 인민주의로 국한했기 때문인 것 같아요.

두보의 5언율시 「봄을 바라보며」(春望)의 기·승에 해당하는 처음 두 연이 조국과 산하의 관계에 대한 대표적 형상화입니다.

나라는 망가져도 산하는 그냥 남아,	國破山河在,
서울에 봄이 오니 초목이 우거졌네.	城春草木深.
시절이 느껴워서 꽃 보고 눈물짓고,	感時花濺淚,
이별을 슬퍼하니 새 울어 놀란다네.	恨別鳥驚心.

안록산의 난으로 인해 장안에서 포로 아닌 포로로 잡혀 있던 시절 두보의 우국충정이 고스란히 드러나 있는데, 바로 이런 것이 사대부에게 고유한 사상감정이지요.

이야기가 나온 김에 두보의 시에 대한 설명을 추가해두겠습니다. 두시는 1400여 수인데, 근체시(近體詩, 당황조 시체)가 70%인 반면 고체시(古體詩, 당황조 이전 시체)가 30%이지요. 또 근체시 중에는 75%가 율시(律詩, 8구=4연의 시)이고 나머지는 절구(絶句, 4구의 시)와 배율(排律, 10구 이상의 시)이 반분하고 있고요. 조선왕조의 성종 때 초간하고 인조 때 중간한 『두시언해』 이후 최초의 완역은 2010년에 시작되었으나 아직도 미완이에요. 영어완역본으로 스티븐 오언(Stephen Owen)의 *The Poetry of Du Fu* (De Gruyter, 2016)가 있지만요.

대신 한성무(한청우)가 두시를 해설한 『두보 평전』(2000; 국역: 호미, 2007)을 읽을 수 있습니다. 그는 개혁·개방 이후 두보 연구의 르네상스를 대표하는 학자라고 하는데, 모택동과 곽말약의 비판을 반비판하면서 한유보다 앞서 공자·맹자의 도통을 부활시킨 두보를 복권시키고 있지요. 그래서 원제가 '시성(詩聖), 우환세계 속의 두보'였던 것이고요. 양계초는 두보를 '정성'(情聖)이라고 부르기도 했다는데, 그의 시사(詩史, 리얼리즘 시)가 인정세태를 묘사한 점을 강조하려는 의도였겠지요.

나아가 이병주 작가가 부산『국제신보』주필 겸 편집국장으로서 '혁신계'와 유사한 중립화통일론을 주장했다는 혐의가 있었습니다. 이 작가는 냉전을 거부하려면 '이북의 이남화'라는 최선의 통일론과 '이남의 이북화'라는 최악의 통일론 사이의 중간인 중립화통일론이 필요하다고 주장했던 것이지요. 다만 이런 주장은 정치이념과 경제성장의 우열을 중심으로 한 체제경쟁으로서 냉전에 대한 이 작가의 오해에서 비롯되었다고 할 수도 있겠지만요.

그런데 이런 경험이 이병주 작가에게 국한된 것은 아닙니다.『대통령들의 초상: 우리의 역사를 위한 변명』(서당, 1991)에서 박정희 정부가 사민주의를 포함한 자유주의를 용공으로 처단했기 때문에 결국 좌우의 정치이념이 진보주의/인민주의와 보수주의로 타락했다고 주장하고 있거든요. 또 1980년대의 학생운동은 '불신과 증오의 표현'일 따름이라고 비판하고 있는데, 민족해방파의 경우에 일리가 있다는 생각이 들어요.

박정희 정부에 대한 이병주 작가의 비판에는 한계가 적지 않습니다. 예를 들어 이승만 정부의 경제기구 중 특히 재벌을 계승했기 때문에 경제성장이 불가능하다는 예단이 그렇지요. 또 재벌을 비판하면서도 적산불하에 대한 인식은 부재하고, 그래서 국교정상화 협상에서의 배상청구에 대한 불만을 제기하는 것이고요. 이 작가에게 대만 모델이 존재하지 않는다는 사실에도 주목할 필요가 있는데, 한민당이나 민주당 구파를 이승만 정부나 박정희 정부의 대안으로 간주하지 않았기 때문인 것 같아요.

물론 비판 중에 탁견도 아주 많습니다. '처칠이 한국에 났더라면 조병옥 정도도 안 되었을지 모르고, 모택동이 한국에 났더라면 조봉암 정도도 안 되었을지 모른다'는 말로 한국정계를 비판하고 있거든요.

'위험한 곳은 가지 않고 난폭한 곳은 살지 않는다'(危邦不入, 亂邦不居)는 『논어』에서 공자의 말씀처럼, 자유주의 지식인은 정치를 멀리해야 한다는 것처럼 말이에요.

또 박정희 정부의 엘리트는 '교양은 없고 IQ만 높다'고 하면서 그들은 '교육을 불가능하게 하는 상황을 만든다'고 비판하고 있습니다. 특히 목적으로 수단을 정당화하는 동시에 페어플레이를 소멸시킨다는 것인데, 이과 우선의 교육, 문과 중에서도 법대 우선의 교육이 그 대표적 사례이지요. 또 『한국자본주의의 역사』에서 설명한 것처럼, 경기고 출신이 그 선봉에 섰던 것이고요.

나아가 『대통령들의 초상』에서는 경제성장이라는 공이 교육붕괴라는 과를 상쇄할 수 없다고 주장합니다. 독재가 아니라 교육붕괴를 과로 규정하는 것인데, '교육은 근본적으로 도의(道義, 올바른 길)의 교육'이기 때문이지요. 교육붕괴의 귀결이 바로 목적에 의한 수단의 정당화이고 목적이 잘못될 경우 '비속한 권세를 노리는 출세주의'의 보편화라는 것이에요.

『그해 5월』의 전반부는 1961년 5·16부터 1963년 12월 17일 대통령 취임식 전날까지 945일을 대상으로 하는데, 자신과 관련된 혁명재판과 군정에서 민정으로의 이양과정 등이 중심입니다. 먼저 혁명재판에 대한 비판은 3·15부정선거 관련자 등의 재판에 혁신계 인사의 재판을 삽입한 '만화를 닮은 희극'이자 구악일소의 명분을 내건 '정치세대의 교체'일 따름이라는 것으로, 문재인 정부의 촛불혁명과 적폐청산을 연상시키는 대목이지요.

나아가 야당이 민정을 주도하려면 군정에 반대한 '국민전선의 형성'이 필요했다는 지적도 역시 문재인 정부에서 득세한 386세대를 퇴출하기 위한 내년 3·9대선과 관련해서 주목할 만한 대목입니다. 우여곡절 끝에 야당 후보는 윤보선으로 단일화된 반면 국민은 기청(畿淸, 경기·충청)과 영호남으로 분열되어 불과 15만표(1.6%포인트) 차이로 박정희 후보가 당선되었거든요.

박정희 후보가 승리한 것은 윤보선 후보가 제기한 이념 논쟁이

전화위복이 되어 기청 우파에 반대한 영호남 좌파가 결집했기 때문이라는 주장은 사실 김형욱 중앙정보부장 등이 유포한 속설일 따름이에요. 영호남 좌파가 사이비가 아닌 다음에야 전향한 숙군(肅軍, 육군의 숙청) 공로자에다 5·16 이후에 혁신계를 숙청한 박정희 후보를 지지했을 리가 없거든요.

『후기』에서도 소개했듯이, 정치학계 일각에서는 기청과 영호남을 분리하는 36도선의 정치적 의미에 주목한 바 있습니다. 1963년 봄에 개국한 동아방송의 가청지역인 추풍령 이북과 불가청지역인 추풍령 이남의 경계선이 36도선이었거든요. 그래서 농촌은 친여이고 도시는 친야라는 '여촌야도'(與村野都)로 설명할 수 없는 것인데, 영남의 부산·진주·대구는 친여였기 때문이에요. 반면 호남의 광주·전주는 친야였고요.

이병주 작가는 윤보선 후보가 실질적으로 승리한 '정신적 대통령'이라는 주장에도 일리가 있다고 해석합니다. 막걸리·고무신의 매표 등을 논외로 해도 기권표·무효표 등의 이른바 '이삭(落穗) 표' 내지 '에누리 표'가 45만표로 추정되므로 박정희 후보가 오히려 30만표 차이로 패배했기 때문이라는 것이지요.

『그해 5월』의 전반부에서 후반부로 이행하는 대목에서 이병주 작가는 '여기가 로도스다. 여기서 뛰어라!'라는 『이솝 우화』의 구절을 인용하고 있습니다. 마르크스도 『자본』에서 이 구절을 인용했는데, 경제학 비판이 본격적으로 전개되면서 그 타당성을 검증할 수 있는 장소라는 의미였지요. 이 작가에게는 박정희 정부 비판의 장소가 곧 서울이라는 의미이고요.

서울로 상경하면서 주인공 이 주필은 사마천의 성씨를 이름으로 하는 이사마라는 필명을 사용합니다. 『그해 5월』의 서두에 사마천의 「임안에게 보내는 답서」(報任安書, 반고의 『한서』)를 인용하면서 '발분저서'(發憤著書)의 뜻을 밝힌 것은 이 때문이에요. '분해서 책을 쓴다'는 말인데, 제갈량의 '분이불로'(憤而不怒, 분해도 노하지 않는다 또는 섭섭해도 노여워하지 않는다)라는 말과 일맥상통하지요. 분노의 극치가 바로 분사(憤死, 분을 못 이겨 죽는다)이거든요.

제갈량이 군자의 덕성으로 희로애구라는 감정의 조절을 들었다는 사실을 지적해두겠습니다. 분이불로 외에도 '열이불희'(悅而不喜, 좋아도 기뻐하지 않는다), '오이불애'(惡而不哀, 싫어도 슬퍼하지 않는다), '우이불구'(憂而不懼, 걱정해도 두려워하지 않는다)가 있는데, 특히 분이불로가 중요하지요. 소셜미디어라는 '분노저널리즘'으로 인해 '분노중독'이 만연되고 있기 때문인데, 여기서 '분노'(outrage)는 정신적·물질적 '손해'(injury)로 인한 '원한'(resentment)이에요. 물론 프로토파시스트인 인민주의자는 '원한의 정치'를 불식하는 분이불로를 수용할 수 없겠지만요.

이사마라는 필명을 사용하는 것은 일본의 국민작가 시바 료타로가 사마천의 성씨를 자신의 성씨로 한 필명을 사용하는 것과 마찬가지입니다. 시바는 쇼와 시대를 비판하면서 메이지 시대를 복권시키는 '시대물'을 집필했고, 이사마가 분신인 이병주 작가는 이승만 정부와 박정희 정부를 비판하면서 자유주의 지식인을 복권시키는 '당대물'을 집필했지요.

『재론 위기와 비판』에서 이병주 작가가 시바 료타로에게 '훨씬 못 미친다'고 주장한 것은 철회하고 싶습니다. 김윤식 선생의 영향으로 『산하』나 『그해 5월』을 읽지도 않고서 그렇게 예단한 것인데, 시바와 달리 시대물보다 당대물에 도전한 이 작가가 '훨씬 대단하다'고 할 수 있거든요. 게다가 현재의 문단을 보면 1987년 이후 문민화를 다룬 또 다른 '산하'나 문재인 정부를 다룬 '그해 5월' 내지 '법관의 시대'를 쓸 수 있는 작가는 없는 것 같고요.

실제로 이병주 작가가 저널리스트에서 작가로 전업하게 된 계기는 1965년 6월 『세대』에 발표한 중편 「소설·알렉산드리아」였습니다. '역사의 법정이 열리길 기다리기에 앞서 문학의 법정을 열어' '강도의 철학과 사기꾼의 이념'을 단죄하는 소설을 쓰겠다고 결심한 것이지요. 달리 말해서 역사적 정의 이전에 문학적 정의를 추구하겠다는 것인데, 『그해 5월』과 비슷한 시기의 『비창』에서도 '역사의 심판이 있는가'

라는 문제를 제기한 바 있어요.

『그해 5월』 후반부에서는 삼성밀수사건에 대한 비판 등을 통해 '독점강화-종속심화' 테제와 유사한 입장이 개진되고 있습니다. 또 박정희 정부의 엘리트가 미국에 '교두보'를 확보하려는 시도에 주목하고 있고요. 유학을 끝내고 미국에 남아 미국인과 경쟁할 능력이 없으니 자신은 돌아오고 자식은 남겨두어 연고를 확보하려 한다는 것이지요. 이 점에서도 역시 386세대는 박정희 키즈인 것 같아요.

나아가 1968년 테트(설날) 대공세와 함께 한반도에서 '제2전선'을 형성하려던 시도인 청와대습격사건, 푸에블로호나포사건, 통일혁명당 건설 등이 언급되고 있습니다. 또 1968년 체코슬로바키아 '프라하의 봄'에도 주목하는데, 국내 혁신계와의 관련에서 사회주의권 반체제 운동에 대한 관심 때문이지요.

그 중에서도 특히 통혁당에 대해 한 장을 할애하고 있습니다. 또 서울시당 위원장 김종태를 '정치깡패'로 규정했는데, 정치깡패 집안 출신이라는 것 말고도 대구의 조직사업이 좌절되자 서울에서 조직사업을 계속한다는 평계로 북한에서 공작금을 받아 탕진해버렸기 때문이에요. 반면 조직사업의 핵인 『청맥』은 서울대 정치학과 출신이자 조카인 김질락에게 맡기고, 또 다른 핵인 학사주점은 김질락의 서울대 정치학과 후배인 이문규에게 맡겼고요.

이런 비판은 『종합토론』에서 설명한 영남 출신 ML파-장안파의 '투기꾼' 전통이 통혁당을 거쳐 1980년대 민족해방파로 부활했다는 심증 때문이 아닌가라는 생각이 듭니다. 하기야 통혁당의 주류는 대부분 영남 출신인데, 김종태·김질락은 물론이고 김질락이 포섭한 신영복·박성준·이종태 등 서울상대 운동권도 모두 영남 출신이에요. 신의주 출신 탈북민인 이문규도 대구에서 성장했고요. 해방 이후의 투기꾼 전통에 대한 심층적 연구가 필요하다는 생각이 들어요.

또 3선 개헌과 1971년 대선, 7·4공동성명과 10월유신, 유신 이후 긴급조치와 사회안전법(보안관찰법) 등에 대해 언급하고 있습니다. 특히 3선 개헌 전후로 육법회(陸法會)라는 유행어가 상징하던 '권력의 시녀로서 법'의 알레르기에 대해서도 언급하고 있지요. 그런데 리쩌허우의 지적처럼, 법가적 정치관의 핵심이 정치의 군사화라고 하더라도 그것을 완성하려면 정치의 사법화도 필요하지요. 박정희 키즈인 386세대가 그런 과제를 자임한 것 같고요.

— 『제5공화국』은 결국 쓰지 못한 것인가요?
— 그런 것 같습니다. 그러나 『대통령들의 초상』에 실린 전두환론을 보면 『제5공화국』을 준비했던 것 같아요. 『재론 위기와 비판』에서 소개한 것처럼, 전두환론의 부제는 '왜 그를 시궁창에서 끌어내야 하나'였는데, 시궁창은 '유신이라고 하는 터무니없는 시궁창'이라고 부연하고 있지요.

『대통령들의 초상』에 실린 박정희론과 전두환론은 두 대통령을 동일시하는 것이 아니라 대비하는 것입니다. 게다가 사망 10주기인 1989년부터 박정희 대통령에 대한 복권이 개시되자 공만이 아니라 과에 대해서도 평가해볼 필요가 있었던 반면 1988-89년의 '5공비리 청문회'를 계기로 전두환 대통령에 대한 폄훼가 개시되자 과만이 아니라 공에 대해서도 평가해볼 필요가 있었던 것이고요.

이병주 작가는 '전두환의 진실'을 파악하기 곤란한 이유를 두 개 들고 있습니다. 먼저 예의 '시간의 여과과정' 결여라는 이유가 있고, 나아가 '[역사적] 견식의 한계, 이해타산에 따른 왜곡된 시각, 그리고 감정적인 경사(傾斜, 경향)'라는 이유가 그것이지요. 하기야 '5·18왜곡처벌특별법'까지 제정되었으니 시간의 여과과정 결여라는 이유는 더 이상 유효하지 않겠지만요.

5공비리 청문회를 비판한 것은 정권교체 이후 정치보복이 관례화될 수 있기 때문이었습니다. 5공에 대한 평가는 노태우 정부나 차기 정부가 아닌 차차기 정부까지 적어도 10년을 기다릴 필요가 있다는 것이지요. '총리의 범죄'를 처리하는 일본의 사례에서 배울 필요가 있다고 할 수 있는데, 『재론 위기와 비판』에서 지적한 것처럼, 다나카 가쿠에이 총리의 유죄 선고를 위해 최고재판소(대법원)가 그의 사망까지 20년을 기다렸거든요. 그러나 청문회가 강행되고 김대중 대통령을 능가하는 노무현 대통령이라는 희대의 인민주의자가 등장하면서 한국정치에 '원한의 정치'를 도입한 것이에요.

이병주 작가는 전두환 대통령 재임 중 '최대의 공적'이 유신체제에서 재벌 중심 중화학공업화의 결함을 해결했던 것임을 지적하고 있습니다. [또한 윤석열 후보가 지적한 것처럼, 이런 공적은 김재익 수석 등 경제전문가에게 권한을 위임한 결과라는 것이 경제학계의 통설이다.] 중화학공업의 수출지향적 성격을 제고한 것인데, 그러나 1986-88년의 이른바 '3저호황' 때문에 재벌개혁은 중도반단되었지요. 나아가 '평화적 정권이양'을 통해서 '민주주의의 첫 번째 이정표'를 세운 공적도 강조하고 있는데, 역시 『재론 위기와 비판』에서 소개한 것처럼, 집권과정의 과오를 상쇄했다고 생각한 같아요.

이병주 작가는 군인으로서 박정희 대통령과 전두환 대통령도 차이가 있다고 주장합니다. 일본군에서 국수주의와 군국주의를 배운 정치군인인 박 대통령과 달리 전 대통령은 정규육사 1기생 출신의 직업군인이었지요. 그래서 박 대통령과 달리 전 대통령에게 정치적 야심은 없었다는 것이에요. 두 대통령에게 기질적 차이도 있었다고 합니다. 전 대통령은 박 대통령처럼 옹졸하지는 않았는데, 혁신정당 허용과 이념서적 해금을 포함한 일련의 자유화조치가 그 증거라는 것이지요. 나아가 야간통행금지나 해외여행제한 등을 해제한 것을 강조하고 있고요.

이호철 작가의 『서울은 만원이다』

— 그런데 이병주 작가가 '한국의 발자크'라면, 역사소설이 아니라 풍속·세태소설이 대표작이어야 하지 않을까요?

— 맞습니다. 『관부연락선』은 물론이고 『산하』나 『그해 5월』에서도 발자크가 말한 것 같은 당대 서울의 '풍속과 세태'(moeurs)나 '인정'(coeur humain)을 읽어낼 수는 없었지요. 그래서 서울 소설에 대한

참고문헌을 찾아보니까 송은영 교수의 박사논문인 『서울 탄생기』(푸른역사, 2018)와 방민호 교수 등의 『서울은 소설의 주인공이다』(서울역사박물관, 2018)가 있더군요.

『서울 탄생기』는 소설을 통해 서울의 역사를 재구성하는 것으로, 특히 1950년대까지의 구서울에 대비되는 1960-70년대의 신서울에 주목하고 있습니다. 그래서 일종의 도시개발사가 되어버린 것 같고, 그 탓에 「4·15총선 전후」에서 소개한 이중톈의 『중국도시, 중국사람』(1997; 국역: 풀빛, 2002)에 비견할 수 있는 도시 주민의 풍속과 세태에 대한 인문학적 설명도 별로 없어요.

송은영 교수는 '서울사람은 서울토박이가 아니다'라고 주장하는데, 그 자신도 역시 1950년대에 상경한 지방민의 자식입니다. 그렇다면 지방민의 서울 정착사에 관심을 가질 수도 있었을 것 같은데 그렇지 못해 아쉬워요. 송 교수가 강조하는 것처럼, 서울개발사는 박정희 정부 2기에 서울시장으로 발탁된 김현옥 부산시장에 의해 개시된 것으로 '영남인의, 영남인에 의한, 영남인을 위한 서울 탄생기'를 쓸 수 있었거든요. 물론 영남인의 하위파트너로 서울에 정착한 호남인에게도 관심을 가지면서요.

나아가 '서울사람은 서울토박이가 아니다'라는 주장은 현대 서울의 풍속과 세태가 타락했다는 함의를 가질 수도 있습니다. 서울에 부르주아 시민문화가 부재한다는 것은 자명한 사실인데, 지방민의 난입과 토박이와의 잡거가 그 원인이라고 할 수 있겠지요. 그 결과 발자크가 말한 '질투의 권리선언'(déclaration des droits de l'Envie)이 횡행하고 있는 것이고요.

반면 『서울은 소설의 주인공이다』는 송은영 교수가 말하는 구서울의 풍속과 세태를 다룬 소설들에 주목하고 있습니다. 방민호 교수 등은 박완서 작가와 이호철 작가에게 주목하고 있는데, 한국전쟁기를 다룬 『나목』이 아니라 전후의 서울을 다룬 『서울은 만원이다』가 대표적 풍속·세태소설이지요. 그런데 더욱 중요한 것은 방 교수 등이 손장순 작가의 『한국인』을 발굴하여 재조명한다는 사실이에요.

다만 신서울은 방민호 교수 등의 대상이 아니어서 서울의 풍속과 세태가 타락하는 과정은 알 수 없습니다. 송은영 교수에 따르면, 유신을 전후로 서울개발사가 분기하는데, 유신 이전은 강북개발사인 반면 유신 이후는 강남개발사이거든요. 또 강남의 개발을 통해 아파트가 보급되면서 이른바 '중산층의 시대'가 도래한 것이고요.

그런데 문제는 유신시대에 형성된 이런 서울 중산층이 부르주아 시민문화를 체현했을 리가 없다는 데 있습니다. 그래서 박완서 작가가 '행복제일주의' 내지 '현세중심주의'를 특징으로 하는 중산층의 속물근성을 비판했던 것이지요. 또 서울토박이 중인의 후예인 시가(媤家)에는 '먹는 것 외의 딴 생각이 없다'고 비판했고요. 1970년대 이후에 형성된 중산층에서 서울토박이와 지방민의 비율을 비롯해 그들 사이의 상호작용을 분석해볼 필요도 있을 것 같은데, 아직은 연구가 별로 없어요.

박완서 작가에 대한 추모 논문인 정홍섭 교수의 「1970년대 서울(사람들)의 삶의 문화에 관한 극한의 성찰: 박완서론」(『비평문학』, 39호, 2011)은 '수단 방법 가리지 말고 잘살아 보자'는 풍속과 세태에 대한 풍자라는 측면에 주목하고 있습니다. 재벌이라는 천민자본가가 주도하는 경제성장과 그것에 부화뇌동하는 중산층의 속물근성에 대한 자유주의적 비판이 『창작과비평』이나 『문학과지성』과는 구별되는 박완서 문학의 특징이라는 것이지요.

— 『서울은 만원이다』가 그렇게 중요한 작품인가요?
— 「4·15총선 전후」에서 소개한 이호철 작가의 대표작 『소시민』(1964-65; 동아출판사, 1995)의 후속작이 『서울은 만원이다』(1966; 문학사상, 1994)입니다. 휴전협상부터 부산정치파동까지 1951-52년의 부산을 배경으로 한 『소시민』이 1960년대의 남한에 대한 알레고리도 된다고 했는데, 『서울은 만원이다』는 8·15와 6·25 이후에 정착한 탈북민과 5·16 이후에 정착한 지방민이 토박이와 잡거하여 '싸움터'가 되어버린 1965-66년의 서울을 배경으로 하고 있지요.

『서울은 만원이다』의 주인공은 무능한 아버지 때문에 충무(통영)에서 '무작정 상경한' 창녀인 길녀입니다. 『소시민』과 달리 『서울은 만원이다』에 관심을 갖지 않은 것은 1970년대에 유행하던 이른바 '창녀소설'의 원조라는 평가 때문이었지요. 그러나 이번에 읽어보니 배울 것도 많았어요. 당시 창녀 중에는 여대생 출신도 있었다는데, 길녀 자신도 여고생 시절에는 문학소녀였다고 하지요.

무작정 상경한 길녀는 성매매를 통해 가족을 부양하던 '성노동자'였습니다. 아직 수출지향공업화 이전이었으니 구로공단의 여공으로 취직할 수 없었던 것이지요. 버스차장으로 취직할 수도 없었는데, 아직 전차가 다니던 시절이었거든요. 물론 1970년대의 창녀소설에 나오는 것처럼, 여공이나 버스차장이 저임금에서 벗어나려고 창녀로 전업하는 경우가 종종 있었지만요.

길녀는 '종3'(종로3가)으로 대표되는 집창촌에서 생활하는 것이 아닌 겸업적(아마추어) 성노동자였습니다. 종3의 형성은 한국전쟁 중 동숭동 서울문리대에 군대가 주둔한 것이 계기였다고 하지요. 창녀가 단골과 결혼하여 살림을 차리는 경우도 있었는데, 길녀 자신은 서울토박이인 집주인 영감의 첩이 되었어요.

그러나 길녀의 친구인 미경이처럼 종3으로 진출하여 전업적(프로) 성노동자로 변신한 경우도 있었는데, 훨씬 고수입이었기 때문입니다. 종3에는 경찰이 후원한 '자치회'도 있었는데, 형식적으로 사창이면서 내용적으로는 공창이었던 셈이지요. 나아가 자치회에서 인권운동을 시도했다는 것을 보면 성노동자를 위한 노조의 필요성에 대한 인식도 얼마간 존재했던 것 같고요.

길녀의 단골로는 남동표와 기상현이 있었습니다. 동표는 탈북민 출신의 사기꾼이었고, 상현은 이리(익산) 출신의 꽁생원이었어요. 탈북민 중에는 깡패도 있었는데, 상현이 살던 금호동집 형제가 그런 경우였지요. 물론 비뇨기과 의사 같은 지식인도 있었고요. 또 다른 지식인인 삼류대학 법학도는 집주인 영감의 아들이었어요.

『서울은 만원이다』에서 '꼰대'의 유래도 추정할 수 있습니다. '나도

왕년에는…'이라는 말을 입에 달고 다니는 어른이 많았거든요. 북한에서 중소지주 노릇을 하던 탈북민 출신을 비롯해서 8·15와 6·25, 4·19와 5·16이라는 격변과 동란 속에서 영락했으나 재기할 능력은 없었던 아버지를 비아냥거리는 말이었지요. 또 질문하는 학생에게 매질을 하던 실력 없는 선생을 가리키는 말이기도 했고요.

이렇게 꼰대는 자기 아버지나 선생에게 하는 말이지 모르는 어른에게 하는 말이 아니었습니다. 물론 아버지나 선생이 아무리 못나도 꼰대라고 하지 않는 경우가 더 많았지만요. 또 모르는 어른을 꼰대라고 부르면 오히려 '양아치' 취급을 받았는데, 『재론 위기와 비판』에서 지적한 것처럼, 양아치란 '양키(양놈)나 유엔마담(양갈보)에게 붙어먹고 사는'(박완서 선생) 불량배라는 뜻이었지요.

그런데 『서울은 만원이다』에는 분명 풍속·세태소설로서의 한계도 있습니다. 그 자신 탈북민 출신인 이호철 작가에게는 서울에 대한 애정이 별로 없었거든요. 서울은 '새로운 고향'(新豊)이 아니라 돈을 버는 싸움터일 따름인 지방민의 경우와 대동소이했던 것이지요. 또 이 작가가 사대부 후예와 접촉할 기회도 별로 없었을 것인데, 서울 토박이인 집주인 영감은 사실 중인의 후예였어요.

이호철 작가가 말하는 '서울 사람들이란 원래가 입만 까졌다'는 것은 타당한 평가라고 할 수 없습니다. 이중텐의 말처럼 우환(憂患, 천하의 환난에 대한 걱정)의식을 중시하면서 능력주의로 상징되는 학력과 체면을 중시한 풍속과 세태가 서울에 없었던 것은 아니에요. 적어도 제가 받은 교육은 그런 것이었고, 제 동창을 보면 지방 출신이더라도 그런 교육에 대한 저항은 없었어요. 말하자면 교육을 통해 서울사람으로 동화되었다는 것이지요.

사실 이병주 작가에게도 『서울은 만원이다』와 비슷한 『낙엽』(태창문화사, 1978; 재출간: 동문선, 1985)이라는 작품이 있었습니다. 옹덕동/공덕동 18번지의 판잣집에서 전세살이하는 영락자들이 등장인물이었는데, 제목의 낙엽은 영락(零落, 초목의 잎이 시들어 떨어짐)한 사람이라는 의미였지요.

그들이 영락한 계기는 5·16이었습니다. 초등학교교사였던 주인공 안인상은 교원노조활동으로 파면당했습니다. 또 신문사 논설위원 출신인 박열기는 필화사건으로 옥고를 치렀고, 미국유학생 출신인 신거운은 자유당 권력자 집안의 아들이었지요. 예외적으로 탈북자였던 모두철은 임바밍(embalming, 시체방부처리·미용)이라는 업무를 담당하던 미군 군속이었다가 전사자가 없어지자 사무에 적응할 수 없어 해임되었던 것이고요.

그들은 부인에게 얹혀사는 무직자였습니다. 안인상의 처는 시장에서 일감을 받아 집에서 삯바느질을 했고, 약사인 신거운의 처는 제약회사에 다녔으며, 모두철의 처는 집을 떠나 기지촌에서 양갈보 노릇을 했지요. 예외적으로 카바레 댄서 출신인 박열기의 처만 전업주부였는데, 그가 지방신문 칼럼니스트였기 때문이에요.

그밖에도 그들의 멘토 역할을 하는 '슬기로운 늙은이' 경산 선생이 있었습니다. 그는 「그 테러리스트를 위한 만사」에 나오는 이동휘 선생의 제자 하경산과 동일 인물이었는데, 1960년대 중반 하경산이 살던 동네가 바로 공덕동이었지요. 또 옹덕동/공덕동의 터줏대감인 구멍가게 주인 양호기가 있었고요.

그러나 『낙엽』은 풍속·세태소설로서는 실패작이라고 할 수밖에 없습니다. 먼저 시대적 배경이 불분명했는데, 대체로 1960년대 중반이라고 짐작되면서도 간간이 1970년대나 심지어 1980년대의 삽화도 섞였거든요. 1971년에 『국제신문』에 연재된 작품을 개작하면서 별 생각 없이 추가했던 것 같아요.

게다가 『낙엽』에서 가장 중요한 삽화는 불륜/로맨스였습니다. 예를 들어 박열기와 신거운 처의 불륜/로맨스가 있었고, 양호기 처의 불륜/로맨스가 있었지요. 또 안인상 처도 잠시나마 방황했고요. 5·16 이후 영락한 낙엽의 몰골스런 인생을 그렇게 묘사하는 것은 문제가 있다고 할 수밖에 없어요. 게다가 낙엽이 이러구러 다시 사람 구실을 하게 된 계기가 경산 선생이라는 '기계신'(deus ex machina)이었는데, 그 만큼 플롯이 취약했다고 할 수밖에 없고요.

「그 테러리스트를 위한 만사」와 『낙엽』에 '인간회복'이라는 공동 주제가 있다는 사실도 지적해두겠습니다. '사람이란 백번 [새 사람이] 된다. 그러니까 사람을 함부로 재판해선 안 된다'는 것이지요. 물론 「그 테러리스트를 위한 만사」는 『낙엽』 같은 풍속·세태소설이 아니라 공산주의자 하경산과 아나키스트 동정람이 주인공인 지식인을 위한 '비화'(比話, parable), 심지어 '동화'라고 해야겠지만요.

손장순 작가의 『한국인』과 『세화의 성』

— 그래서 손장순 작가의 『한국인』이 중요하다고 하신건가요?
— 그렇습니다. 1935년생인 손장순 작가는 1958년에 서울대 불문학과를 졸업하는 동시에 김동리 작가의 추천으로 등단했습니다. 손 작가의 '평전'으로 방민호 교수 등의 『아프레게르와 손장순 문학』(서울대학교출판문화원, 2012)을 참고할 수 있는데, 박완서 작가와 마찬가지로 『창작과비평』과 『문학과지성』에 포섭되지 않은 희귀한 사례라고 할 수 있지요.

게다가 김윤식 선생조차 손장순 작가에 대해 주목하지 못했다는 사실을 지적해두겠습니다. 정호웅 교수와의 공저인 『한국소설사』(문학동네, 2000)에서 손 작가가 '특이한 개성의 작가'이며 『한국인』은 '강한 개성의 소유자들의 삶'을 묘사함으로써 '객관성과 일반성의 확보가 불충분하다'고 평가하고 있거든요. 자유주의의 본질인 개인주의가 한국사회에 적합치 않다는 예단인 셈이에요. 하기야 이호철 작가도 같은 취급인데, 루카치-리프쉬츠의 역사소설론은 물론이고 엥겔스의 발자크론조차 수용하지 못했다는 반증이겠지요.

1966-67년 1년 반 동안 『현대문학』에 연재된 손장순 작가의 대표작 『한국인』(삼성당, 1990)의 마지막 장은 '코리아의 비애', 즉 한국의 슬픔인데, 이것이 원래의 제목이었다고 합니다. 작가 자신과 오빠의 결혼과 이혼을 소재로 한 자전소설 『한국인』은 풍속과 세태의 차이로 인해 불행이 야기되는 과정을 묘사하고 있어요. 작가의 집안은

상류층 서울토박이였고, 오빠는 장면 총리의 동성고 제자이자 측근 사업가였다고 하지요.

입경조(入京祖, 서울에 처음으로 정착한 조상)가 고조부라는 것을 보면, 외척세도기에 서울에 정착했던 것 같습니다. 따라서 노론 중에서도 시파였던 것 같은데, 외가도 역시 여흥 민씨였지요. 제 경복중고 선배이기도 한 최완수 선생이 지도하는 간송학파가 '경화사족'(京華士族)이라고 부르는 노론 시파가 과연 서울 사대부를 대표할 수 있는지 의문의 여지가 많은데, 여기서는 논외로 하겠어요.

반면 손장순 작가의 남편은 서울 중인의 후예로 하버드대학 출신이었는데, 그를 통해 유학파의 실정을 알 수 있습니다. '정치권력이 지배하는' 한국의 현실에서 적합성과 실용성이 결여될 수밖에 없었다는 것이에요. 정치가 경제를 지배하는 관료자본주의였던 한국에서 민간자본주의의 표준인 미국에서 배운 지식이 통할 리 없었거든요.

손장순 작가의 남편은 외무부 사무관이었다가 윤보선 대통령의 의전비서관으로 파견되었다고 합니다. 그러나 5·16 이후 무역업에 종사하다가 사업이 실패하면서 불행이 시작되었던 것이지요. 가격(家格, 가족의 품격)의 차이와 그로 인한 풍속과 세태의 차이 때문에 발생한 열등감이 오히려 자존심으로 표출되면서 아내를 학대하고 심지어 구타하기 시작했거든요.

손장순 작가의 자전에세이 『연어는 돌아오지 않는다』(은행나무, 2012)를 보면, 남편의 열등감은 가격의 차이와 함께 학력의 차이 때문이었다고 합니다. 위키피디아와 나무위키에 따르면, 이준석 대표가 하버드대학에 진학한 것은 서울대나 의대에 합격할 자신이 없었기 때문인데, 1950년대에도 그랬는지 아니면 작품과 다르게 실제로는 하버드가 아닌 다른 대학 출신이었는지는 잘 모르겠어요.

손장순 작가의 올케는 이대 영문과 졸업생이었고, 부친은 제주도 출신의 일반의였다고 합니다. 그러나 한국전쟁으로 가세가 기울어 미국유학을 포기하고 결혼을 선택했다고 하지요. 올케는 열등감이 있는 데다가 시새움도 많아서 결국 이혼하게 되었다는 것이고요.

'풍속이 다르면 당연한 것도 학대로 느껴지고 고깝게만 해석된다'는 것이 손 작가의 설명이에요.

올케가 이혼한 다음에 미국유학을 가기 위해 양갈보가 되었다가 결국 자살했다는 것은 당시의 풍속과 세태로 보아 별로 특이한 일도 아니었습니다. 손 작가의 작품 중에는 미군 장교를 상대로 여대생이 성매매하는 삽화가 종종 나오는데, '국제결혼'을 통한 신분상승이 그 목적이었지요. 여대생의 취업이란 하늘의 별따기처럼 어려웠거든요. 그래서 양갈보를 양부인·양공주라고 부러워했던 것 같고요.

이 대목에서 이광규 교수의 『재미한국인』(일조각, 1989)을 참고할 수 있습니다. 이 교수에 따르면, 1950–64년의 미국이민자 15,000명 중 43%가 '전쟁신부'(war bride) 내지 '사병애인'(GI fiancé)이었고, 또 35%는 전쟁고아, 22%는 유학생이었지요. 전쟁신부/사병애인은 대부분 창녀였는데, 90% 정도가 사병과 결혼했다고 하고요. 『재론 위기와 비판』에서 소개한 박완서 작가의 『그 남자네 집』(현대문학, 2004)에 나오는 '춘희'처럼, 그들이 초청이민의 기원이었어요.

2차 세계전쟁으로 소급하는 전쟁신부나 사병애인은 본래 창녀가 아니었습니다. 위키피디아에 따르면, 영국·오스트레일리아·뉴질랜드인 12만명, 유럽인 15–20만명이었다고 하는데, 그들이 창녀였을 리 없거든요. 물론 필리핀인 5만명과 일본인 5만명 중에는 창녀가 포함되었을지 모르겠지만요. 1964–75년에 국제결혼한 베트남인 8000명은 대부분 창녀였을 것 같고요.

양중메이의 『붉은 왕조의 여인들』(紅朝艶史, 2007; 국역: 천지인, 2009)에 따르면, 개혁·개방 이후 중국에서는 2차 세계전쟁기 상황에 빗댄 노래가 유행하기도 했다고 합니다.

> 일등 신붓감은 미국군에게 시집가고,
> 이등 신붓감은 일본군에게 시집가며,
> 삼등 신붓감은 국부군에게 시집가고,
> 사등 신붓감은 괴뢰군에게 시집가네.

미국군, 일본군, 국부군, 괴뢰군은 물론 미국인, 일본인, 대만·홍콩인,

유학생과 동일시되는 것이고요.

내친 김에 소련 붕괴 이후 쿠바에서도 비슷한 현상이 출현했다는 사실도 지적해두겠습니다. 위키피디아에 따르면, 1990년대 쿠바는 섹스관광산업(sex tourism)에서 태국과 경쟁하여 '카리브해의 태국'(Thailand of the Caribbean)이라는 별명을 얻었다지요. 또 고수입과 국제결혼을 목적으로 한 여대생의 성매매도 많았다고 하고요. 2000년대에 와서 쿠바의 성매매여성은 인구 1만명 당 78명으로 감소했는데, 그러나 태국의 20명보다는 4배나 되는 수준이에요.

물론 1961년 5·16 전야부터 1963년 박정희 정부 출범 전후까지를 시대적 배경으로 한 『한국인』에 결혼과 이혼을 둘러싼 삽화만 있는 것은 아닙니다. 칼럼니스트이기도 한 손장순 작가는 당대의 현실도 비판했는데, '경제정책의 혁신이 없는 한 집권자의 경질이 있을 뿐 사회의 양상은 마찬가지다'라면서 장면 정부의 실정에 주목했지요. 장면 정부도 이승만 정부에게 물려받은 관료자본주의라는 현실을 타개하지는 못했다는 것이에요.

박정희 정부에 대해서도 비판을 아끼지 않았습니다. 1962년 초에 사임한 윤보선 대통령의 비판처럼, '구악' 대신 '신악'이 출현했거든요. 특히 공화당 창당자금의 조달을 위한 1961-62년의 '4대 의혹사건', 즉 증권파동·워커힐사건·새나라자동차사건·파친코(슬롯머신)사건이 중요했지요. 물론 삼성 같은 재벌과 결탁함으로써 관료자본주의를 재생산한 것이 가장 큰 실정이었지만요. 그 와중에 삼성의 사카린(인공감미료)밀수사건이 발생했던 것이고요.

『한국인』의 후속작인 『세화의 성』(일신서적, 1994)은 『조선일보』에 연재된 작품으로 통속성이 좀 더 강했습니다. 주인공은 '한국판 쥘리엥 소렐'인 지범호였는데, 시골 빈농의 후예로 시간강사인 그가 '열등감'을 극복하려고 '야망'을 키워가다 몰락한다는 줄거리이지요. '그가 추구하는 3대 요소'로서 '권력·금력·쾌락'은 스피노자가 '광기'(folie)라고 부른 야망·탐욕·성욕이에요. 손 작가는 '망집'(妄執, 망상과 미망 속의 집착)이라는 불교용어를 사용하고 있고요.

지범호에게 농락당한 강세화는 시골 사대부의 후예로서 첼리스트였습니다. 제목인 '세화의 성'은 마지막 장이기도 한데, 여기서 성(城)이 꿈과 자존심이라는 의미임이 밝혀지지요. 또 원래 범호와의 행복한 결혼생활이던 세화의 성이 미국유학을 통한 첼리스트로서의 성공으로 변모하게 된다는 것이고요.

범호와 세화의 갈등도 역시 가격이나 풍속·세태의 차이와 관련된 것이었습니다. 손장순 작가는 범호의 경우 '그의 상식과 남들[부유층 내지 사회]의 상식 사이에는 항상 거리가 있었다'고 지적하고 있습니다. '부유층에 대한 반감과 적의와 열등감'이 '소외감'으로 귀결되었기 때문인데, 그러나 그 자신은 '사회의 연대책임'을 주장했지요. 반면 세화는 자신과 관련된 모든 인물의 불행이 오히려 자신 때문에 초래되었다고 생각한 것이고요.

『세화의 성』에도 당대 현실에 대한 비판이 있습니다. 서두부터 1970년 초 정인숙피살사건이 언급되었고, 그 후에도 사건의 파장에 대한 언급이 반복되었어요. 그런저런 이유 때문에 권력층의 압력이 있어서 1976년에 단행본을 출간할 때 개작이 불가피했다고 하고요. 물론 이후에 복원되었지만요.

『세화의 성』의 시대적 배경은 연재기간인 1971-72년보다 1년 정도의 시차가 있었습니다. 그래서 1972년 10월유신은 물론이고 1971년 박정희 대통령의 3선도 언급되지 않아요. 하기야 10월유신 직전에 연재가 완료되기도 했지만요. 어쨌든 당시 정치상황에서 손장순 작가에게 박 대통령의 3선과 10월유신에 대한 비판을 요구한다는 것은 무리일 수밖에 없었어요.

대신 박정희 정부 최초의 경제위기인 1970-71년 위기에 대한 비판이 있습니다. '경제원리를 무시한 경제정책', 특히 '생산성과 합리성[수익성]을 결여한 투자'가 원인이었다는 것이지요. 박정희 정부의 정책대응은 사태를 악화시켰는데, 1971년의 평가절하와 1972년의 사채동결로 인해 '대마불사'(too big to fail), 즉 이익은 사유화하고 손실은 사회화하는 관행이 시작되었거든요. 동시에 10월유신 이후에 강행된 중화학공업화는 재벌체제를 강화시켰고요.

『아프레게르와 손장순 문학』에서 전혜자 교수가 지적한 것처럼, 『한국인』(과 『세화의 성』)에서 묘사되는 서울은 엘리엇의 「황무지」(*The Waste Land*, 1922)에 나오는 런던처럼 '지옥의 도시', 즉 '아비규환의 도시'였습니다. 아니면 직전의 '수라·축생·아귀의 도시'라고 할 수도 있는데, 수라도·축생도·아귀도에 대해서는 「4·15총선 전후」를 참고하세요. 이런 점에서 볼 때도 『서울은 만원이다』보다는 역시 『한국인』과 『세화의 성』이 서울의 풍속과 세태를 더 정확하게 묘사했다고 할 수 있겠지요.

『한국인』에서 손장순 작가는 꼰대와는 반대라고 할 수 있는 '버릇 없이 날뛰는 10대의 만용과 단순성'에 대해 비판을 하기도 합니다. 1930년대생의 입장에서 1940년대생의 가소로운 언행을 질타한 것이지요. 또 『세화의 성』에서는 1930년대생에 대한 자기비판도 하는데, 한국전쟁 덕분에 미국유학이라는 혜택을 입은 '욕망의 세대'라는 것이에요. 반면 한국전쟁의 피해자인 1920년대생은 '지극히 현실적인 작은 소망'에 안주하고 있다는 것이고요.

마지막으로 손장순 작가의 칼럼집인 『이룰 수 없는 서원(誓願)』(문화공간, 2001)을 보면, 1967년 대선에서 윤보선 후보를 지지하고 1980년대 이후에는 김영삼 후보를 지지했음을 알 수 있습니다. 즉 민주당 구파의 지지자였던 것인데, 서울 사대부의 후예로서 당연한 일이겠지요. 3당합당 이후에도 김영삼 후보를 지지했던 손 작가가 김영삼 정부의 실정까지 옹호했던 것은 아니에요. 다만 김 대통령 주변의 푸셰 같은 인물들의 책임이 컸다고 하지만요.

츠바이크의 『조제프 푸셰』

— 푸셰가 누군가요?
— 저도 손장순 작가를 읽고서 푸셰를 알게 되었습니다. 그래서 참고문헌을 조사해보았더니 '별의 순간'이라는 말 때문에 유명해진

츠바이크의 『조제프 푸셰』(1929; 국역: 리브로, 1998; 재출간: 바오, 2019)가 있더군요. 그가 「서문」을 썼던 1929년 가을은 뉴욕증시가 붕괴한 시점이자 파시즘 등장의 전야였지요. '어느 정치적 인간의 초상'이라는 부제를 선택한 그는 '정치적 인간의 Typologie'에 기여하는 것이 자신의 목적이라고 「서문」에서 밝혔지요.

'Typologie'는 유형 내지 전형에 대한 연구이므로, 츠바이크는 현대사에서 '흑막(Hintergrund, 음흉한 내막)의 인물'과 그들의 '범죄적 정치게임'의 전형을 푸셰와 프랑스혁명에서 발견한 셈입니다. 현대에 들어와 정치는 '투기'(Hasardspiel)로 타락했고 정치인은 '투기꾼'(Hasardeur)으로 타락했다는 것이지요.

츠바이크에 따르면, 푸셰에게 처음 주목한 사람은 발자크였습니다. 푸셰가 로베스피에르는 물론 나폴레옹조차도 능가하는 '권력을 소유했다'고 평가한 발자크는 그를 '음흉하고 난해하며 비상한 미지의 인물'이라고 불렀지요. 나폴레옹의 말처럼, 현대사에서 정치가 '운명'(la fatalité, 필연)이 되었다면, 정치의 주인공은 영웅이 아닌 반(反)영웅이라는 것이 발자크에게서 얻은 츠바이크의 영감이었어요.

따라서 '나쁜 정치가는 어떻게 세상을 망치는가'라는 국역본의 제목은 츠바이크의 작의(作意, 창작의도)를 왜곡하는 것이라고 할 수밖에 없습니다. '나쁜'이란 형용사 때문인데, 츠바이크에게는 좋은 정치인은 성공할 수 없거든요. '어느 기회주의자의 초상'이라는 부제 역시 마찬가지인데, 츠바이크에게는 기회주의가 바로 정치인의 본질이기 때문이지요.

그런데 'Typologie'에는 예형론(豫型論)이라는 의미도 있습니다. 『신약성서』와의 관련 속에서 『구약성서』를 해석하는 신학적 방법을 예형론이라고 부르지요. 푸셰가 20세기 정치인의 예형이라고 하면, 흑막의 인물로서 정치인의 기질이란 '극히 의심스러운 성격과 아주 불충분한 사고력', 달리 말해서 엘리트다운 책임과 식견의 부재라고 할 수 있다는 것이 츠바이크의 주장인 셈이에요.

이런 맥락에서 츠바이크가 말한 정치인의 범죄가 'Frevel'이라는 사실, 즉 'crime'이 아닌 'sin'이라는 사실에 주목할 필요가 있습니다. 조국 사태에서 드러난 것처럼, 386세대는 'crime'만 알고 'sin'은 모르는 것 같은데, 그들이 지향하는 정치인이 곧 흑막의 인물이라고 고백하는 셈이라고 할 수 있겠지요.

츠바이크가 정리한 푸셰의 전기에 따르면, 1789년 프랑스혁명을 전후로 푸셰는 로베스피에르의 절친이 되어 그의 여동생과 약혼설까지 있었다고 합니다. 그러나 혁명 초기에 이미 '혁명은 결코 그것을 시작한 최초의 인물이 아니라 항상 그것을 완수한 최후의 인물에게 속한다'는 교훈을 얻자 1792년 국민공회 의원 시절에는 콩도르세(지롱드파)를 지지했다가 1793년 루이 16세의 처형을 계기로 에베르(자코뱅파 중 극좌파인 격앙파)를 지지했지요.

1794년에 로베스피에르와의 결전이 불가피해지자 푸셰는 흑막의 인물로서의 수완을 발휘했습니다. 테르미도르 반동에서 바라스를 주인공으로 내세우고 자신은 감독의 역할에 만족했거든요. 그러나 총재정부에는 참여하지 않았는데, 이 시기에 그가 바뵈프와 연대했다는 설도 있어요. 알다시피 로베스피에르의 '생존권'을 '노동권'으로 급진화시켰던 바뵈프는 현대 공산주의자의 효시였지요. 그런데 이 설이 사실이라면 푸셰가 다수당 내지 승자를 지지하지 않은 유일한 예외적 사례가 되는 셈이에요.

그러나 통설은 에베르와 연대했던 극좌 시기의 소행에 대한 고소·고발로 인해 은둔생활을 할 수밖에 없었다는 것입니다. 그런 소행 때문에 '리옹의 포격자'(le mitrailleur de Lyon)라는 별명을 얻게 되었던 것인데, 리옹에서 지롱드파를 대량으로 학살하면서 단두대가 아니라 대포를 사용했기 때문이었지요. 그래서 공포정치기의 시에예스처럼 '죽은 척하며'(faire le mort) 바라스의 밀정 노릇으로 연명한 것이에요. 그러다가 1797년에 바라스의 왕당파 축출을 도운 대가로 1799년에 경무부장관으로 발탁되었던 것이고요.

1796년 내무부에서 독립하여 1818년까지 존속한 경무부(Ministère de la police)는 1793-95년의 공안위원회(Comité de salut public)를

대체한 것이었습니다. 그리고 푸셰가 1799년부터 1810년까지 경무부가 해체된 중간의 2년을 제외하고서 9년 동안 총재정부·통령정부·제정의 경무부장관을 역임했지요. 또 1815년에는 100일천하 3개월과 왕정복고 초기 3개월 동안 경무부장관을 역임했고요. 경무부가 존속한 20년의 절반 동안 푸셰가 장관이었던 셈이에요.

경무부장관으로 취임한 직후 푸셰는 나폴레옹의 브뤼메르 쿠데타에 가담하면서 총재정부를 통령정부로 교체하는 데 기여했습니다. 바라스가 발탁한 나폴레옹과 푸셰가 그를 배신한 것인데, 츠바이크는 배은망덕에도 차이가 있다고 주장했지요. 사익을 추구한 푸셰와 달리 공익을 추구한 나폴레옹에게는 '천재의 면허(Rechtfertigung)'가 있기 때문이라는 것이에요. 달리 말해서 사익추구자와 공익추구자에게는 각각 '소도덕'(minima moralia)과 '대도덕'(magna moralia)이 적용되어야 한다는 것이지요.

츠바이크에 따르면, '군주와 신하, 세계창조자(Weltgestalter)와 현세정치인(Zeitpolitiker)의 공연(Zusammenspiel)'이었던 브뤼메르 쿠데타 이후에는 갈등이 발생했습니다. 통령정부에서 나폴레옹은 군주정을 지향한 반면 푸셰는 공화정을 고수했거든요. 그래서 1802-04년 2년 동안 나폴레옹이 경무부를 해체하고 경찰을 검찰·법원과 함께 법무부에 통합하면서 푸셰의 권력을 약화시켰던 것이고요.

그러나 나폴레옹도 푸셰를 숙청할 수는 없었고 오히려 상원의원으로 승격시켰습니다. 이 시기 나폴레옹의 외교적 실책을 보고 푸셰가 '그것은 (국제)법을 어긴 것보다 더 나쁘다. (국제)도덕을 어겼기 때문이다'(C'est plus qu'un crime, c'est une faute)라고 비판했는데, 그로서는 아이러니한 발언이었지요. 법을 어기는 'crime'에 대해서 도덕을 어기는 'sin'을 언급한 셈이거든요.

제정의 출범을 계기로 나폴레옹은 경무부를 부활시키고 푸셰를 장관으로 다시 발탁했습니다. 그러나 두 사람의 갈등이 소멸한 것은 아니었는데, 츠바이크에 따르면, 제정에서 나폴레옹이 '후세와 전설'(Nachwelt und Legend)을 추구한 반면 푸셰는 '현세와 현재'(Zeit und Gegenwart)를 추구했기 때문이에요.

나폴레옹과 푸셰의 갈등은 물론 프랑스와의 관련 속에서 설명할 수도 있습니다. '프랑스는 나다'(La France, c'est moi)라고 자부한 나폴레옹이 세계제국을 건설하기 위한 전쟁에 몰두하면서 프랑스를 위기에 빠트린 것을 푸셰로서는 용납할 수 없었거든요. 츠바이크가 지적한 것처럼, 장군 나폴레옹을 존숭했다가 황제 나폴레옹을 비판한 스탕달은 'guerromanie', 'courromanie'라는 말을 만들어냈는데, 둘 다 '전쟁광'이라는 의미였어요.

1810년 나폴레옹과의 투쟁에서 또다시 패배하여 경무부장관에서 해임된 푸셰는 은둔, 외유, 은둔을 되풀이했습니다. 그러나 1815년에 엘바 섬에서 나폴레옹이 탈출하자 100일천하의 경무부장관으로 부활했고 결국 최후의 투쟁에서 승리했어요. 루이 16세의 처형 이전에 국민병(Garde nationale) 사령관이던 라파예트가 주인공이고 자신이 감독인 왕정복고의 완결 작전에 성공했거든요. 물론 자신도 곧바로 오스트리아로 망명할 수밖에 없었지만요.

세인트 헬레나 섬으로 유배된 나폴레옹은 푸셰를 가리켜 '완전한(consommé) 배신자'라고 불렀는데, 우연한(occasionnel) 배신자가 아니라는 뜻입니다. 츠바이크의 설명에 따르면, 우연한 배신은 '의도'(Absicht)로서 배신인 반면 완전한 배신은 '고유한 본성'(ureigenste Natur)으로서 배신인데, 그 이상의 설명은 없어요.

츠바이크의 유작인 동시에 '걸작'(magnum opus)인 『발자크 평전』(1946; 국역: 푸른숲, 1998)에 대해서도 언급해두겠습니다. 청년기의 발자크는 '그[나폴레옹]가 칼로 시작한 것[세계정복]을 내가 펜으로 완수하겠다'는 좌우명을 가졌는데, 여기서 청년기의 이병주 작가가 '나폴레옹 앞에는 알프스가 있고 내 앞에는 발자크가 있다'는 자신의 좌우명을 도출한 것이지요.

『재론 위기와 비판』에서 지적한 것처럼, '왕당파였고 기질적으로도 천박한 속물이었던' 발자크에 대해 츠바이크는 상세하게 묘사하고 있습니다. '구제불능의 상놈'(unheilbarer Plebejer/Rotürier/Subalterne)

이자 '귀족 마니아'(Aristokratomanie)였다는 것이에요. 그런데 바로 그런 발자크였기 때문에 당대의 '천민 부르주아'(canaille bourgeoise)의 풍속과 세태를 비판할 수 있었다는 데 아이러니가 있는 것이지요. 나아가 '질투의 권리선언'(déclaration des droits de l'Envie)이라는 하층민의 풍속과 세태도 비판할 수 있었고요.

위틀린의 『베리아 일대기』와 생스터의 『베리야』

— 푸셰가 예시(豫示)한 20세기 정치인은 누구일까요?
— 아마도 베리야일 것 같습니다. 그는 스탈린이 '나의 힘러'라고 부른 엔카베데의 수장이었는데, 힘러는 알다시피 나치 친위대(SS)와 게슈타포의 수장이었지요. 또 메드베제프는 그를 러시아혁명의 대표적 '투기꾼'(adventurer)이라고 평가했고요. 베리야 전기를 통해 츠바이크가 설명하려던 투기꾼의 의도와 본성 또는 오히려 욕망 사이의 관계를 좀 더 구체적으로 설명할 수 있을 것 같아요.

베리야 전기로는 새디어스 위틀린의 『베리아 일대기』(1972; 국역: 동화문화사, 1973)가 있습니다. 폴란드 출신으로 굴라크 경험자였던 미국 작가가 쓴 최초의 전기였는데, 다만 사료 부족으로 '신화와 전설'에 너무 의존했다는 비판이 있지요. 그래서 생스터(Andrew Sangster)의 *The Times, Life and Moral Dilemma of Beria* (Cambridge Scholars Publishing, 2019)를 참고할 필요가 있는데, 그는 나이트(Amy Knight)의 새로운 전기 *Beria* (Princeton University Press, 1993)를 많이 인용하고 있어요.

베리야를 푸셰와 비교한다고 해도, 조지 오웰처럼 스탈린을 나폴레옹과 비교할 수 있다는 것은 아닙니다. 물론 레닌을 로베스피에르와 비교할 수도 없는 일인데, 「4·15총선 전후」에서 지적한 것처럼, 러시아혁명이 프랑스혁명의 반복은 아니거든요. 스탈린 전기로는 '러시아 문서고의 거장'(the master of Russian archives)이라고도 불리는 올레크 흘레브뉴크의 『스탈린』(2015; 국역: 삼인, 2017)을 참고할 수 있는데, 이 새로운 전기의 목적은 푸틴 시대에 유포되는 수정주의적 '스탈린 국부론'을 비판하는 데 있지요.

생스터를 참고하면서 위틀린의 베리야 전기를 소개해보겠습니다. 위틀린은 베리야의 행동을 설명하기 위해 권력욕이라는 동기를 강조하면서 재물과 여자는 권력의 부산물이라고 강조했지요. 스탈린처럼 조지아 출신이었던 베리야는 본래 건축가가 희망인 공학도였습니다. 위틀린은 학생 시절 베리야가 차르 비밀경찰의 밀정 노릇을 했다고 주장했는데. 그러나 근거 없는 소문이었지요. 1917년 2월혁명 직후에 입당한 신참 볼셰비키 베리야는 1920-21년 내전 말기에 체카 요원이 되었고 곧 조지아 체카의 총책으로 승진했어요.

위틀린은 1920년 9차 당대회의 연설에서 레닌이 '훌륭한 공산당원은 훌륭한 체카 요원의 자질을 갖고 있다'(A good Communist has the qualities of a good member of the Cheka)고 발언했다는 사실을 강조했습니다. 그 논지는 공산당원과 체카 요원이 반혁명분자와의 투쟁에 필요한 자질을 공유한다는 것이었는데, 달리 말해서 지하당의 활동과 비밀경찰의 활동이 유사하다는 것이었지요.

그러나 레닌이 권력의 장악에서 비밀경찰의 역할에 주목한 반면 스탈린은 권력의 유지에서 비밀경찰의 역할에 주목했다는 차이를 무시할 수는 없습니다. 나아가 레닌과 달리 스탈린은 투기꾼의 가담을 조장했던 것인데, 그 대표자가 다름 아닌 베리야였지요. 메드베제프가 지적한 것처럼, 베리야는 마르크스주의자도 혁명가도 아니었고 단지 권력을 추구한 인물이었거든요. 반면 제르진스키의 후임 격인 야고다는 고참 볼셰비키였고, 야고다의 후임인 예조프는 신참 볼셰비키인 동시에 노동자 출신의 당료였고요.

위틀린은 베리야가 조지아 체카의 총책으로 승진하자마자 자신의 학업을 지원하는 등 그 가족에게 은혜를 베푼 노인을 고문하고 처형했다는 사실에 주목했습니다. 또 그의 배은망덕을 설명하기 위해서 '은인도 아닌 사람을 미워하는 까닭을 모르겠다'(I have no idea why he hates me so much. I never did anything good for him)는 조지아

속담을 원용하기도 했고요.

　그러나 베리야가 처형한 노인이 그의 친부였다는 설이 있습니다. 이 대목에서 베리야가 이병주 작가의 유작 『별이 차가운 밤이면』의 주인공 박달세의 모델이 아닐까 하는 생각이 들었어요. 『동아일보』 외신부장이었던 이대훈 교수가 일역보다 5년이나 앞서서 아마 세계 최초로 번역한 것 같은 『베리아 일대기』를 이 작가가 분명 읽었을 것 같거든요. 참고로 중국어로는 1989년에야 번역되었어요.

　메드베제프의 지적처럼, 스탈린은 1938년 대숙청에서 엔카베데의 '과부족'(shortcomings and perversions) 문제를 해결하여 그것을 '정상화'하기 위해 예조프를 숙청하고 대신 베리야를 발탁했습니다. 그가 볼 때 베리야는 '예조프적 전통의 계승·발전에 적합한 인물'이었지요. 베리야는 야고다는 물론이고 예조프보다 훨씬 잔혹한 인물이었는데, 고문과 처형의 새로운 방법을 개발했을 뿐만 아니라 고문과 처형에도 참여했을 정도여서 생스터는 사이코패스는 아니더라도 그런 성향이 다분했다고 판단했지요.

　아까 푸셰가 대량학살을 위해 대포를 사용했다고 했는데, 베리야 전기를 보니 러시아에서는 기관총을 사용했다고 합니다. 살인기술이 그 만큼 발전한 것이지요. 물론 힘러의 부하이자 아우츠슈비츠 소장이었던 회스는 '유다인 문제의 최종적 해답(Endlösung)'으로 독가스라는 더욱 문명화된 방법을 고안해냈지만요. 김정은 위원장이 기관총이나 고사총을 애용했다고 해서 놀란 적이 있는데, 알고 보니 프랑스혁명과 러시아혁명으로 소급하는 유서 깊은 처형 방법이었습니다. 또 고모부 장성택과 달리 이복형 김정남을 처형할 때는 신경독(VX)를 이용하여 나름대로 형제애를 발휘했던 것 같고요.

　스탈린은 베리야를 '나의 검찰관'이라고 불렀는데, '법은 계급투쟁의 수단이다'라는 법언(法諺, legal maxim)으로 유명했던 검찰총장 비신스키를 능가하는 인물이었기 때문입니다. 베리야는 '자백은 증거의 여왕이다', '미친 개는 쒀 죽여야 한다'(소련판 '痛打落水狗'(노신))는 비신스키의 법언을 실천했는데, 비신스키는 결국 그런 베리야를 이론적으로 정당화해주는 부하 노릇을 했지요.

비밀경찰을 통해서 권력을 추구한 베리야는 그 부산물로 재물과 여자도 추구했습니다. 달리 말해서 베리야가 '내가 갖고 싶은 재물은 모두 내 것이고, 내가 갖고 싶은 여자도 모두 내 것이다'(我要什麽就是什麽, 我歡喜誰就是誰)라는 아Q의 혁명관을 공유했다는 것이지요. 아Q의 혁명관을 투기꾼의 혁명관으로 일반화할 수 있을 것 같은데, 문재인 정부에서 386세대의 행태를 보면, 그들도 역시 이런 혁명관을 공유하는 것 같기 때문이지요.

앞서 이미 지적한 것처럼, 대숙청을 통해 고참 볼셰비키를 숙청한 스탈린은 신참 볼셰비키를 대거 등용했습니다. 주로 30대인 그들이 벼락출세한 새로운 주류로서 노멘클라투라를 형성했는데, 스탈린의 사망 직전 노멘클라투라는 중앙의 5만명과 지방의 30만명이었어요. 그 선두주자가 바로 베리야, 말렌코프, 몇 살 연상인 흐루쇼프였고요. 그러나 흐루쇼프가 인용한 스탈린의 말처럼, 그들은 후계자가 아닌 '졸개'(henchman/underling) 노릇을 한 투기꾼이었을 따름이에요.

> 자네들은 눈도 뜨지 못한 새끼 고양이 같아. 내가 없으면 제국주의자들이 자네들을 목 졸라 죽일 걸세.

그래서 스탈린이 베리야를 비롯한 졸개들의 비리와 비행을 눈감아 주기도 했던 것이고요.

소련 붕괴 직전에 노멘클라투라가 75만명으로 증가했다는 사실도 지적해두겠습니다. 따라서 4인 가족을 가정할 때 300만명, 즉 인구의 1.5%라는 것인데, 이것은 표트르 대제 이래 봉직귀족(service noble, 관료화된 귀족)의 규모에 해당하는 것이지요. 란코프 교수는 북한의 노멘클라투라를 인구의 4-8%인 100-200만명으로 추산하고 있는데, 이것이 '상대적 안정성'의 비밀인지는 잘 모르겠어요.

어쨌든 베리야가 비밀경찰을 정상화한 덕분에 스탈린이 2차 세계 전쟁에서 히틀러를 패퇴시킬 수 있었다고 할 수 있습니다. '레닌은 우리에게 막대한 유산을 남겨주었고, 그의 상속자인 우리는 그 모두를 탕진해버렸구나'라면서 망연자실한 스탈린 대신 베리야가 나서서 국방위원회(GKO)라는 아이디어를 제시했는데, 이것은 스탈린을 필두로 몰로토프와 보로실로프, 말렌코프와 베리야로 구성된 '5거두'(퍄툐르카)의 전시내각이었지요. 곧 이어 1942년에는 카가노비치와 미코얀 등도 추가되었고요.

2차 세계전쟁은 베리야의 권력이 강화되는 계기이기도 했습니다. 먼저 엔카베데를 통해 군부를 통제했는데, 군부에 대한 '문민통제'가 아니라 '경찰통제'였지요. '베리야와 차를 마셨다'는 장교들의 은어는 그에게 고문을 당했다는 의미였어요. 나아가 엔카베데는 첩보·정보 활동을 강화했는데, 예조프가 숙청하려던 조르게를 복권시켜 승전의 계기를 마련했고, 전후에는 원폭 개발에도 기여할 수 있었지요.

나아가 굴라크를 통해 군수산업조직에도 기여했는데, 그래서 베리야가 '스탈린의 힘러' 역할과 함께 '슈페어' 역할까지도 했다는 평가를 받는 것입니다. '괴링' 역할에 대한 언급이 없는 것은 그가 자칭 '1호 나치'(Nazi Number One)에서 2차 세계전쟁 중 '최악의 낙오자'(the greatest failure, 히틀러)로 전락하여 패전 직전에 처형될 예정이었기 때문이지요.

그러나 베리야의 이러한 역할은 외교·안보와 경제에 대한 식견이 아니라 엔카베데-굴라크의 억압을 토대로 한 것이었을 따름입니다. 그래서 나이트가 '크렘린 정치의 비잔티움적 세계'에 몰두했을 따름이었다고 비판한 것인데, 형용사로서 '비잔티움적'은 '마키아벨리적'과 마찬가지로 권모술수가 횡행한다는 의미이지요.

스탈린 사후에 베리야는 탈스탈린적 개혁을 시도하기도 했습니다. 그런데 그 이유를 알려면 생스터처럼 행동의 의도(intention/purpose) 내지 목적(end)과 동기(motive)를 구별할 필요가 있어요. 의도는 행동의 계획이고 목적은 그 계획의 결과이지요. 행동의 원인으로서 동기에는 의도와 목적 이외에도 이념과 욕망이 있고요.

메드베제프가 지적한 것처럼, 베리야 같은 투기꾼은 이념보다는 욕망을 중시한다는 특징이 있습니다. 반면 레닌 같은 혁명가는 욕망보다는 이념을 중시했고요. 베리야가 욕망의 화신인 클렙테스(도적)가 지배하는 클렙토크라시를 지향한 반면 금욕주의자였던 레닌은 이데올로그가 지배하는 이데오크라시를 지향했던 셈이지요.

반면 스탈린에게는 욕망뿐만 아니라 이념도 역시 중요하다는 것이 특징이었습니다. 다만 레닌이 강조한 것처럼 역사과학에 근거하는 정치이념이 아니었다는 데 문제가 있는데, 그래서 레닌과 달리 '악보를 읽지 못하는 지휘자' 또는 '해도를 읽지 못하는 선장'이라고 할 수밖에 없는 것이지요.

이데올로그로서 스탈린에 대한 최근의 연구성과로는 E. van Ree, *The Political Thought of Joseph Stalin* (RoutledgeCurzon, 2002)과 Ethan Pollock, *Stalin and the Soviet Science Wars* (Princeton University Press, 2006)를 참고할 수 있습니다. 또 스탈린 50주기 기념논문집인 Sarah Davies and James Harris, eds., *Stalin: A New History* (Cambridge University Press, 2005)도 참고할 수 있고요.

물론 베리야 같은 투기꾼보다 완화된 욕망을 가진 출세주의자도 있는데, 힘러의 졸개였던 아이히만이 그런 경우였습니다. 아렌트는 그가 힘러처럼 '악당임을 증명하기로 결심한'(determined to prove a villain, 셰익스피어의 『리처드 3세』) 것은 아니었고, 시비를 구별할 정도로는 '생각이 깊지 못한'(thoughtless) '범용한'(banal) 보통사람이었다고 규정한 바 있지요.

말이 나온 김에 나치의 방관자 내지 협력자에 대해서도 주목해두겠습니다. 1999년에 노벨문학상을 받은 귄터 그라스는 『양파껍질을 벗기며』(*Beim Häuten der Zwiebel*, 2006; 국역: 민음사, 2015)에서 청소년기의 나치 경험에 대한 '죄의식'(guilt)과 '수치심'(shame)을 토로하면서 '젊은이의 어리석음'(youthful folly)으로 변명할 수 없는 방관자 내지 협력자로서 '연대책임'(joint responsibility)을 표명하고 있지요. 그라스의 별명이 '도덕의 법정'(a moral instance)이었다고 하는데, 그에 걸맞은 진솔하고 감동적인 '고백록'이에요. 시간을 내 꼭 한번 읽어보세요.

그라스는 자신의 경험을 한스 폰 그리멜스하우젠의 『모험적 독일인 짐플리치시무스』(*Der abenteuerliche Simplicissimus Teutsch*, 1668; 국역: 문학과지성사, 2020)에 유비하고 있습니다. 30년전쟁기 어느 멍청이(simpleton)의 '무지와 범죄'의 편력기에서 나치 친위대로서 참전했던 자신을 발견할 수 있기 때문이지요. 『짐플리치시무스』의 후속작이 역시 30년전쟁을 배경으로 한 『사기꾼 방랑 여인 쿠라셰의 인생기』(*Lebensbeschreibung der Erzbetrügerin und Landstörzerin Courasche*, 1670; 국역: 지만지, 2020)인데, 바로 이것이 브레히트의 『억척 어멈』(*Mutter Courage*, 1939; 국역: 한국브레히트학회, 『브레히트 선집』, 연극과인간, 2011)의 원천 중 하나였어요.

어쨌든 베리야가 탈스탈린화를 추진한 것은 대단한 개혁 구상이 있었기 때문이 아니라 그렇게 함으로써 자신의 권력을 더욱 강화할 수 있었기 때문이지요. 츠바이크가 주목한 푸셰의 변신도 마찬가지였는데, 자코뱅파에서 지롱드파와 에베르파, 나아가 나폴레옹파를 거쳐 결국 왕정복고를 주도한 것은 권력욕 때문이었어요. 푸셰에게서 이념이란 전혀 문제가 아니었으므로 전향이라고 비판할 수는 없다는 것이지요. 386세대의 변신도 역시 마찬가지라는 생각이 들고요.

베리야가 숙청된 것은 탈스탈린적 개혁 때문이 아니라 집단지도를 거부하면서 후계자를 자임했기 때문이었습니다. 나이트가 베리야를 스탈린의 '또 다른 자아'(alter ego)라고 부른 것은 이 측면에서 특히 타당한 것이었지요. 물론 베리야가 흐루쇼프를 시골뜨기라고 얕본 탓도 있었는데, 사실 흐루쇼프는 베리야를 능가한 '영악한'(shrewd) 인물이었어요. 베리야와 말렌코프를 이간하면서 심지어 몰로토프 등 스탈린의 '4인방'(체트뵤르카)도 견인했거든요. 또 베리야를 숙청한 다음에는 그들도 역시 숙청했고요.

'과천연구실 세미나'

문화과학사 이론신서

01 (1995. 06.) 윤소영, 『마르크스주의의 전화와 '인권의 정치': 알튀세르를 위하여』
02 (1995. 11.) 에티엔 발리바르 (윤소영 옮김), 『마르크스의 철학, 마르크스의 정치』

'공감이론신서'

03 (1996. 06.) 윤소영, 『알튀세르를 위한 강의: '마르크스주의의 일반화'를 위하여』
04 (1996. 08.) 루이 알튀세르 외 (윤소영 옮김), 『알튀세르와 라캉: '프로이트-마르크스주의'를 넘어서』
05 (1996. 12.) 윤소영, 『알튀세르의 현재성: 마르크스, 프로이트, 스피노자』
00 (1997. 05.) 메이너드 솔로몬 외 (윤소영 옮김), 『베토벤: '윤리적 미' 또는 '승화된 에로스'』 (공감예술신서)

06 (1998. 03.) 윤소영,『일반화된 마르크스주의와 역사적 자본주의 분석』

07 (1997. 03.) 장 로블랭 외 (김석진·박민수 옮김),『세계화와 신자유주의 비판을 위하여』

08 (1997. 09.) 뤼스 이리가레 외 (권현정·김수영·송영정·안주리 옮김),『성적 차이와 페미니즘』

09 (1998. 04.) 조반니 아리기 외 (권현정·이미경·김숙경·이선화 옮김),『발전주의 비판에서 신자유주의 비판으로: 세계체계론의 시각』

10 (1998. 09.) 다이앤 엘슨 외 (권현정·이미경·김숙경·이선화 옮김),『발전주의 비판에서 신자유주의 비판으로: 페미니즘의 시각』

11 (1999. 06.) 윤소영,『신자유주의적 '금융 세계화'와 '워싱턴 콘센서스': 마르크스적 비판의 쟁점들』

12 (1999. 11.) 이미경,『신자유주의적 '반격'하에서 핵가족과 '가족의 위기': 페미니즘적 비판의 쟁점들』

13 (2001. 02.) 윤소영,『이윤율의 경제학과 신자유주의 비판』

14 (2001. 04.) 김석진·윤종희·김숙경·박상현,『자본주의의 위기와 역사적 마르크스주의』

15 (2001. 07.) 윤소영,『마르크스의 '경제학 비판'』(개정판, 2005. 02.)

16 (2002. 06.) 윤소영,『마르크스의 '경제학 비판'과 소련사회주의』

17 (2002. 06.) 권현정·오현미·김숙경·정인경,『마르크스주의 페미니즘의 현재성』

18 (2003. 02.) 윤소영,『마르크스의 '경제학 비판'과 평의회 마르크스주의』

19 (2003. 07.) 권현정·오현미·이미경·김숙경·정인경,『페미니즘 역사의 재구성: 가족과 성욕을 둘러싼 쟁점들』

20 (2003. 06.) 윤소영,『마르크스의 '경제학 비판'과 대안세계화 운동』

21 (2003. 12.) 에티엔 발리바르 외 (윤소영 옮김),『'인권의 정치'와 성적 차이』

22 (2004. 12.) 윤소영,『역사적 마르크스주의: 이념과 운동』

23 (2004. 02.) 윤종희·박상현,『마르크스주의와 정치철학 및 사회학 비판』
24 (2005. 01.) 윤종희·박상현·정인경·박정미,『대중교육: 역사·이론·쟁점』
25 (2006. 04.) 제이슨 무어 외 (윤종희·박상현 옮김),『역사적 자본주의 분석과 생태론』
26 (2006. 05.) 비센트 나바로 외 (송인주·이태훈·박찬종·이현 옮김),『보건의료: 사회·생태적 분석을 위하여』
27 (2005. 08.) 윤종희·박상현·정인경·박정미,『인민주의 비판』
28 (2006. 02.) 윤소영,『일반화된 마르크스주의 개론』
29 (2007. 02.) 윤소영,『일반화된 마르크스주의의 쟁점들』
30 (2007. 05.) 윤소영,『일반화된 마르크스주의의 경계들』
31 (2007. 10.) 윤소영,『헤겔과 일반화된 마르크스주의』
32 (2007. 09.) 앨리슨 스톤 외 (윤소영 옮김),『헤겔과 성적 차이의 페미니즘』
33 (2008. 03.) 윤소영,『일반화된 마르크스주의와 대안좌파』
34 (2008. 06.) 윤소영,『일반화된 마르크스주의와 대안노조』
35 (2008. 10.) 윤종희·박상현·송인주·정인경·공민석,『알튀세르의 철학적 유산』
36 (2008. 12.) 윤종희·박상현·송인주·이태훈·정인경·이현,『화폐·금융과 전쟁의 세계사』

'공감개론신서'

01 (2008. 07.) 윤소영, 『일반화된 마르크스주의 개론』(개정판)
02 (2008. 11.) 윤소영, 『금융위기와 사회운동노조』
03 (2009. 06.) 윤소영, 『마르크스의 '자본'』
04 (2009. 11.) 윤소영, 『2007-09년 금융위기』
05 (2010. 04.) 윤소영·윤종희·박상현, 『2007-09년 금융위기 논쟁』
06 (2011. 01.) 윤소영, 『현대경제학 비판』
07 (2011. 10.) 윤소영·박상현·이태훈·공민석, 『사회과학 비판』
08 (2012. 04.) 윤소영, 『역사학 비판』
09 (2012. 10.) 윤소영, 『문학 비판』
10 (2013. 03.) 윤소영, 『2010-12년 정세분석』
11 (2013. 10.) 윤소영, 『봉건제론: 역사학 비판』
12 (2015. 10.) 윤소영, 『한국자본주의의 역사: 한국사회성격 논쟁 30주년』
13 (2014. 12.) 윤소영·박상현·송인주·이태훈·공민석·안종석, 『일반화된 마르크스주의 세미나』
14 (2016. 10.) 윤소영, 『'한국의 불행': 한국현대지식인의 역사』
15 (2017. 10.) 윤소영, 『위기와 비판』
16 (2018. 10.) 윤소영, 『재론 위기와 비판』
17 (2020. 02.) 윤소영, 『한국사회성격 논쟁 세미나 (I)』
18 (2020. 02.) 윤소영, 『한국사회성격 논쟁 세미나 (II)』
19 (2020. 12.) 윤소영·박상현·송인주·이태훈·유주형·안종석, 『문재인 정부 비판』
20 (2021. 10.) 윤소영·박상현·송인주·이태훈·유주형·김태훈, 『재론 문재인 정부 비판』